Sonderschriften
der Akademie gemeinnütziger Wissenschaften zu Erfurt

Hans Tümmler

VERSCHLUNGENE PFADE
Lebenserinnerungen

Heft 20 (1994)

DORTMUNDER HISTORISCHE STUDIEN

Herausgegeben von

Herbert Hömig - Friedrich Keinemann - Hans Georg Kirchhoff
Klaus Lampe - Gerhard E. Sollbach - Heinrich Schoppmeyer

Band 5
Hans Tümmler
VERSCHLUNGENE PFADE
Lebenserinnerungen

Hans Tümmler

VERSCHLUNGENE PFADE

Lebenserinnerungen

Mit einem Geleitwort von Herbert Hömig

3. Auflage 1994

Universitätsverlag Dr. N. Brockmeyer
1994

Die Deutsche Bibliothek - CIP-Einheitsaufnahme

Tümmler, Hans:
Verschlungene Pfade: Lebenserinnerungen/ Hans Tümmler.
- Bochum: Universitätsverlag Brockmeyer, 1993
  (Dortmunder historische Studien; Band 5)
  ISBN 3-8196-0103-1
NE: GT

3. überarbeitete Auflage 1994

ISBN 3-8196-0103-1
Alle Rechte vorbehalten
© 1993 by Universitätsverlag Dr. N. Brockmeyer
Uni-Tech-Center, Gebäude MC, 4630 Bochum 1
Gesamtherstellung: Druckerei Muscheiko, Inh. Manfred Stamm
Fröhliche Morgensonne 2, 4630 Bochum 6, Tel. (0 23 27) 3 31 83

In memoriam Edith Tümmler

INHALT

	Geleitwort von Herbert Hömig	5
1.	Frühe Kindheit in Wernshausen, Dornburg an der Saale und Jena .	9
2.	Auf dem Gymnasium in Jena	19
3.	Ferien in Wernshausen	31
4.	Ferientage in Meiningen	41
5.	Ferien in Weilar (Rhön)	49
6.	Ferien auf Schloß Putzar in Pommern	57
7.	Die drei ersten Jenaer Semester	69
8.	Ein Berliner Wintersemester 1925/26	81
9.	Ein Sommersemester in München 1926	93
10.	Letzte Aktivitäten in der Burschenschaft	101
11.	Letzte Studienjahre und Prüfungen in Jena	105
12.	Studienreferendar in Weimar 1929-1931	113
13.	Schweden	121
14.	Meine ersten fünf Jahre in Essen (1931-1936)	135
15.	Frankfurt an der Oder 1936/37	145
16.	Unsere Erfurter Jahre (1937-1948)	153
17.	Ein Tag wie jeder andere? Von Erfurt nach Essen 1948	167
18.	In Essen 1948 - 1954: Schule, Forschung, Schüleraustausch . . .	171
19.	Als Leiter des Staatlichen Studienseminars 1954-1957	177
20.	Direktor des Burggymnasiums 1957-1969	183
21.	"Wissenschaft, Forschung, Erziehung"	201
22.	Professor an der Universität zu Köln	211
23.	Die Goethe-Gesellschaft	215
24.	Reisen	225
25.	"Ruhestand"	231
26.	Schlußworte	239
27.	Bibliographie	241

Geleitwort von Herbert Hömig

"So lag über dem Jena meiner Jugendjahre noch ein später Nachglanz des klassischen Zeitalters", heißt es in Hans Tümmlers Lebenserinnerungen, in denen er seine Erfahrungen als Schulmann und Gelehrter im Spannungsfeld zwischen dem Erbe des klassischen Weimar und den Umwälzungen dieses Jahrhunderts einer größeren Öffentlichkeit vorlegt. Das Interesse des Historikers galt jahrzehntelang der thüringischen Landesgeschichte und der deutschen Klassik. Mit den beiden großen Editionen der politischen Korrespondenz des Großherzogs Carl August von Sachsen-Weimar-Eisenach und Goethes Briefwechsel mit seinem Kollegen Christian Gottlob Voigt hat er in seinem langen Gelehrtenleben unsere Kenntnis der politischen Verhältnisse der Goethezeit beträchtlich erweitert. Hinzu kam eine größere Zahl von Untersuchungen und Darstellungen, die im Anhang dieses Buches aufgeführt sind. Goethes Bild als Staatsmann ist im wesentlichen durch die Untersuchungen Hans Tümmlers geprägt, die vielfältige Anerkennung in der wissenschaftlichen Welt gefunden haben.

Eines der zahlreichen Bücher Tümmlers, die ich las und rezensierte, trägt den beziehungsreichen Titel "Das klassische Weimar und das große Zeitgeschehen" (1975). Er könnte auch über großen Teilen der Lebenserinnerungen stehen. Es charakterisiert die geistige Welt des Autors, so wie ich ihn als akademischen Lehrer und späteren Kollegen an der Kölner Universität erlebt habe. Das literarische und nicht zuletzt auch künstlerische Interesse des Historikers beeindruckte mich schon in meiner Studentenzeit. Die Verbundenheit mit der uns gemeinsamen thüringischen Heimat und die Sorge um das Schicksal unserer mitteldeutschen Landsleute führte uns angesichts der jahrzehntelangen Teilung unseres Landes immer wieder zusammen. In diesen über viele Jahre sich erstreckenden Gedankenaustausch war auch der leider allzu früh verstorbene Kollege Professor Dr. Dr. Peter Berglar (1919-1989) einbezogen, mit dem wir freundschaftlich verbunden gewesen sind.

Die Lebenserinnerungen Hans Tümmlers sind ein bedeutendes Dokument der inneren Geschichte unseres Jahrhunderts, das von Katastrophen und Tragödien ohnegleichen bestimmt gewesen ist. Die "Verschlungenen Pfade" dieser Geschichte sind hier gleichsam dreidimensional zu verfolgen. Sie enthüllen die innere Einheit, die Tiefe und Breite einer Lebenserfahrung, die sich nicht auf einen bloßen Rechenschaftsbericht zurückführen läßt. Der rastlos tätige Schulmann und Gelehrte schildert seine guten und schlimmen Erfahrungen, das beständige Streben im gewählten Beruf, ohne daß er je seine Leistungen oder gar seine "Taten" in den Vordergrund stellte. Für den Historiker Tümmler ist die eigene Zeitgeschichte in erster Linie ein Erleben und Erleiden gewesen, das es zu bestehen galt. Bei allem Wirken unter den Augen der Öffentlichkeit hat er den Bezirk des Politischen nie betreten, so sehr es ihn als Erkenntnisobjekt stets interessiert hat. Die Auseinandersetzung mit der politischen Rolle Goethes hat ihn früh zu Einsichten geführt, denen er an dem ihm zugewiesenen Platz Raum zu schaffen wußte. Die Schauplätze, auf die er sich geführt sah, wechselten. Er blieb dennoch seinem Traum, einst als Hochschullehrer zu wirken, jahrzehntelang treu, ohne zu klagen, daß er dieses Ziel erst gegen Ende seiner Laufbahn erreichen würde, obwohl er sich schon in jüngeren Jahren, noch vor Kriegsende, in Halle habilitiert hatte.

Das humanistische Erbe der deutschen Klassik hat Tümmler durch sein ganzes Leben begleitet. Es machte einen wesentlichen Teil der persönlichen Glückserfüllung aus, die ihm zuteil wurde, wie die Erinnerungen bezeugen. Die eigene Leistung, auf die er zurückblicken kann, steht deshalb nur scheinbar im Hintergrund der Darstellung. Sie hat ihren Niederschlag in zahllosen wissenschaftlichen Arbeiten gefunden und tritt deshalb mit guten Gründen zurück. Tümmler beschwört in seinen Erinnerungen eine teilweise vergangene Welt bürgerlicher Bildung und Gesittung, darauf vertrauend, daß sie ihr historisches Recht bei aller Zeitgebundenheit gegenüber Gegenwart und Zukunft zu behaupten vermag. Als Zeitgenosse war er immer in erster Linie Historiker, der geistesgeschichtlich bedeutsamen Zusammenhängen nachging. "Wo von Goethe die Rede ist, da ist, dem Wesen Goethes zufolge, immer auch von mehr als von Goethe, da ist von allgemeinsten und bedeutendsten Dingen die Rede".

Die Frage, ob das klassische Humanitätsideal auch eine politische Botschaft habe, gar den von Platon erkannten unaufhebbaren Widerspruch des Politischen zu mildern imstande sei, konkret: die drängende Not der Zeit zu lindern, hat ihn immer wieder bewegt und zu Forschungen über die Zeitgeschichte der Goethezeit angeregt. In seiner Rede vor den Abiturienten des Jahres 1964 hat er sich zu Größe und Grenze des europäischen Humanismus in seinem Verhältnis zur politischen und zur religiösen Überlieferung bekannt. Die Rede über "Akropolis - Kapitol - Golgatha" ist alles andere als ein Bekenntnis zu einem harmonischen Weltbild gewesen. So ist auch der Lebensbericht erfüllt von den vielfältigen Widersprüchen einer Zeit und einer Gesellschaft, in der Tümmler seinen Weg zur Verwirklichung seines jahrzehntelang gehegten Traumes, eines Lebens im Dienste der Erkenntnis und der praktischen Wissenschaft, suchte. Dieser Traum war früher erfüllt, als er ahnte, wenn man den wissenschaftlichen Ertrag jener Jahre, in denen er als Schulleiter wirkte, betrachtet. Die Leistung war erbracht, ehe er sein Ziel, das Amt eines Professors, erreichte.

Tümmlers Leben kreiste um zwei Mittelpunkte: Weimar und Essen. Die einzigartige und vielgestaltige mit der Geschichte der deutschen Klassik verbundene thüringische Landschaft hatte er schon als Kind näher kennengelernt, als er mit seiner Familie von seinem Geburtsort Wernshausen nach Dornburg und später nach Jena zog. In Essen, wo er seine Frau Edith Tümmler, geborene Bauermeister (1902-1987), kennengelernt hatte, wurde er erst spät, in den Jahrzehnten nach dem Zweiten Weltkrieg, richtig heimisch. Die glückliche Kindheit in Thüringen blieb ihm ein kostbarer Besitz. Sie hatte ihm einzigartige künstlerische Erlebnisse beschert: "So manches Dichtwerk konnte man besser erfassen, wenn man den Entstehungsort noch sehen konnte". Er beherzigte Goethes Wort: "Wer den Dichter will verstehen, muß in Dichters Lande gehen". Darin lag schließlich auch die Weltläufigkeit des Gelehrten, der mit seiner Gattin den größten Teil Europas vom Polarkreis bis zum Mittelmeer kannte, bei aller Nähe zu den Stätten der klassischen Literatur beschlossen. Wesentlich war dem Historiker immer die lebendige Anschauung, als er in Norddeutschland auf den Spuren Fritz Reuters wandelte oder als "Probekandidat des höheren Lehramts" an den berühmten Gedenkstätten vorbei durch den Weimarer Park frühmorgens zum Wilhelm-Ernst-Gymnasium ging.

Tümmlers Lebensweg ist in seinem äußeren und inneren Verlauf mehr als das Schicksal vieler anderer Zeitgenossen durch die Teilung Deutschlands bestimmt gewesen. Gleichwohl scheint sein Werk dadurch kaum in unguter Weise beeinflußt zu sein. Der Vizepräsident der Weimarer Goethe-Gesellschaft hatte das prekäre Verhältnis der beiden deutschen Staaten auf der Ebene der wissenschaftlichen Kommunikation fast in der Rolle eines Diplomaten erlebt und im Rahmen seiner Möglichkeiten, nicht zuletzt durch das rechte Wort in unzähligen Ansprachen und Verhandlungen, günstig zu beeinflussen vermocht. Er verstand immer genug von "Politik", um die widerstreitenden, auf Konfrontation bedachten Kräfte im Dienste des klassischen Erbes zusammenzuführen. Auch in dieser Hinsicht weist sein Werk über die Geschichte unseres Jahrhunderts hinaus.

Köln, den 8. November 1992
Herbert Hömig

1. FRÜHE KINDHEIT IN WERNSHAUSEN, DORNBURG AN DER SAALE UND JENA

Wernshausen, wo ich am 12. März 1906 als Sohn des "Königlichen Stationsassistenten" Wilhelm Tümmler und seiner Ehefrau Ida geborenen Hoffmann zur Welt kam, war ein ansehnliches Dorf im fruchtbaren Werratal zwischen Meiningen und Bad Salzungen, zwischen Thüringerwald und Rhön. Es lebte in der Hauptsache noch von der Landwirtschaft (Äcker, Wiesen, Forsten). Doch hatte sich auch das Industriezeitalter schon kräftig Eingang in das vormals stille Tal verschafft. Es gab ein großes Sägewerk, das in seinen Ursprüngen auf die alte Werraflößerei (Wernshausen-Hann. Münden) zurückging, und eine Papierfabrik im Ort selbst, unweit davon auf der "Zwick" in Richtung Niederschmalkalden die weithin bekannte Kammgarnspinnerei, die viele Arbeitskräfte anzog, die nur nebenberuflich einen kleinbäuerlichen Betrieb aufrechterhielten.

Wernshausen konnte aber auch als ein kleiner Eisenbahnknotenpunkt gelten. Es war eine Station der Werrabahn, die von Eisenach über Bad Salzungen und Meiningen bis nach Sonneberg bzw. Coburg führte. Zugleich war es Endpunkt der Kleinbahn Zella St. Blasii (später Zella-Mehlis) - Schmalkalden - Wernshausen, die sich bei Straßenübergängen und Ortsdurchfahrten mit Gebimmel ankündigte. Auch ging von Wernshausen eine private Schmalspurbahn aus, die über kleinere Dörfer (Fambach, Winne, Wahles, Trusen) in einem Schneckentempo, welches das Zuladen kleinerer Fracht bei währender Fahrt erlaubte, bis Herges-Vogtei führte, von wo man dann zu Fuß oder mit dem Bus nach Brotterode und damit an den südlichen Fuß des großen Inselsberges gelangen konnte. Eine kleine Welt das Ganze, mit idyllischen, aber auch ärmlichen Zügen.

Meine Eltern hatten außer der Dienststellung des Vaters an der Bahn, in deren "Beamtenhaus" sie wohnten, ich geboren wurde und als Säugling meine erste schwere Krankheit mühsam überstand, noch einen weiteren, fast wichtigeren Stützpunkt in Wernshausen. Es war dies das im Ortsmittelpunkt stehende Haus und Gehöft der beiden unverheirateten Schwestern der Mutter meiner Mutter, die wie diese selbst mit einem Werrabahnbeamten verheiratet war. Ein Beamter, wenn auch nur mittleren Ranges, bot auch bei einem gewissen bäuerlichen Wohlstand den Töchtern, zumal wenn deren mehrere vorhanden waren, eine begehrte, da gesicherte Existenz. Das Anwesen der

Frühe Kindheit

"Geschwister Kümpel" war nicht eben groß, aber doch beachtlich, und es barg ob seines Alters, und da es jahrhundertelang im Besitz der Familie Kümpel gewesen war, ungeahnte Schätze an schönem Mobiliar, ehrwürdigem Urväterhausrat und seltenen alten Büchern. Die Lebensgrundlage bildete einerseits eine ziemlich ausgedehnte Landwirtschaft, welche die Tanten teils selbst betrieben, dann immer mehr als Pachtland vergaben. Hinzu kam andererseits ein Kolonialwarenladen, zeitweilig der einzige am Ort, daher ganz einträglich. Die Familie gehörte zu den ältesten und angesehensten im Dorf, dem sie mehrmals den Schultheißen stellte. Meine in Schmalkalden geborene Mutter war hier fast ebenso zu Hause wie in der kinderreichen elterlichen Familie, die infolge wiederholter Versetzungen des Vaters Georg Hoffmann, meines Großvaters, häufig wechselnde Wohnsitze (Hüttensteinach bei Lauscha, Eisfeld, Sonneberg, Lichtenfels, Hildburghausen) hatte. Soviel jetzt schon über meinen Geburtsort, der in meinen jungen Jahren als meistbesuchtes Ferienziel eine wichtige Rolle spielen sollte.

Mein erstes Verbleiben hier ging über das Säuglingsalter kaum hinaus. Mein Vater wurde als Stationsvorsteher nach Dornburg versetzt. Der Bahnhof, der den Namen des hochgelegenen Städtchens führte, lag im Saaletal am Fuße des Burgfelsens im Dorf Naschhausen. An einen Sturz die steile Treppe hinunter erinnere ich mich. Doch auch anderes, mit wacheren Sinnen Erlebtes haftet in meiner Erinnerung. Wir stiegen oft den schmalen Treppenpfad hinauf zum Städtchen, an dessen Rand die Schlösser stehen. Den Knaben erfreuten, daran erinnere ich mich im Alter, die auf Sckell zurückgehenden Garten- und Parkanlagen, welche die drei Schlösser von der Rückseite her miteinander verbinden. Staunen und Angst vermischten sich beim Blick von einer der Schloßterrassen den Felsen hinab ins Tal mit der erst mächtig übers Wehr brausenden, dann wieder ruhig dahinfließenden Saale. Den stärksten Eindruck machte auf mich damals das größte und älteste der Schlösser, einst eine Kaiserpfalz und 1817 Tagungsort des ersten sachsen-weimar-eisenachischen Landtags, des ersten neuzeitlichen Landtags in Deutschland überhaupt. Solche Einzelheiten kannte ich natürlich damals noch nicht, und Goethe, für den die Schlösser so lebenswichtig und im Werk bedeutsam waren, spielte für das Kind noch keine Rolle. Das kam mit Bezug auf Dornburg erst später bei Besuchen von Jena aus und dann noch viel, viel später bei festlichen Veranstaltungen der Goethe-Gesellschaft, wo ich Pflichten wahrzunehmen hatte.

Frühe Kindheit

Der weitaus wichtigste, ja für mein ganzes Leben bedeutende Kindheitseinschnitt war die Versetzung meines Vaters an das Eisenbahnbetriebsamt in Jena, das im umgebauten Ballhaus des kurzlebigen Herzogtums Sachsen-Jena (1662-1690) untergebracht war. Gegenüber hatte einst das Schloß gestanden, das dem schönen Neubau der Universität hatte weichen müssen. Dicht daneben träumte das Hotel "Zum Schwarzen Bären" seiner großen Vergangenheit nach; es hatte einst Martin Luther zu seinen Gästen gezählt, der hier ein interessantes Gespräch geführt hatte. Hier in der Universitäts- und besonders durch die Zeiss-Werke bedeutenden Industriestadt (ca. 45.000 Einwohner) erschlossen sich der Familie, zumal mir selbst, bedeutende Möglichkeiten.

Unsere Wohnung "Am Anger 14" unweit der alten Camsdorfer Brücke, die eben damals durch einen Neubau ersetzt war, bot dem Einzelkind, das ich lange Zeit blieb - erst 1917 wurde meine Schwester Magdalena geboren - im Kreis ungefähr Gleichaltriger den nötigen Platz zu kindlichem Spiel, auch zu jugendlichen Streitereien, wie sie der Entwicklung dienlich sind. Ganz in der Nähe lockte ein nicht sonderlich gepflegtes Schrebergartengelände zu wilder Kriegsspielerei: es war ja die Zeit des Ersten Weltkriegs! Von den hinteren Fenstern und dem Balkon der Wohnung sah man ganz nah den Bahndamm, auf dem der D-Zug Berlin-München dahinratterte. Während dieser Zug den kindlichen Blick in weite Fernen schweifen ließ und wohl auch zu kühnen Zukunftsträumen lockte, konnte man von der Camsdorfer Brücke aus eins der altehrwürdigsten natürlichen Verkehrs-, besser Transportmittel beobachten. Noch gab es die Saaleflößerei. Im Fichtelgebirge entspringend, war der Fluß in seinem Oberlauf von Wäldern reich gesäumt. Von einem Waldsterben wußte man noch nichts, "Ökologie" war glücklicherweise noch ein unbekannter Begriff.

Bald nahm natürlich die Schule den Hauptplatz ein. Die drei Volksschuljahre - wir würden heute Grundschuljahre sagen - bereiteten mir, abgesehen vom Schreiben der Ziffer 8, die ich nur mühsam und regelwidrig durch Zusammensetzung zweier kreisartiger Gebilde zustande brachte, so geringe Schwierigkeiten, daß meine Eltern beschlossen, mich das Gymnasium besuchen zu lassen und den Weg dahin (eigentlich vier Schuljahre) dadurch um ein Jahr abzukürzen, daß ich durch den Besuch einer den Lernstoff stärker straffenden Vorschulklasse, die an der neuen Oberrealschule jenseits der Saale für begabte Kinder eingerichtet war, die Aufnahmeprüfung schon zu

Frühe Kindheit

Ostern 1915, also mit neun Jahren, bestehen konnte. Den Namen Gymnasium trug damals nur die vollausgebaute humanistische Lehranstalt.
Das Jenaer Gymnasium war für eine Universitätsstadt erst verhältnismäßig spät, nämlich 1875, durch Großherzog Carl Alexander von Sachsen-Weimar-Eisenach gegründet worden; es schmückte sich gern mit der Bezeichnung "Gymnasium Carolo-Alexandrinum". Es hatte sich während der vier Jahrzehnte seines Bestehens unter ausgezeichneten Direktoren (Richter, Apelt, zu meiner Zeit Dobenecker) einen hervorragenden Ruf erworben. Der Direktor verfügte über viel Selbständigkeit bei der Zusammenstellung seines Kollegiums. Zahlreiche Akademikerkinder, darunter nicht wenige Professorensöhne, besuchten die Anstalt. Ich kam ja nicht aus diesen Kreisen, habe aber nie bemerkt, daß seitens der Lehrerschaft Unterschiede zwischen den Schülern gemacht worden wären. Der Direktor, Hofrat Professor Dr. Otto Dobenecker, ein Mann durchaus aristokratischen Gepräges, von dem noch genauer zu berichten sein wird, stammte selbst aus einfachen Verhältnissen. Es bestand durchaus die Möglichkeit, auch ohne "Chancengleichheit" etwas zu schaffen, wenn man selbst und die Eltern es wollten und diese einem erhalten blieben. Das Eingewöhnen fiel mir trotz guter Leistungen (freilich Ordnung: Genügend) ziemlich schwer. Da halfen Freunde, die ich allmählich gewann. Mein engster Schulfreund Gustav Deicke, dessen gleichfalls "unakademische" Eltern nicht weit von uns in Jena-Ost, also jenseits der Saale, wohnten, blieb bis in die Oberklassen mein bester Kamerad, wozu schon der gemeinsame ziemlich weite Schulweg beitrug. Mein bis zu seinem Tode (1989) vertrautester Freund Heinz Engelhardt, Sohn eines Amtsrichters, hatte mit mir schon die erste Volkksschulklasse besucht, um dann gleichzeitig mit mir ins Gymnasium einzutreten und es wie ich bis zum Abitur ohne Anstoß zu durchlaufen, stand mir in jenen frühen Jahren noch nicht so nahe: die Lebensfreundschaft sollte sich erst später herausbilden.
Mein Vater achtete in außergewöhnlichem Maße auf meine schulischen Fortschritte, und gelegentlich setzte es, wenn geringere Leistungen ihn enttäuschten, auch Schläge. Wie wohl alle vernünftigen Väter war er von dem Wunsch beseelt, daß ich es einmal weiter bringen möge als er selbst. Damit hatte es noch eine besondere Bewandtnis.
Von höchst ansehnlicher Erscheinung, dazu begabt und vielseitig interessiert, kam mein Vater aus einer an sich aufstrebenden Familie. Noch sein

Frühe Kindheit

Urgroßvater Johann Christoph Felix Tümmler, geboren in Apolda, dann wohnhaft in Stadtsulza, hatte jenem ärmlichen Berufsstand angehört, von dem Goethe, der in Apolda Dienstgeschäfte auszuführen hatte und nebenbei an seiner "Iphigenie" weiterarbeiten wollte, mit zornigem Sozialempfinden an Frau von Stein geschrieben hatte: "Es ist verflucht. Der König Thoas soll reden, als wenn kein Strumpfwirker in Apolda hungerte." Der Sohn des Strumpfwirkers Tümmler war vom Soldatendienst in den großherzoglichen Hofdienst in Weimar übergewechselt, wo er es zum Vorsteher des Haushalts des Großherzogin Sophie (königliche Prinzessin der Niederlande, Initiatorin der nach ihr benannten großen Ausgabe der Werke Goethes) mit dem Titel "Geheimer Kämmerierer" brachte. Er bewohnte ein eigenes Haus in Weimar und konnte seinen Kindern eine gute Ausbildung ermöglichen. Einer der Söhne, Karl, wurde Pfarrer. Er wanderte in die USA aus, wo er im Staate Indiana während der Zeit des Sezessionskrieges, mit dem Herzen auf der Seite Lincolns stehend, auf recht abenteuerliche Weise eine Pfarre mit mehreren Filialdörfern begründete. Ein höchst anschaulicher Brief, den er hierüber an seinen Vater nach Weimar schrieb, befindet sich in meinem Besitz. Der jüngste Sohn des Kämmerierers, Heinrich Tümmler, meines Vaters Vater, war Architekt. Am Wiederaufbau der Stadtkirche in Meiningen nach dem großen Brande von 1874 wirkte er mit. Als Erbauer bzw. Erneuerer des Schlosses Gehaus bei Stadtlengsfeld in der Vorderrhön machte er sich früh einen Namen.

So wären an sich die Vorbedingungen für den Lebensweg meines Vaters, zumal auch seine Mutter Kathinka aus einem gutbürgerlichen Hause stammte, nicht schlecht gewesen. Aber - Christian Traugott Wilhelm Heinrich Tümmler starb früh, etwa 36 Jahre alt. Als freiberuflich Tätiger hinterließ er seine Witwe Kathinka mit den beiden Kindern Helene ("Lenchen") und Wilhelm (vollständige Vornamen Adolf Karl Julius Ludwig Wilhelm) in sehr bedrängten Verhältnissen. Die Restfamilie fand Aufnahme bei den Eltern der jungen Witwe. Deren Vater Wilhelm Goßlar (1813-1896) amtierte in Weilar (Vorderrhön) als Rentmeister der Grafen und Herren von Boyneburg-Lengsfeld, einer einst reichsritterschaftlichen Familie, die ihr Hauptschloß in Weilar hatte, aber ausgedehnte Besitzungen (Felder, Wiesen, Wälder, Jagd- und Fischereirechte) nicht nur im Feldatal um Weilar, sondern auch im Hessischen besaß. Die Verwaltung dieses umfangreichen, großenteils verpachteten Besitzes lag ganz in den Händen des Rentmeisters

Goßlar (meines zweiten Urgroßvaters also), der mit seiner Familie das sogenannte "Rote Haus" bewohnte, in welchem übrigens früher Jakob Meyer, der spätere Begründer des Bibliographischen Instituts, zeitweilig ein Textil- und Färbereiunternehmen ohne rechten Erfolg betrieben hatte. Es war ein ziemlich großes gutsartig wirkendes Anwesen, auf das ich später noch zu sprechen kommen werde. Da die Schwester meiner Großmutter Kathinka, Lina, mit dem Weilarer Gutspächter Fahrenbach in kinderreicher Ehe verheiratet war, wuchs mein Vater als Jüngster in einer ziemlich großen Kinderschar heran.

Mein Vater erwies sich als so begabt, daß er auf Kosten seines Großvaters Goßlar das berühmte Gymnasium Casimirianum in Coburg besuchen durfte, was natürlich eine kostspielige Sache war, da zum Schulgeld die Pensionskosten im Hause des Pfarrers Helbig in Ahorn bei Coburg hinzukamen. Ohne Stockung durchlief er die Schule bis zur Unterprima, als der Tod auch seines Großvaters die schulische Bildung kurz vor Torschluß jäh beendete. Mein Vater mußte die Schule verlassen, um seinen Lebensunterhalt zu verdienen. Es gab damals keine "Bildungschancen" wie heute. Er wurde als sogenannter Supernumerar in den Eisenbahndienst übernommen. Seinen Militärdienst leistete er als "Einjähriger" beim Infanterieregiment 94 in Weimar ab. Im Bahndienst ist er in langen Berufsjahren über die Stationen Assistent, Oberbahnassistent, Sekretär, Obersekretär und Obergütervorsteher schließlich bis zum Reichsbahninspektor und Vorsteher des Bahnhofs Jena West aufgerückt, was ihm immerhin eine gewisse Genugtuung bedeutete, auch weil er nun selbst "Untergebene" hatte. Im ganzen war das aber doch kein leichtes Schicksal für einen Mann seiner Begabung und Bildung und seines geistig geprägten Lebensstils - auch seiner persönlichen Ansprüche, wozu der tägliche Dämmerschoppen in der berühmten Weinstube zur "Göhre" in Jena gehörte, den er sich eigentlich finanziell nicht leisten konnte.

Meine gute Mutter, zu äußerst sparsamem Umgang mit dem knappen Haushaltsgeld gezwungen, ordnete sich in Liebe ganz dem Gatten unter. Schwerer noch als die Finanzmisere mußte es ihr, wie natürlich auch mir als Knaben, fallen, die Tage völligen schwermütigen Schweigens auszuhalten, die von Zeit zu Zeit den beruflich unbefriedigten Vater aus nie von ihm zugegebenen Anlässen überfallartig heimsuchten. Ich habe sie da bedauert und bewundert. Selbst von geselliger Natur, auch geistig interessiert, als soge-

Frühe Kindheit

nannte "höhere Tochter" gemäß den Vorstellungen der Zeit lyceal gebildet, wußte sie sich einen eigenen Kreis befreundeter Damen zu schaffen, was der eher ungesellige Vater verständnisvoll duldete, ja förderte. Auch war die Mutter, die ihr Schulfranzösisch gut gelernt hatte, bestrebt, etwaige Lücken ihrer Bildung durch den Besuch von Volkshochschulkursen und -vorträgen - Jena war ein Zentrum der Volkshochschulbewegung - auszugleichen. Eine tüchtige, tapfere, liebevolle Frau. Sie stand mir, vor allem in den jüngeren Jahren, näher als der schwierige Vater. Gern heiter und vergnügt, hatte sie doch oft Grund zum Klagen, und sie nahm das Leben nicht leicht.

Abgesehen von den angedeuteten Schwächen und zeitweiligen Depressionen war mein Vater ein guter Familienvater. Oft wurden abends im häuslichen Kreis Spiele gemacht (Würfel, Karten). Auch wurde vorgelesen, Klassiker zumeist. Besonders gern wurden Gedichte deklamiert. Mein Vater und ich wetteiferten dabei, die Mutter bildete das Publikum. Bei Stimmung sang mein Vater, der, mit Ludwig Wüllner befreundet, in der Jugend den Plan gehegt hatte, zur Bühne zu gehen, mit schönem Bariton die Gralserzählung aus Wagners "Lohengrin". Er war eine musische Natur.

Sonntags unternahm er mit uns Spaziergänge, auch ausgedehnte Wanderungen, die mich - im Verein mit den Schulausflügen - die überaus reizvolle und interessante Umgebung Jenas recht genau kennen und für immer lieben lehrten. Am Hang der nahen Lobdeburg wuchsen im April viele Veilchen. Kränze und Sträuße daraus zierten Vaters Geburtstagstisch am 13. April. Meine Mutter, die ja noch jung war, und ich hatten die Gewohnheit, sie wetteifernd zu pflücken. Im nahe gelegenen Dorf Winzerla lockte ein Gartenlokal zu Kaffee und herrlichem selbst gebackenen Kuchen, das Stück für 5 Pfennige.

Als meine Schwester Magdalena größer wurde, konnte sie an manchem teilnehmen. Ich ging viel mit ihr spazieren, spielte mit ihr trotz des Altersunterschiedes von elf Jahren, fuhr im Winter mit ihr Schlitten am Hang des Jenzigs, brachte sie nach Kriegsende zur Quäkerspeisung ins Schützenhaus jenseits der Saale, meldete sie sogar in Vertretung der verhinderten Eltern bei einer wohnwechselbedingten Umschulung zur anderen Volksschule in der sogenannten Kasernenschule (früher hatte hier ein Bataillon der 94er gelegen) in der Nähe des Westbahnhofs an und war wohl doch im ganzen ein "großer Bruder" nach ihrem Herzen.

Frühe Kindheit

Gegen Ende des ersten Weltkriegs - mein Vater war von Berufs wegen "reklamiert", da er an der Erstellung der Sonderfahrpläne für die Truppen- und Verwundetentransportzüge maßgeblich beteiligt war - und noch die Jahre danach herrschte bei uns, wie in anderen Familien auch, oft bitterer Hunger über den berüchtigten "Kohlrübenwinter" 1917/18 hinaus. Gewiß, die Wernshäuser Großtanten halfen nach Kräften, aber ihre Möglichkeiten waren begrenzt; wenigstens die Weihnachtsente war aber gesichert. Eine Katastrophe war es, als sie, da fehlgeleitet und auf einem falschen Bahnhof dahinfaulend, einmal ausblieb. Aber die guten Tanten, vergeblich des üblichen Dankbriefes harrend und schließlich von dem Verlust in Kenntnis gesetzt, sorgten für Ersatz. Der älteste Bruder meiner Mutter, Onkel Paul, der früh, um dem Militärdienst zu entgehen, nach den USA ausgewandert war, ein "verlorener Sohn" also gewissermaßen, schickte, selten genug, Pakete mit Speck und Schmalz, beides wohl aus Heeresbeständen und nicht vom besten. Oft gingen wir zwecks Aufbesserung des Küchenzettels "in die Pilze"; wenigstens Hallimasch gab es reichlich in Jenas Wäldern. Das Einmachen von Marmelade aus selbstgesuchten Früchten (Walderdbeeren, Hagebutten, Zwetschen) war selbstverständlich, und groß war das Bedauern, wenn eins oder gar mehrere der Weckgläser sich nicht richtig schlossen.

Sobald ich einigermaßen dazu in der Lage war, wurde ich zum "Hamstern" in näher oder ferner liegende Dörfer geschickt. Besonders lang und anstrengend war der Weg auf der Landstraße nach Rodigast. Abwechslungsreicher ging der Weg über die gedeckte Saalebrücke bei Maua bergan nach Großbockedra. Beide, wie die Namen verraten, Orte auf altem wendischem Siedlungsgebiet. Da waren es Kleinbauern schlichtester Denk- und Bildungsart, die aber den schmächtigen Stadtjungen freundlich aufnahmen und ihn nicht "ganz ohne" wieder ziehen ließen. Beim Großbauern Langbein in Zimmern über Dornburg mußte ich erst geduldig sein Klavierspiel anhören. Er spielte mit Vorliebe Beethoven, sogar recht gut, soweit ich das beurteilen konnte. Nach geziemender Beifallsäußerung durfte ich mit ein paar Eiern, auch wohl mit etwas Speck, vor Ermüdung die Dornburger Schlösser zur Seite liegen lassend, zu dem von den frühen Kinderjahren her wohlvertrauten Bahnhof in Naschhausen wandern, von wo ich mit der Bahn nach Jena zurückfuhr. Schmal, hochgeschossen und hungrig, wie ich damals war, hatte ich Mühe mit den langen Fußmärschen. Meine Beinleiden und Gehschwierigkeiten in den späteren Jahren mögen z.T. schon auf diese frühen Überanstrengungen zurückzuführen sein.

2. AUF DEM GYMNASIUM IN JENA

Ich kann mich nicht zu denen zählen, die auf ihre Schulzeit mit Unbehagen, ja mit Spott und Haß zurückblicken und ihre Lehrer als üble Leuteschinder in Erinnerung haben. Vielmehr muß ich offen zugeben, daß ich, zumal in den Oberklassen, gern zur Schule, in das schon erwähnte Gymnasium, ging. Ich hatte Freude am Lernen, brauchte nicht allzuviel Zeit für die Schularbeiten, konnte sogar manchen Mitschülern helfen, kam selbst zu guten Erfolgen und hatte noch genügend Zeit für mich. Ich las viel, fand und betrat zielstrebig Wege zur eigenen Weiterbildung.

Einschränkend muß ich allerdings sagen, daß ich in der Untertertia zunächst ein gewisses "Tief" zu überwinden hatte. Da hatte ich einen Deutschlehrer, den ich wirklich nicht mochte, was wohl auch umgekehrt galt. Ein verfehlter Klassenaufsatz über Uhlands Gedicht "Das Glück von Edenhall" trug mir eine "4" (heute wäre das eine "5") und dazu eine höhnisch-herablassende "Würdigung" vor der Klasse ein. Es war dies das einzige Mal, daß ich das Heft verbarg und die Eltern mit der Behauptung täuschte, wir hätten die Arbeit immer noch nicht zurückbekommen. Natürlich kam die Sache schließlich heraus. Es setzte Strafe. Schlimmer aber war für mich die Betrübtheit meiner Eltern, die mir bisher bedingungslos vertraut hatten. Ich rechne es ihnen hoch an, daß sie den einmaligen Fehltritt verhältnismäßig rasch verziehen und nie darauf zurückkamen; so stellte sich das alte Verhältnis schnell wieder her. Ja, mein Vater, der selbst einen guten Stil schrieb und häufig Kurzgeschichten in Zeitungen veröffentlichte, unterrichtete mich wochenlang im Schreiben von Aufsätzen, wobei er von relativ knappen Hauptsätzen ausging und allmählich zu komplizierteren Satzgebilden überging. Nach einigen Wochen, in denen er mich kleinere Aufsätze schreiben ließ, die er mit mir durchsprach, begann ich ein eigenes Stilgefühl zu entwickeln. Ich schrieb fortan keinen Schulaufsatz mehr unter "2", meist sogar mit der Note "Sehr gut". Ich bekam Freude an dieser Tätigkeit. Ein großer Teil meines ganzen späteren beruflichen und wissenschaftlichen Lebens hat sich im Abfassen von Aufsätzen, Büchern und Vorträgen erschöpft oder besser: darin erfüllt. Soweit ich Zuhörern, Lesern und Rezensenten glauben darf, habe ich dabei viel Zustimmung, oft erfreuten Beifall gefunden. Meinem Vater, der, wie erzählt, selbst beruflich nicht das ihm angemessene Ziel erreichte, bin ich noch heute dankbar für sein damaliges Bemühen. Meines weiteren schulischen Weges versichert, hat er mich etwa von Untersekunda an völlig selbst gewähren lassen, aber meinen Weg immer mit großem Interesse begleitet.

Neben Französisch (ab Quarta) und den alten Sprachen (Latein ab Sexta, Griechisch ab Untertertia), die als für den Schultyp charakteristische Fächer im Lehrplan die Hauptrolle spielten und mir Freude machten, war es nach dem verunglückten "Glück von Edenhall" von Untersekunda an der Deutschunterricht, der mich besonders anregte und förderte. Das galt gleichermaßen für die Grammatik, die ja, richtig dargeboten, mehr als nur Grammatik ist, wie für die Dichtung und die damals höher als heute gewertete Literaturgeschichte. Diesem "Fach" kam natürlich der besondere "Genius loci" Jenas zustatten. Alle Häuser z.B., die Schiller einst hier bewohnt hatte, die Kirche drüben am anderen Saaleufer, wo er getraut worden war, das Griesbachsche Haus, wo er seine berühmte Antrittsrede "Was heißt und zu welchem Ende studiert man Universalgeschichte?" hielt, standen noch so gut wie unverändert. Sein und seiner Familie letztes Jenaer Wohnhaus im "Schillergarten" war noch bewohnt. Der Garten selbst hoch über der zur Saale hinfließenden Leutra war zwar gegenüber seiner ursprünglichen Gestalt als schlichter Hausgarten ziemlich verändert, bildete aber in seiner parkartigen Gestaltung eine stille Oase in der inzwischen weit ausgedehnten Stadt. Der große Findling mit der Inschrift "Hier schrieb Schiller den Wallenstein", Danneckers Schillerbüste, schließlich der erhalten gebliebene runde Steintisch, an dem Goethe und Schiller "manches gute und große Wort miteinander gewechselt" (so Goethes Gedenktafel), dies alles konnte den phantasievollen Geist nicht unberührt lassen. So manches Dichtwerk konnte man besser erfassen, wenn man den Entstehungsort noch sehen konnte. "Wer den Dichter will verstehn, muß in Dichters Lande gehn", das traf hier wie an anderen Punkten der Stadt wörtlich zu. Dem Vernehmen nach ist man daran gegangen, dem Garten anhand der bekannten Zeichnung Goethes seine alte Gestalt wiederzugeben. Gut so!

Natürlich gilt ein gleiches Erinnern für die Goethestätten wie etwa die "Grüne Tanne" drüben am anderen Saaleufer, von wo aus Goethe 1817 die Wolken beobachtete und vor der am 12. Juni 1815 die Burschenschaft in Jena gegründet wurde, für Goethes in späteren Jahren von ihm bevorzugte jetzt als kleines Museum zugängliche Wohnung im Inspektorhaus des von ihm selbst maßgeblich mitgestalteten Botanischen Gartens, nicht zuletzt für

das "Frommannsche Haus" am Fürstengraben, wo er (so zu Eckermann) "schöne Abende verlebt", das Heranwachsen der Pflegetochter der Familie Frommann, Minchen Herzlieb, verfolgt und 1808 seine Liebe zu dem jungen Mädchen in einem berühmten Sonettenzyklus dichterisch gestaltet und so dann doch überwunden hatte. So lag über dem Jena meiner Jugendjahre noch ein später Nachglanz des klassischen Zeitalters.
In der Schule war es besonders der einfallsreiche (übrigens auch von Wilhelm Flitner als hervorragender Didaktiker gerühmte) Dr. Benno von Hagen, unser Klassenlehrer in Untersekunda, der, die örtlichen Gegebenheiten ausnutzend, auf vieles, so auch auf das von Goethe so oft besuchte nahe gelegene Schloß Drackendorf aufmerksam machte, wo Silvie von Ziegesar mit ihren Eltern gewohnt hatte. War sie oder war eher doch Minchen Herzlieb das "erlebte" Urbild der Ottilie in Goethes "Wahlverwandtschaften"? Gleichviel! Eine großartige Idee v. Hagens war es, daß er uns Schillers "Spaziergang" (1795 in Jena verfaßt) auf einem wirklichen Spaziergang auf des Dichters Spuren nachvollziehen zu lassen suchte. Wir stiegen jenseits der Saale langsam von Tal zu Berg den Hang jenes Berges hinan, den Schiller in den Anfangsversen mit den Worten "Sei mir gegrüßt , mein Berg mit dem rötlich strahlenden Gipfel, sei mir, Sonne, gegrüßt, die ihn so lieblich bescheint!" feierlich anredete. Im Wandern und Verweilen bei Ausblicken an geeigneten Punkten zu Fluß und ferner Stadt erhielt man bei einiger Phantasie immerhin einen ungefähren Eindruck des gewaltigen zivilisationsgeschichtlichen Kulturbildes vom Werden der Menschheit, das Schiller hier durch die Jahrtausende hin zu entwerfen versuchte und das ihn zum Schluß doch wieder den Blick zum vermeintlich ewig Bleibenden, der "Natur" im Sinne der Alten, zurückwenden ließ: "Unter demselben Blau, über dem nämlichen Grün / Wandeln die nahen und wandeln die fernen Geschlechter, / Und die Sonne Homers, siehe, sie lächelt auch uns". Dergleichen bleibt in der Erinnerung, mag es sich auch in der Realität nicht nachvollziehen lassen.
Bei alledem waren wir Pennäler natürlich kein verfrühter Literaturclub, und gewiß nicht alle empfanden wie ich. Wir waren ganz normale Jungen in Art und Unart. Der am Abend von der untergehenden Sonne rötlich strahlende Gipfel jenes Berges, des Jenzigs, war von vorn, über die sogenannte Nase, einen kahlen, steilen, zerklüfteten Kalksteinfelsenhang, eben jenen rötlich strahlenden Gipfel, schwer zu erklimmen. Aber es gehörte für uns Jungen

einfach dazu, diese Mutprobe mindestens einmal zu bestehen. Dabei war man ganz auf sich allein gestellt - Schiller konnte einem bei diesem Wagestück nicht helfen, und er war es auch nicht, der dazu den Anlaß gab. Die Jungennormalität zu beweisen gäbe es weitere Beispiele genug, so aus dem Schulleben, von Kameradschaft und Freundschaft, von Geselligkeit wie jenen damals hochgeschätzten und von Elternseite wohlbehüteten Hausbällen, die heutzutage zu oft recht freizügigen sogenannten "Parties" verkommen sind, wovon die Eltern ausgeschlossen bleiben, oder von den schon etwas lockereren, aber im ganzen doch sehr braven Tanzkränzchen in den Gasthofsälen der umliegenden Dörfer. Auch das politische Geschehen spielte für uns eine Rolle, ernste Ereignisse darunter wie 1923 die Übernahme der zivilen Stadtverwaltung durch das Militär auf Grund eines Befehls des Reichspräsidenten angesichts kommunistischer Umsturzversuche; der tägliche Wachwechsel auf dem Markt machte uns Eindruck, während Hitlers Münchner Putschversuch vom November 1923 von fernher die Aufmerksamkeit auf sich lenkte. Sehr betraf uns die galoppierende Inflation, und mit Staunen, meist mit Erleichterung erlebten wir Ende 1923 das "Wunder der Rentenmark". Die Ruhrbesetzung löste in uns Primanern nationale Empörung aus.

Die Schule stand noch ganz im Vordergrund, zumal es normalerweise in der kleinen Universitätsstadt nicht viel zu erleben gab und die weitaus meisten von uns mit den Zeiss-Werken wenig Berührung hatten, sieht man einmal vom Besuch des von der Carl-Zeiss-Stiftung geschaffenen Volkshauses ab, in dem zahlreiche Zeitungen auflagen und in dessen Sälen große Veranstaltungen stattfanden.

Die kulturelle Aura der Stadt im Verein mit der des nahen Weimar befruchtete naturgemäß den Schulunterricht, so daß wir möglicherweise mehr Werke des großen Dioskurenpaares kennenlernten, als das andernorts geschah. An Dramen lasen wir von Schiller "Tell", "Die Räuber", "Don Carlos", zur Krönung dann in Prima den "Wallenstein". Selbstverständlich gehörten so berühmte Balladen wie "Die Bürgschaft", "Der Ring des Polykrates", "Die Kraniche des Ibykus" und "Der Taucher" zur Pflichtlektüre. Manches davon lernten wir auswendig. Auch war es noch nicht wie zeitweise später verpönt, das "Lied von der Glocke" zu lesen und Teile daraus zu lernen. Diese Lektüre wurde durch die denkbar eindrucksvollste Anschauung unterstützt. Wir wanderten übers Schlachtfeld - auf diesem Hochplateau hatte am 14. Oktober 1806 die fast kriegsentscheidende Schlacht bei Jena stattgefunden; Kleists berühmte "Anekdote aus dem letzten Kriege" spielt in einem der dortigen Dörfer - nach Apolda. Hier erlebten wir in einer kleineren Glockengießerei den vom Gebet begleiteten gleichzeitigen Guß mehrerer Glocken. In der großen Glockengießerei Schilling wurden wir Zeugen der Vorbereitungen zum Guß einer der größten, wenn nicht überhaupt der größten Glocke Deutschlands. Wir umrundeten den schon festen Rand des riesigen Mantels, also der "Form, aus Lehm gebrannt", nach Schiller. Das Geläut dieser Glocke ertönt noch heute vom Kölner Dom.

Von Goethe lasen wir die Sesenheimer Lieder, die großen Hymnen aus "Sturm und Drang" wie "Prometheus", "Wanderers Sturmlied" und "Harzreise im Winter", dann die bedeutende Natur- und Weltanschauungslyrik der frühen, bereits zur hohen Klassik überleitenden Weimarer Jahre wie "Edel sei der Mensch, hilfreich und gut", dazu einige Balladen und anderes mehr. Mir hat es besonders das Gedicht "Ilmenau" angetan, dem ich später im Zusammenhang mit meinen Carl-August-Studien eine eigene Interpretation gewidmet habe. An Dramen standen "Götz", "Tasso", "Iphigenie" und natürlich der Erste Teil der "Faust"-Dichtung auf dem Lehrplan.

Wenn ich von den Dramen sagte, daß wir sie "lasen", so meine ich das wie zuvor bei Schiller ganz wörtlich. Wir lasen sie, wenigstens die meisten Akte, mit verteilten Rollen, was uns eigentlich nie langweilig wurde. Tiefere Interpretation im modernen Sinne gab es noch kaum, allenfalls einmal nach Lust und Können des Lehrers. Ich kann mich aber nicht erinnern, daß wir das vermißt hätten. Wir waren wohl in einem gewissen Sinne einfach noch "jünger" als spätere Jugendgenerationen, auch nicht so abgelenkt wie die Jugend heute. Wir hatten schlichte Freude am spannenden Geschehen und am schönen Wort, erlebten vieles gewissermaßen mit. Daß die Schule durch diese für jetzige Begriffe eher schlichte Lehrweise uns die Klassiker für immer verleidet hätte, wie es doch oft heißt, kann ich für meine Person nicht sagen, und ich glaube, daß ich da nicht für mich allein spreche. Irgendwie vertraut wurden uns die Werke trotz der scheinbaren Oberflächlichkeit der Behandlung eben doch, zumal wir manches auswendig lernten. Das tiefere Verstehen kam dann oft erst später. Im nahen Weimar war das Nationaltheater. Jena selbst hatte kein eigenes Ensemble. Aber ein Thespiskarren in Gestalt eines Omnibusses brachte die Mimen herüber, wo sie in einem

Im ganzen betrieben wir in der Schule eher Literaturgeschichte als Dichtungsanalyse, wozu ausführliche Lebensbeschreibungen der Dichter, soweit jugendlichen Gemütern zuträglich, wesenhaft gehörten. Eine scherzhafte Bemerkung am Rande. Gespannt warteten wir bei der Lektüre des "Götz", wie sich unser Klassenkamerad Arwed Blomeyer - später ein bekannter Ordinarius der Jurisprudenz an der Freien Universität Berlin - , dem die Rolle des Götz zugefallen war, bei dem bekannten Götz-Zitat aus der Affäre ziehen würde. Er las es genau, wie es in der Vorlage stand und übrigens noch heute in der Hamburger Ausgabe der Werke Goethes steht: "... er kann mich - drei Gedankenstriche". Etwas enttäuscht waren wir doch... Aber das deftige Wort war damals ja auch noch keineswegs ein Bestandteil der höheren Umgangssprache wie heute. Wenn ich mich recht erinnere, wurde es von uns im gewöhnlichen Umgang eher gemieden.

Es versteht sich, daß wir, wie an anderen humanistischen Gymnasien auch, in Latein Caesar, Livius, Cicero, Sallust, Tacitus (Germania, Historien, Annalen), von Dichtern Ovid, Vergil, Catull, in Griechisch Herodot, Xenophon, Thukydides, natürlich auch Platon (Kriton, Apologie, Politeia) lasen. Durch Homers große Dichtungen begleitete uns wieder der schon genannte Dr. Benno von Hagen, bei dem die Geschichte des Verweilens des Odysseus beim "göttlichen Sauhirten" Eumaios ein Leckerbissen wurde. Sokrates wurde uns als die große ethische Leitfigur nahegebracht. Aber damals wurde überhaupt die Antike in ihrer Gesamtheit, fast im Sinne Winckelmanns, noch als absoluter Wert, wichtig für die Lebenshaltung beinahe wie die Religion, begriffen. Ihre historische Bedingtheit war noch nicht so offenkundig, man zeigte weniger die tiefen Schatten. Die Relativität antiker Wertwelt ganz erkannt zu haben, blieb doch wohl erst späterer Zeit vorbehalten. So mochte dem "humanistisch Gebildeten" so etwas wie ein elitäres Bewußtsein anhaften, was ihm nicht zukam. Dennoch möchte ich diesen "Höhenweg" der Bildung, den ich gehen durfte, nicht missen. Er verleiht eine bestimmte Prägung, fern einem Überlegenheitsbewußtsein, wenn man die Dinge recht sieht.

Merkwürdig eigentlich,, daß wir mit einem Lehrer, den wir im Grunde mochten, am meisten unseren Schabernack trieben, ihn ärgerten. Dabei war Professor Dr. Heinrich Hilgenfeld (unter uns kurz "Heinrich" genannt), zugleich übrigens außerordentlicher Professor für altorientalische Sprachen (Syrisch und Klassisch-Arabisch) an der Universität, ein ebenso gütiger

Auf dem Gymnasium

Mensch wie gebildeter Praeceptor, der im alten Rom und im jüdisch-christlichen Jerusalem ebenso zu Hause war wie in seiner Heimatstadt Jena, wo er das schon erwähnte altberühmte Frommannsche Haus besaß und bewohnte. Der Junggeselle pflegte jeden Nachmittag Jenas Hausberg, mit dem Fuchsturm darauf, zu ersteigen, um in der Gaststätte droben sein Bier zu trinken. In der kälteren Jahreszeit mit einer Pelerine angetan, alttestamentarisch wirkend mit seinem Prophetenbart, im Alltag mit hochgeschlossener grüner Joppe bekleidet, einen abwaschbaren Gummikragen um den Hals, war Hilgenfeld in Jena ein stadtbekanntes Original. Ich habe trotz der zeitverkürzenden Streiche, die wir ihm spielten, sehr viel bei Hilgenfeld, der in Unterprima zugleich unser Klassenlehrer war, gelernt, ihn auch, der lange Jahre hindurch Vorsitzender des Vereins ehemaliger Carolo-Alexandriner war, öfters in seinem Hause besucht, wo ich in denselben Räumen sitzen durfte, in denen, wie berichtet, schon Goethe geweilt hatte.

Im Unterschied zu Hilgenfeld war der Direktor des Gymnasiums, Hofrat Professor Dr. Otto Dobenecker, spitzbärtig, meist überkorrekt mit langem "Bratenrock" (Gehrock) angetan, mit ausdrucksvoll ernstem Antlitz, eine höchst imposante Erscheinung. Er war derjenige Lehrer, der mich, ab Unterprima den Geschichtsunterricht erteilend, in Oberprima unser Klassenlehrer mit den Fächern Geschichte und Deutsch, am stärksten beeinflußt hat. Streng, aber gerecht, hielt er, den man mit "Herr Hofrat sind...", "Herr Hofrat haben..." anzureden hatte, strenge Diziplin. Schon ein drohend erhobener Zeigefinger aus dem Fenster seines im Erdgeschoß liegenden Amtszimmers vermochte den ärgsten Lärm auf dem Pausenhof mindestens kurzfristig zu dämpfen, üble Schlägereien zu verhindern. Sein Hauptfach war zweifellos Geschichte; von daher hat er auch meine Berufswahl beeinflußt. Dobenecker war neben seinem Amt ein weit über Thüringen hinaus bekannter Historiker. Seine "Regesta historica Thuringiae" (Titel hier etwas verkürzt; es handelt sich um Inhaltszusammenfassungen der mittelalterlichen Urkunden zur thüringischen Geschichte, erschienen in vier Bänden im Gustav-Fischer-Verlag in Jena) gelten noch heute als ein Standardwerk. Den Vorsitz im Verein für thüringische Geschichte und Altertumskunde hatte er jahrzehntelang inne. Sein Hauptwerk, die "Regesten", hat für zahlreiche Dissertationen zur thüringischen Geschichte als Hauptquelle gedient. Auch meine eigene Doktorarbeit über die "Geschichte der Grafen von Gleichen von ihren Anfängen bis zum Verkauf des Eichsfeldes, ca. 1100 bis 1294" hätte ohne Dobeneckers Werk nicht geschrieben werden können.

Dobeneckers Geschichtsunterricht war fesselnd, übrigens stark national ausgerichtet: er war ein Schüler Dietrich Schäfers gewesen. Mit dem Diktatfrieden von Versailles, überhaupt mit der Weimarer Republik, die ja im Gefolge der Niederlage zu uns gekommen war, hat er sich nur schwer abgefunden. Sein Unterricht führte, soweit ich mich erinnere, kaum über die Reichsgründung Bismarcks, die er bewunderte, hinaus. Das lag auch daran, daß er schwer erkrankte, als der sozialdemokratische Volksbildungsminister Greil eine Parteigenossin als Oberschulrätin zu seiner Vorgesetzten machte. Erst unter dem folgenden bürgerlichen Ministerium Leutheußer - der Sohn dieses Ministerpräsidenten, Günther Leutheußer, war ein Klassenkamerad von mir - kehrte er, mühsam wiederhergestellt, noch einmal kurz in den Dienst zurück, so daß er zu unserer Abiturfeier, zu der wir, von ihm angeführt, feierlich unter den Klängen des Largo von Händel in die Aula einzogen, sprechen konnte, spürbar mühsam.

Zum 70. Geburtstag gab man dem gelehrten Pensionär einen Empfang. Die Universität Jena verlieh ihm den theologischen Ehrendoktor. Fachgenossen überreichten ihm - selten bei einem Schulmann - eine sehr gut ausgestattete Festschrift, die in Einzelteilen noch heute nicht überholt ist. Mich erfüllte es mit einigem Stolz, daß ich, noch Jenenser Student, dem verehrten Mann namens der jüngeren "Ehemaligen" eine Laudatio halten durfte. Rückblickend möchte ich sagen, daß mich Dobenecker nicht nur beeinflußt, sondern in meiner ziemlich konservativ, aber keineswegs reaktionär, fundierten Persönlichkeitsstruktur mitgeprägt hat.

Meine Mitschüler respektierten meinen Lerneifer, überhaupt wohl meine Art. Ich galt nicht als "Streber". Die Kameraden wählten mich in den beiden Prima-Jahren zum Klassensprecher, und als solcher hatte ich auch die Abiturrede zu halten, die ich, wie das üblich war, als Dankesrede an die Eltern und die Lehrer formulierte.

Beim Abitur war ich übrigens als Klassensprecher in eine äußerst prekäre Lage geraten. Bei den schriftlichen Abiturarbeiten gab es Unregelmäßigkeiten, die von unserer ganzen Klasse zu verantworten waren. Die Sache fand ihre glimpfliche Auflösung darin, daß wir die Mathematikarbeit zu wiederholen hatten. Der Direktor war krank. Ich wurde fast täglich durch den Hausmeister zu seinem Stellvertreter Professor Hilgenfeld ins Direktorzim-

mer gerufen, der mich über die Vorbereitungen bei dem Täuschungsversuch auszufragen versuchte, mich geradezu ins Gebet nahm und mit den Worten "Ich glaube, Sie haben mich noch nie belogen" an mein Gewissen appellierte. Selbstverständlich blieb ich, in alles eingeweiht, ihm die Antwort schuldig. Etwas später ließ mich, nach der letzten peinlichen Vernehmung, der Direktor in seine Wohnung kommen. Er wußte sehr genau über meine Befragung durch seinen Vertreter und über meine Reaktion darauf Bescheid. Er gab mir die Hand und verabschiedete mich mit den Worten: "Ich weiß, daß Sie gar nicht anders handeln konnten". Ich verspürte hier etwas von menschlicher Größe. Jetzt erst war ich richtig erleichtert und befreit.
Weit über die Schulzeit hinaus bin ich mit Dobenecker in Verbindung geblieben. Ein Gleiches gilt, in etwas anderer Weise, auch für v. Hagen und erst recht für Hilgenfeld, mit dem ich als Armine vom Burgkeller auf Duzfuß stand. Übrigens ließ er auch da längere Zeit nicht locker. "Jetzt kannst Du mir's doch sagen", so suchte er in mich zu dringen. Aber auch jetzt blieb ich dem sonst so Geschätzten, der so fest an das Gute im Menschen, zumal offenbar in mir, glaubte, die Beichte schuldig. Schließlich gab er es auf, bewahrte mir aber seine Freundschaft bis zu seinem Tode.
Unsere letzten Schuljahre fielen im übrigen in eine wahre Notzeit, politisch, wirtschaftlich, in jeder Hinsicht (vgl. weiter oben, S. 17 ff.)
Einschneidend griff die galoppierende Geldentwertung in unseren Alltag ein. Um meine Eltern zu entlasten und etwas Taschengeld zu verdienen, gab ich jüngeren Mitschülern ziemlich viele Privatstunden, besonders in Latein und Griechisch, aber auch in Mathematik, in welchem Fach ich es dank dem ausgezeichneten Unterricht des Dr. Fritz Heiland zu gutem Erfolg brachte. Da der Wert der Mark schließlich immer mehr davonlief, galt die Vereinbarung, daß für eine Privatstunde der jeweils geltende Preis für ein Pfund Brot gezahlt wurde. Da mußte man sich beeilen, nach der Stunde in die nächstgelegene Bäckerei zu gehen, wenn man nicht Gefahr laufen wollte, daß es entweder kein Brot mehr gab oder der Preis sich inzwischen bereits wieder erhöht hatte. Ich erinnere mich noch jenes Novembertages 1923, als uns ein Klassenkamerad den ersten Schein der die Inflation schließlich beendenden "Rentenmark" (wenig später wieder Reichsmark) zeigte. Eine Billion alter Reichsmark war jetzt eine Renten- beziehungsweise Reichsmark. Über das Zustandekommen dieser kühnen Transaktion ist hier weder zu berichten noch über das Für und Wider eines währungspolitischen Schnittes von so

großer, alte Vermögenswerte vernichtender Wirkung zu rechten. Irgendwie funktionierte die Sache, und man war's zufrieden, zumal wenn man auf der unteren Stufe der Leiter stand

So versteht sich, daß unsere Schulwanderungen und -ausflüge - auf der Oberstufe gab es nicht mehr den simplen "Maigang" des Sextaners - nicht entfernt mit den touristischen Großunternehmungen zu vergleichen waren, wie sie heute leider üblich geworden sind. Wir blieben im Umkreis Jenas, lernten aber dadurch unsere nähere Heimat um so besser kennen. Es kam dabei auch darauf an, möglichst große Strecken zu Fuß zurückzulegen, um am Fahrgeld zu sparen - nicht ganz leicht für uns meist noch immer ziemlich unterernährte Knaben. So hatten wir bei Professor Hilgenfeld, um Zeit genug für den Tagesmarsch (hin und zurück) zum Besuch der auf der Höhe zwischen Jena und Weimar gelegenen großen Wasserburgruine Kapellendorf und ihrer Umgebung zu haben - die Ausläufer der Schlacht bei Jena 1806 hatten sich bis hierher erstreckt - , schon früh um 5 Uhr anzutreten. Von der Wanderung über das Schlachtfeld in die Glockengießerstadt Apolda war in anderem Zusammenhang schon die Rede. Zum Ausflug nach Naumburg war natürlich eine Bahnfahrt unvermeidlich. Im mächtig auf einer Anhöhe stehenden Gotteshaus, einst Bischofskirche, bewunderten wir neben dem durch kunstvolle Reliefs verzierten Lettner besonders natürlich die Statuen der Stifter im Chor, von denen die Uta jugendliche Seelen am meisten anrührte. Ein Foto von ihr hing seinerzeit in vielen Wohnungen; sie repräsentierte bestimmte idealistische Vorstellungen vom Adel der mittelalterlichen deutschen Frau und Fürstin. Den Reigen dieser größeren Unternehmungen eröffnete bereits in Untersekunda Dr. Benno von Hagen. Wohlüberlegt ließ er uns den Besuch Weimars nicht am Hauptbahnhof, sondern bereits von der Station Oberweimar aus beginnen. So gelangten wir, das Dorf und Gut hinter uns lassend, vom Hintereingang her in den Park, der in der Morgenfrische leuchtete und sich mir mit seinen verschiedenen klassischen Erinnerungsstätten für immer ins Gedächtnis grub. "Der junge Tag erhob sich mit Entzücken, Und alles war erquickt, mich zu erquicken". Der Weg führte an Goethes Gartenhäuschen vorüber, neben dem das Euphrosyne-Denkmal in Augenschein genommen wurde. Auf einer schmalen Brücke überschritten wir die vom Widerschein des dichten Baumlaubs grün gefärbte Ilm, von der das Distichen kündet:

"Meine Ufer sind arm; doch höret die leisere Welle,

führet der Strom sie vorbei, manches unsterbliche Lied."
So, festlich eingestimmt, näherten wir uns ganz allmählich der unvergleichlichen Stadt, wo wir für diesmal nur das Schillerhaus besichtigten, wie es dem Stand der Schullektüre entsprach.
Später haben wir uns bei den einwöchigen Schillerfestspielen im Verein mit Jugendlichen aus allen deutschen Gauen durch Theaterbesuche und Vortragsveranstaltungen weiter in die große Welt der Klassik einführen lassen. Aber das Gesellige - es gab Tanz und allerlei Frohsinn, wie es den großen Meistern gewiß wohlgefallen hätte, - überwog fast den eigentlich doch den Kern der Veranstaltung bildenden Zweck. Aber beides gehörte zusammen. Es war die Zeit kurz nach dem ersten Weltkrieg. "Einig in seinen Stämmen", so am Anfang der Weimarer Verfassung von 1919, genoß hier junges Volk trotz der Not der Zeit Größtes an deutscher Kultur. Unser verständnisvoller Führer und Begleiter war in diesen Tagen von der Schulseite her der prächtige Dr. Arthur Krause, mit dem wir, nach Jena zurückgekehrt, in einem Berggartenhäuschen oberhalb der Papiermühle eine unvergeßliche feuchtfröhliche Nachfeier hielten. Ich sehe ihn noch frühmorgens kaffeemahlend auf einem Schemel sitzen, besorgt, daß wir aufrecht und ordentlich nach Hause kamen.
Eine Besonderheit unseres Gymnasiums waren die fachlich ausgerichteten Schülervereine, die sich zwar einen Lehrer als Protektor wählen mußten, aber doch weitgehend selbständig arbeiten konnten. Viele Mitglieder zählte der Naturwissenschaftliche Verein, was auch daran lag, daß er das soeben erwähnte Berggrundstück mit Hütte in einem Seitenarm des Mühltals besaß. Dann gab es noch den neusprachlichen Verein, den Stenographenverein und - nicht zuletzt - den Geschichtsverein, dem ich, zuletzt als Vorsitzender, angehörte. Unser Protektor war der Direktor, Hofrat Dobenecker, selbst, dem allwöchentlich das Sitzungsprogramm, in dessen Mittelpunkt ein wissenschaftlicher Vortrag stand, vorzulegen war. Meist begnügte er sich mit einem kurzen billigenden Blick, manchmal gab er einen besonderen Hinweis. Er ließ es sich nicht nehmen, manchmal persönlich an der Zusammenkunft teilzunehmen und dabei, nachdem ihm ordnungsgemäß das Wort erteilt worden war, selbst den Vortrag zu halten. In solchen Fällen fand die Sitzung nicht wie sonst in einer der Schülerwohnungen, sondern in der Schule statt: in eine Privatwohnung zu gehen schickte sich für den Direktor nicht.

3. FERIEN IN WERNSHAUSEN

In den Ferien fuhren wir nicht, wie einige andere es taten, in eine "Sommerfrische". Das kostete Geld, und wir hatten in schönen Gegenden Thüringens Verwandte, die uns gern aufnahmen und auch über entsprechende Räume verfügten. Die Sommerferien verbrachte ich, manchmal mit den Eltern oder doch einem "Elternteil", oft aber auch allein, in meinem Geburtsort Wernshausen an der Werra, wo, wie eingangs kurz erzählt, die zwei unverheirateten Schwestern meiner Großmutter mütterlicherseits, die "Geschwister Kümpel", ein bäuerliches Anwesen mit Kuh- und Schweineställen, großer Scheune, mit Hühnern und Enten und allerlei ländlichem Zubehör besaßen. Dazu betrieben sie den lange Zeit einzigen Kolonialwarenladen des Dorfes, die "Firma C.A. Kümpel", so genannt nach meinem früh verstorbenen Urgroßvater. Der Laden war altertümlich; über dem Ladentisch gab es noch das Gestänge, an dem griffbereit die Tüten, wohl auch die Schöpflöffel und andere Gerätschaften hingen. In dem Lädchen, in das man vom Hausflur aus gelangte, nachdem man die Glocke an der Haustür geläutet hatte, gab es so ziemlich alles außer Textilien zu kaufen, vom Kaffee und der Schokolade bis zu den Heringen, eingelegten Gurken und so weiter. Auf dem Haus lag die "Gerechtigkeit", Schnaps zu verkaufen, der mit einem noch in meinem Besitz befindlichen geeichten Zinngemäß zugeteilt und von den Kunden, meist vom Tagewerk heimkehrenden Landarbeitern, sogleich an Ort und Stelle im Stehen hinuntergekippt wurde. Der Respekt vor der Tante Elise, die recht energisch werden konnte, verhinderte alle Ungebühr: es ging vielleicht etwas laut, aber sonst gesittet zu. Den Schnaps bezog übrigens die Tante von einem jüdischen Schnapsbrenner in Unsleben. Es beeindruckte mich, daß sie Jahre nach der Machtergreifung durch Hitler diese Geschäftsverbindung beibehielt. Auf offener Postkarte, die ich zur Post zu bringen hatte, gab sie mit ihrer großen, steilen Handschrift eine neue Bestellung auf mit dem Bemerken: "Wir bleiben die alten".
Verderbliche Waren wurden in tiefen kühlen Kellern aufbewahrt, die nur mit Leitern unter Holzplanken im Flur, dem sogenannten "Ern" (= Ehren), zu erreichen waren. Da hieß es aufpassen, um nicht versehentlich in das Loch zu stürzen. Für den Knaben gab es da unten allerhand zu entdecken. Später, etwa zur Zeit der Weltwirtschaftskrise (1929 ff.), als die Tanten älter wur-

den, gab es mehr Konkurrenz im Dorf. Immer seltener schellte die Haustürglocke. Das Geschäft ging zurück.

Da war es gut, daß die Tanten noch die andere, im Grunde wichtigere Existenzgrundlage hatten, nämlich den von Generationen her ererbten Grundbesitz: Äcker, Wiesen, Gärten, ziemlich über die Ortsflur verteilt, aber für ein Dorf mit überwiegend in den Fabriken arbeitender Bevölkerung noch ziemlich viel, etwa 30 Morgen. Auch hatten sie Anteil an den am Landstraßenrand stehenden Apfel- und Birnbäumen, deren Früchte zur Erntezeit an Ort und Stelle in Anwesenheit der Tante Elise versteigert wurden; da gab es in jenen Notjahren der Kriegs- und Nachkriegszeit viele Interessenten. Jeweils die Hälfte kam den Anrainern zu. Die Tanten bewirtschafteten in ihren besten Jahren den größten Teil ihres Grundbesitzes selber; einiges war verpachtet. Sie hielten eine Magd, die im oberen Flur (heute undenkbar) unter schräger Wand ihr Lager mit dem buntkarierten Bettzeug hatte. In besonders arbeitsreichen Wochen stand ihnen daneben eine ehemalige Magd, die im Dorf als "Kümpels-Rieke" bekannte unverheiratete, aber mit einer gleichfalls arbeitsfähigen Tochter, der Anna, gesegnete Friederike Hermann, zur Verfügung. Auch noch ihre uralte Mutter, die "alte Annelies", ging noch zur Hand, wenn zur Erntezeit die im Dorf reihum gehende Dreschmaschine in der Scheune zum Einsatz kam. Die Kolonne der Arbeitskräfte wurde dann an langen Tischen im Hof beköstigt, wobei nicht das teure Porzellan, sondern die altererbten Zinnteller in Gebrauch genommen wurden. Einige davon sind noch in meinem Besitz, wertvolle Stücke heute mit eingegrabenen Initialen der Vorfahren bis ins 18. Jahrhundert hinauf, und die Kratzer zeugen noch von dem profanen Gebrauch. Die bäuerliche Wirtschaft war ein Paradies für Mäuse. Die Hauskatze konnte diese Plage nicht ganz bewältigen, und auch die an bestimmten Stellen aufgestellten Mausefallen schafften das nicht. Oft störte das Piepsen der Mäuse meine Nachtruhe, und des Klagens der Rieke über "die Müs', die Müs'" war kein Ende. Von Mäusen verdrecktes Mehl konnte natürlich nicht mehr zum Verkauf angeboten werden. Wie primitiv das alles war, ist mir damals in glücklichen Kindheits- und Jugendtagen kaum zum Bewußtsein gekommen. Zu essen gab es immer reichlich. Fiel der Tante Elise, die für die Mahlzeiten verantwortlich war, nichts Besonderes ein oder mangelte es ihr an Zeit, wurden einfach ein paar von den Eiern, welche die langsam erblindende Tante Alwine allmorgendlich auf der Leiter stehend vom Hühnerstall herunterholte, zu Rührei mit Speck zu Herd geschlagen.

Mit der Tante Elise pflegte ich am Langen Acker die ersten neuen Kartoffeln zu hacken; es war spannend zu sehen, wie viele und wie große Kartoffeln im Wurzelgestrüpp hingen. Ich fuhr dann die erste Ladung mit einem einrädrigen Schubkarren nach Hause. Die neuen Kartoffeln, in ausgelassenen Speck gestippt, waren für mich ein ausgezeichnetes Mahl. Tante Elise aber sagte dazu: "Du bist ja dumm, Dir schmeckt alles". In den Furchen zwischen den Kartoffeln waren "Saubohnen" (Wernshäusisch "Säubunn") angepflanzt. Während hierzulande im rheinisch-westfälischen Gebiet dicke Bohnen fast als eine Delikatesse gelten, war das in Wernshausen keine Nahrung für "Herrschaften". Sie bildeten einen festen Bestand bei jener gediegenen Atzung, welche die Erntehelfer auf dem Hof vorgesetzt bekamen. Daß ein "Klarer" dazu gehörte, war selbstverständlich.

Alljährlich wurde vom Metzger Rommel ein Schwein geschlachtet. Ein paar Tage dauerte danach das Schlachtfest, bei dem die weniger haltbaren Teile (Kessel- oder Wellfleisch, die ganz frische Wurst, Wurstsuppe usw.) sogleich verzehrt wurden, was mir regelmäßig eine Darmverstimmung eintrug. Im übrigen wurden die größten Teile des Schweins geräuchert, und so hingen dann von der Decke der Räucherkammer, an Haken befestigt, die Schinken, Speckseiten und Würste herab, von einer Güte, wie ich sie nie wieder im Leben genossen zu haben meine.

Die Kühe gaben gute fette Milch. Eine der Tanten schöpfte mit einer flachen Kelle den Rahm ab und bereitete daraus mit der Zentrifuge Butter, die mit Hilfe einer floristisch verzierten Model in schöne Form gebracht wurde.

Mühsam und aufregend war die Einbringung des Roggens (Weizen gab es weniger in der Wernshäuser Flur). Als Kind durfte ich oben auf dem vollbeladenen Erntewagen sitzen, der, von Rindern gezogen, vom hügeligen "Matzenacker" leicht schwankend auf schmalen Pfaden zum Hof befördert wurde. Die Tanten standen Angst um mich aus, aber die Landarbeiter hievten mich lachend hoch hinauf und ließen mich dann wieder herunter in ihre kräftigen Arme rutschen. Es verstand sich, daß später von dem zu gesäuertem Teig bereiteten Roggenmehl die Tanten selbst das Brot kneteten und im nahe gelegenen Backhaus (es gab deren mehrere im Dorf) in der Reihenfolge einer mit Kreide zu beschriftenden Tafel auch selber buken: große runde braune Laibe, die, zunächst duftend und wunderbar knusprig, aber innen zart und frisch, ziemlich lange halten mußten und naturgemäß später hart wurden, so daß der Genuß merklich nachließ. Als eine Art Nebenprodukt beim großen Backfest wurde auf der nun einmal vorhandenen Brotteiggrundlage ein Zwiebelkuchen gebacken, der, mit Zwiebeln, Speck, Sahne, Schnittlauch, Kümmel und anderen Ingredienzien zubereitet, eine unvergleichliche kulinarische Köstlichkeit darstellte - aber auch nicht ohne die entsprechende Wirkung blieb.

Bis zu meinem 13. Lebensjahr (bis 1918) lebte im Haus noch die hochbetagte Mutter der Großtanten, meine Urgroßmutter also, der man noch ansehen konnte, daß sie in ihrer Jugend schön gewesen war. Sie war schon lange verwitwet; ihr Mann, der Firmengründer Carl August Kümpel, mehrmals Schultheiß in Wernshausen, ein Mann von äußerst strengen Grundsätzen, war nach langer Krankheit früh gestorben. Alte Schulbücher, auch ein Brief, der sich in meinen Papieren erhalten hat, bezeugen, daß er einst das Gymnasium in Meiningen besucht hatte. Er hatte sich ein hohes Maß an Bildung angeeignet, während seine Frau, eine Wirtstochter aus dem nahen Fambach, wie übrigens auch die Tanten, nur die Dorfschule besucht hatte. Die Urgroßmutter konnte sich nicht genug tun, den mageren, hoch aufgeschossenen, etwas schwächlichen Stadtjungen, der ich damals in und nach der Kohlrübenzeit war, aufzupäppeln. So *bestrich* sie mir nicht die Brotschnitten mit Butter, sie *belegte* sie vielmehr damit und wunderte sich dann, wenn mir das - gleichsam übergangslos genossen - nicht bekam: es war doch "alles so gut, so frisch". Auch nahm die Urgroßmutter Anstoß an meinem vielen Lesen, Schreiben und Büffeln, wie ich denn u.a. nach Frühaufs Büchlein von 1834 "Kurzgefaßte italienische Sprachlehre für Deutsche", das der Urgroßvater seinen Sohn Wilhelm, meinen früh verstorbenen Patenonkel 1870 hatte anschaffen lassen, gestützt auf mein Latein, auch dieser Sprache habhaft zu werden versuchte. Als Kind habe ich auch diesen Großonkel Wilhelm noch erlebt. Einst Prokurist in einer Altenburger Nähmaschinenfabrik, war er früh in Pension gegangen, lebte nun bei seinen Schwestern in Wernshausen, wo er wie vormals sein Vater Karl August das Schultheißenamt ausübte. Er starb als wohlhabender Rentner im Jahre 1912. Wie ich erfahre, steht noch das große Kreuz seines prächtigen Grabmals aus schwarzem Marmor unmittelbar hinter dem Eingangstor des hoch gelegenen Friedhofs. Dagegen sind die Gräber der Urgroßeltern und der Tanten längst eingeebnet. Wie gesagt, die Urgroßmutter war befremdet über mein stubenhockerisches Tun.

Ferien in Wernshausen

"Jong', laß din Geist ruh'", das war in ihrer süd-thüringisch-fränkischen Mundart ihre ständige Mahnung. Dabei wurde man in dem alten Haus in vielfacher Weise zum Lesen geradezu verführt. In einem Bücherschrank (im oberen Flur neben dem Bett der Magd) standen z.b. zahlreiche Jahrgänge der "Gartenlaube" und der damals vielgelesenen Zeitschrift "Vom Fels zum Meer", alles gut gebunden, auch ein früher Jahrgang des Jugendbuches "Der gute Kamerad", der mich sehr fesselte, da viel über den "Wilden Westen" und über die Wunderwelt des Amazonas darin zu lesen war, und noch überraschend viel anderes mehr. Auf dem Dachboden, zu dem man auf einer leiterartigen steilen Stiege gelangte, entdeckte ich in einer Truhe Bücher über Bücher, zum Teil in Schweinsleder gebunden, die ältesten aus dem ersten Jahrzehnt des 17. Jahrhunderts, Bibeln, Postillen, Leichenreden, aber dann aus späterer Zeit auch medizinische, physiognomische, handelskundliche und mysteriös angehauchte Werke, schließlich ein Buch über die alte hennebergische Verfassung und Traktate aller möglichen Art. Erstaunlich, was sich da in interessierten Generationen an Gelehrsamkeit und Frömmigkeit in der ländlichen Abgeschiedenheit angesammelt hatte, z.T. etwas von der Zeit mitgenommen, von Mäusen angeknabbert. Das spezielle Interesse an diesen literarisch-historischen Kostbarkeiten erwachte in mir erst später. Aber ich habe einige davon, auch ein paar alte Münzen, an Land gezogen, zumal die anderen Familienmitglieder sich nicht sonderlich interessiert zeigten. Die Sachen, dazu zwei Goldwaagen, füllen bei mir ein eigenes kleines Regal. An den von der Tante Alwine gesammelten, in einem Sonderschränkchen verwahrten Werken der einst in Mode stehenden Marlitt (Eugenie John) ging ich mit souveräner Verachtung vorbei, nicht ahnend, welche gesellschaftliche Bedeutung der sogenannten Trivialliteratur zukommt. Die Marlitt stillte das romantische Verlangen vieler im dörflichen Alltag dahindämmernden Seelen, wie die Tante Alwine eine war. Sie hat zu ihrer Zeit wahrscheinlich eine noch stärkere Wirkung getan als später Hedwig Courths-Mahler. Natürlich hielten die Tanten zu ihrer täglichen Information die bei Nonne in Hildburghausen erscheinende Dorfzeitung, aus der ich ihnen abends bei einem Glase selbsthergestelltem Johannisbeerwein vorlas, bis die Tante Elise darüber einschlief.

Man sollte kaum glauben, was es in einem solchen Dorf (etwa 1600 Einwohner) für Standesunterschiede, ja man könnte sagen: Standesdünkel, gab. Meine Tanten, deren Familie ja der Gemeinde, wie berichtet, zwei Schultheißen ("Schulzen" genannt), geschenkt hatte, welche beide das Gymnasium besucht hatten und sich in Verwaltungsgeschäften auskannten, gehörten auch schon wegen ihrer Alteingesessenheit zum "Patriziat" des Dorfes. Sie duzten sich mit "Gleichgestellten", z.T. ja auch einstigen Schulkameraden, wie dem reichsten Einwohner, dem Sägewerksbesitzer Kommerzienrat Siegmund Fischer und seiner Frau Roselinde, mit dem ihrem Haus nächstbenachbarten Großbauern Alfred Krech, dem Kantor Pröscholdt und seiner Frau, die, da Patin meiner Tante Käthe, auch von mir die "Pate Pröscholdt" genannt wurde und mich bei meinen Besuchen in ihrem Haus nie ohne ein Fünfmarkstück entließ. Den nicht mit ihnen verwandten Bauern Raßbach vom zwischen Wernshausen und Breitungen liegenden Bußhof nannten die Tanten "Vetter" und ehrten ihn mit der Anrede "Ihr". Waren zwei Personen zusammen anzureden, galt wohl noch die altertümliche Anrede "Ös". Für "unter ihnen" Stehende und Jüngere verstand sich schlichtweg das "Du". Sie selbst wünschten bis ins Alter mit "Fräulein Elise" und "Fräulein Alwine" angesprochen zu werden, wobei dem Wort Fräulein wohl noch etwas vom alten noblen Charkter eignete (vgl. Gretchen zu Faust "Bin weder Fräulein weder schön"). Zu den nicht eben häufigen Kaffeegesellschaften innerhalb der dörflichen Aristokratie wurden die Tanten, sofern nicht ererbter Hader vorlag, eingeladen, und sie wußten solche Anlässe recht wohl zu erwidern. Das alles waren dann Tage voller Aufregung. Das passende Kleid dazu, vor allem der passende Hut warfen schwere Probleme auf. Auch nahe wohnende Bekannte bei solcher Gelegenheit unbehütet zu besuchen schickte sich nicht. So ließen die Tanten in Meiningen bei "der Bodemann" Hüte arbeiten, wahre Ungetüme für meine Begriffe, die auf einem der drei Betten im Gästezimmer unter einer Spitzendecke aufgereiht lagen.

Ich mochte die Tanten trotz ihrer Absonderlichkeiten sehr und war als ihr ältester Großneffe und wohl auch als Patensohn des früh verstorbenen Bruders Wilhelm, dessen Stelle sie vertraten, ihr "Verzug". Daß die Zuneigung auch bei mir ein wenig durch den Magen ging, wurde schon mehrmals angedeutet. Fügen wir hinzu, daß mir in der Regel gleich nach der Ankunft in der einige Stufen hausflurabwärts gelegenen kühlen Speisekammer von der für diese "feinere" Seite des kulinarischen Wesens zuständigen Tante Alwine die Holzgestelle mit den ca. 7 bis 10 verschiedenen Kuchensorten vorgewiesen wurden. Der Versuchung, freilich auch der stetig ausgeübten "Nötigung" war ebenso schwer zu widerstehen wie den leckeren Nachspeisen der Tante, so dem Schokoladenpudding in Gestalt eines Fisches oder, auf höherer Ebene, dem unnachahmlichen "Silibub", dessen Bestandteile und Zubereitungsweise in dem umfangreichen handgeschriebenen Rezeptbüchlein der Tante festgehalten waren. Natürlich hatte die Verlockung ihre unvermeidliche Kehrseite: das Plumpsklo (ein WC gab es nicht) hatte in den Zeiten meines Aufenthalts Hochkonjunktur. Andererseits: Hier im dörflichen Hauswesen erlebte ich das erste elektrische Licht, in Jena hatten wir Gasbeleuchtung.

Ich ging viel spazieren, manchmal mit meinem Vater, der ein rüstiger Wanderer war und mir z.b. beim Erklettern von Bergen querwaldein ziemlich viel abverlangte. Oft brachten wir Pfifferlinge, auch Wiesenchampignons mit nach Hause. Ein großer Ausflug in Richtung Trusentaler Wasserfall und Brotterode, bei dem wir in Herges-Vogtei das Bähnchen nicht erreichten und infolgedessen den langen Heimweg zu Fuß machen mußten, hatte insofern ein Nachspiel, als die besorgten Tanten wegen der verspäteten Rückkehr herzhaft scholten, was mein sonst so stolzer Vater zu meiner Überraschung ziemlich kleinlaut hinnahm. Meist ging ich allein spazieren, da die Bemühungen der Tanten, mich mit Gleichaltrigen im Ort zusammenzubringen, teils an meinem Eigenbrötlertum, teils aber auch an der Tatsache, daß die meist Meininger Schulen besuchenden "besseren" Wernshauser Jungen dem Fremdling den Zugang zu ihren gleichsam verschworenen Zirkeln erschwerten, so ziemlich scheiterten. Mein Lieblingsspaziergang führte mich in den Rosgrund, über die vergißmeinnichtumwachsen sich dahinschlängelnde Rosa hinauf in den Wald, wo nach einem guten Stück Weges eine Bank mit schönem Blick ins stille Tal zum Verweilen lockte. Kaum einmal war die nach Helmers führende Landstraße von einem mit Pferden oder Rindern bespannten Fuhrwerk befahren. Ich hatte Lesestoff mitgenommen und hatte meine Freude an der lieblichen Landschaft. Die rechte Jungenart war diese Lust an der Einsamkeit sicherlich nicht, aber so war ich damals. Als meine Schwester größer wurde, begleitete sie mich oft dorthin. Ich las ihr aus Hauffs Märchen vor, und mit Wonne lernte sie die schwierigen Namen, mit denen der Dichter seine Figuren oft geschmückt hatte. Im August waren in der Nähe Heidelbeerpflückerinnen am mühsamen Werk. Es waren köstliche frische Waldfrüchte, die sie dann, mit schweren Bütten auf gebeugtem Rücken, nach Meiningen auf den Markt trugen, um sie dort unter dem lauten Dreiklang "Hee-del-beer" zum Verkauf anzubieten, wie ich das

vom heimatlichen Jena her kannte, wo freilich die Frauen aus dem "Holzland", der Gegend um Hermsdorf und Klosterlausnitz, kamen.
Als Student wurde ich gastweise zum Honoratiorentisch zugelassen, der in einem kleinen Zimmer hinter dem Wartesaal des Bahnhofs tagte und sich in weiser Selbstironie "Blechtisch" nannte. Da bemerkte ich, daß es bis 1912 Gepflogenheit gewesen war, dem Herzog Georg II. von Sachsen-Meiningen, dem "Theaterherzog", zum Geburtstag ein Glückwunschtelegramm zu schicken. Die nie ausbleibenden Antworttelegramme des hohen Herrn hingen säuberlich eingerahmt an der Wand über dem Sofa, auf dem der Herr Kommerzienrat Platz zu nehmen pflegte. Viel Phantasie entfaltete der sonst so kunstsinnige Monarch da nicht. Er variierte zwischen den Formulierungen "Danke erfreut" und "Erfreuten Dank". Im Haus der Tanten nahm ein Foto einen Ehrenplatz ein, das die Begrüßung des genannten Landesherrn durch den Schultneiß Kümpel, ihren Bruder, auf der Rosabrücke zeigte. Daß der Onkel Wilhelm bei dieser Ansprache stecken geblieben sei, mag ein Gerücht sein. Wenn es aber zutrifft, so wußte der Fürst, an solche Situationen gewöhnt, die Verlegenheit sicherlich geschickt zu überbrücken.
Als Primaner und dann auch als Student wurde ich von den Tanten zu manchen Aufgaben herangezogen. Nicht zu zählen sind die Pachtverträge, die ich jeweils doppelt, für Pächter und Verpächter, mit der Hand zu schreiben hatte, meist durch eine Tafel Schokolade belohnt. Mitunter galt es auch lange Fußmärsche zu machen. So mußte ich einmal (mit Bargeld ging man sparsam um) an der "Zwick" vorüber die staubige Landstraße über die Dörfer Niederschmalkalden, Mittelschmalkalden und Auehütte (über 10 km) bewältigen, um in Schmalkalden bei dem Kaufmann Dittrich Rechnungen zu bezahlen und Bestellungen aufzugeben. Für die Rückkehr durfte ich dann die Bahn benutzen. Ein andermal führte mich der Weg am "Hüngärtlein", einem den Tanten gehörenden hübsch auf einer Anhöhe gelegenen kleinen Acker, vorüber übers "Hünfeld" den Berg hinan nach Zillbach. Unterwegs gab es auf einem Höhenweg einen Punkt, von dem aus man einen herrlichen Ausblick auf den noch den Ausläufern des Thüringer Waldes zuzurechnenden Dolmar und auf die zu den Vorbergen der Rhön gehörende Geba hatte. In Zillbach selbst, das mit Schloß und Waldungen, obwohl mitten im Meiningischen liegend, dem großherzoglichen Hause Sachsen-Weimar-Eisenach gehörte, mußte ich beim Oberförster Hornschuh Holz bezahlen, das zum Heizen gebraucht wurde. Vor solchen Missionen, zu denen auch Besor-

Ferien in Wernshausen 39

gungen in Meiningen gehörten, wurde ich von der Tante Elise genauestens instruiert: "Sprichst: ich komme von meinen Tanten, Fräulein Kümpel in Wernshausen, und ....". Dieses "Sprichst" geht noch heute als Anleitung zu rechtem Reden und Handeln in unserer Familie um.

In den 30er Jahren war bei den alternden Tanten ein wirtschaftlicher Rückgang bemerkbar, obwohl der Schein gewahrt blieb. Der Laden ging schlecht. Bargeld wurde knapp. Die Tierhaltung ließ nach. Eine Magd konnte nicht mehr gehalten werden. Land wurde z.T. verkauft, wobei das entlegene Hüngärtlein, das schwer zu bewirtschaften war, den Anfang machte. Für alle noch benötigten Haus-, Hof-, Garten- und Feldarbeiten sprang als getreues Faktotum der Tüncher (d.h. Anstreicher, Maler), Karl Hopf, der "Hopfe-Karl" ein, von den Tanten schlicht Karl genannt. Eine rührend anhängliche Seele, die im Testament bedacht wurde.

Tante Alwine starb 70jährig im Jahre 1934; ich nahm von Essen kommend an ihrer Beerdigung teil, für deren Kosten sie nach altem Brauch die benötigte Summe in Gestalt von Fünfmarkstücken in einem Strumpf verwahrt hatte.

Die lebenskräftigere Tante Elise erreichte noch die 80; sie starb 1936. Im Jahr zuvor hatte ich noch die Freude gehabt, ihr meine Frau vorstellen zu können, die gnädig, ja gütig aufgenommen wurde. Aber wie bezeichnend für das eigentlich nur der engsten Verwandtschaft zugewandte Wesen der Tante war es, daß sie mir aus dem Lädchen eine große Tafel Schokolade schenkte. Sich meiner Frau, die zugegen war, erinnernd, schloß sie das Fach noch einmal auf und überreichte ihr einen *Riegel* Schokolade mit den Worten: "Du bist ja nur angeheiratet". So war sie eben, die Tante Elise. Als Großstadtkind war meiner Frau hier alles neu. Natürlich hatte sie auch nie den Nachtwächter mit Tracht und Hellebarde erlebt, der hier noch wie einst, wenn meine Erinnerung mich nicht täuscht, jede Nachtstunde, die Runde durchs Dorf machend, mit dem "Hört, ihr Leut und laßt euch sagen..." verkündete.

Das Erbe ging an die drei Nichten, meine Mutter und ihre zwei jüngeren Schwestern. Allzuviel war es nicht mehr, denn vom Landbesitz war schon einiges verkauft. Die zwei schönsten Möbelstücke gelangten durch Legat in meinen Besitz: ein herrlicher Barocksekretärschrank aus dem ausgehenden 18. Jahrhundert, reichlich mit Intarsien geschmückt, die Initialen der Vorfahren ins Holz eingelegt. Zum Schrank gehörte eine passende Kommode, auch sie mit schönen Messinggriffen versehen. Wirklich kostbare Stücke, für die Kenner erhebliche Summen geboten hatten. Wir konnten uns nur 12 Jahre des Besitzes erfreuen. Bei unserem Weggang aus Thüringen 1948 mußten wir unser ganzes Mobiliar in Erfurt zurücklassen. Die zwei Prachtstücke hatten durch wechselnde, wie wir hofften vorübergehende Unterstellung bei Bekannten und Verwandten ihre eigenen Schicksale. Da es sich um Museumsstücke handelt, war die Ausfuhr aus der DDR untersagt. Bei einem Neffen in Dessau haben sie nun ihre "Zuflucht" gefunden, werden gehegt, gepflegt und bewundert. Ich gab sie verloren. Auch meine Schwester Magdalena Padel, jetzt in Kiel lebend, ging natürlich ihres speziellen Erbteils, eines der Gärten, verlustig. Inzwischen ist die gesamte Hinterlassenschaft der Tanten, einschließlich Haus und Hof, nicht ohne behördlichen Druck, "verkauft" - für einen "Appel und ein Ei", wie man so sagt. Erst ganz neuerdings hat man mittels Grundbuch in Schmalkalden herausgefunden, daß meine Schwester und ich noch Land in der Wernshauser Flur besitzen.

Als ich viel später, fast 70jährig, ein einziges Mal noch auf rascher Durchfahrt in meinen Geburtsort kam, erschien mir alles fremd, ja fast schon erbärmlich. Zwar stand äußerlich, wie mir schien, im Dorf beinahe alles noch wie einst, auch das Haus, in dem nun Fremde hausten, die mir nicht durch die Haustür, nur durch das hinten liegende Höfchen eher verdießlich einen kurzen Einblick gewährten, der mich schaudern ließ. Aus dem Gehäus war die Seele entwichen. Was bleibt, ist die Erinnerung an ein wesentliches Stück meines Jugendlebens, ja meiner Persönlichkeitsentwicklung, in der "die Tanten" einen besonderen Platz einnehmen.

4. FERIENTAGE IN MEININGEN

Wenn es doch einmal etwas eintönig in Wernshausen wurde, fuhr ich gern mit dem Zug über die Stationen Schwallungen, Wasungen und Walldorf 20 km flußaufwärts nach Meiningen, in die "Residenz", wie die Tanten auch nach 1918 noch zu sagen liebten. Dort wohnten meine Großeltern: die Großmutter Minna Hoffmann, eine strenge, etwas hoheitsvolle Frau, war eine Schwester der Wernshäuser Tanten. Hier ging es kulinarisch natürlich nicht so üppig zu wie im Dorf. Dafür gab es andere Attraktionen, zumal die Stadt (ca. 17.000 Einwohner, also ganz überschaubar) viel von ihrem noblen Charakter bewahrt hatte.

Die Großeltern bewohnten das erste Stockwerk einer sehr schönen Villa, die ihr Schwiegersohn, der vermögende Bankprokurist Wilhelm Haak - schon wieder ein Wilhelm, der erste Deutsche Kaiser des Bismarckreiches wirkte da wohl bei der Namensgebung nach -, bei der Eheschließung mit der jüngeren (mittleren) Schwester meiner Mutter, der Tante Käthe, 1912 in schönster Gegend, der "Unteren Kuhtrift", erbaut hatte. Ein großer Garten mit Obstbäumen, Gemüse- und Blumenbeeten und einer dem Onkel besonders am Herzen liegenden Kürbispflanzung umgab das schmucke Haus.

Da mein Großvater, mittlerer Bahnbeamter der Werrabahn, "Obergütervorsteher" seines Zeichens, zum Verdruß seiner Familie wegen seiner Zuckerkrankheit schon mit etwa 51 Jahren in Pension gegangen war und es daher, abgesehen von einigen Wernshäuser Pachteinnahmen der Großmutter (ihr gehörte ein schöner Acker am Eingang zum Büßertal, auf dem ein großer Birnbaum stand), finanziell nicht allzu gut um die Familie stand, war die Tante Käthe, hübsch, temperamentvoll und selbstbewußt, daran interessiert, eine "gute Partie" zu machen: eine solche konnte ihr der einige Jahre ältere Onkel Wilhelm Haak bieten. Das Haus, besonders das von den jungen Eheleuten bewohnte Erdgeschoß, war sehr großzügig und elegant eingerichtet, passend auch für gesellschaftliches Leben, wie es die Tante liebte. Meine gute Mutter, die aus Liebe geheiratet hatte und in Jena in eher bescheidenen Verhältnissen leben mußte, bekam es von der jüngeren Schwester öfters zu hören; "Wie man sich bettet, so liegt man". Mochte dies von der sonst gutmütigen Tante in aller Unschuld dahergeredet sein, meine Mutter, auch meinen Vater verdroß es verständlicherweise doch. Trotzdem blieben die verwandtschaftlichen Beziehungen ungetrübt, und gegenseitige

Besuche zwischen Meiningen und Jena waren keine Seltenheit. Aber wie es das Schicksal so wollte: ganz unerwartet wurde mein Onkel, der inzwischen zum Filialleiter der Bank für Thüringen in der Wettiner Straße aufgerückt war, vielleicht infolge der Währungsreform von 1923/24, "abgebaut", wie man damals sagte (heute heißt es scheinheilig-vornehm: "freigesetzt"). Ich weiß nicht, ob meine mit einem unkündbaren Beamten verheiratete Mutter eine Art Genugtuung empfand; ich habe keine entsprechende Äußerung von ihr gehört, eher Worte des Bedauerns und der Teilnahme. Die unverwüstliche Tante Käthe nahm entschlossen die Dinge in die Hand, besorgte mittels ihrer Beziehungen ihrem Mann ein paar Aufträge in Vermögensverwaltungsgeschäften und nahm Jungen von auswärts, meist aus ländlicher Gegend, die in Meiningen das Gymnasium besuchten, in ihrem Haus auf zu voller Pension. Im Dachgeschoß der Villa boten sich die Gästezimmer als Pensionärsschlafräume an. Die Tante schaffte das alles mit Fleiß und Energie und konnte ihren Lebensstandard, auch ihre gesellschaftlichen Ambitionen nicht nur aufrechterhalten, sondern eher erweitern. Der Onkel, schmerzlich aus seiner Bahn gerissen, begann zu kränkeln; er hat kein hohes Alter erreicht, und in seiner Ehe gab es Probleme.

Ich habe zeitlich vorgegriffen. Bei einem meiner Ferienaufenthalte bei den Großeltern als Kind hat mich die vielleicht schlimmste Krankheit meines Lebens befallen. Von heftigen Fieberträumen geschüttelt, lag ich in der kleinen Kammer hinter dem Schlafzimmer der Großeltern. Es war eine schwere Lungenentzündung. Es gab tägliche, manchmal wiederholte Arztbesuche. Der Hausarzt, Sanitätsrat Dr. Freyburg, zog den Internisten Dr. Servé hinzu. Man hatte damals - es mag 1913 oder 1914 gewesen sein - die Mittel noch nicht, um jener Krankheit beizukommen. Da unmittelbare Lebensgefahr bestand, wurden meine Eltern telegraphisch aus Jena herbeigerufen. Wie durch einen Schleier sah ich sie vor meinem Bett stehen, in ohnmächtiger Sorge. Es war, das erinnere ich, die Rede von einer in der folgenden Nacht bevorstehenden Krise. Nun, ich überstand sie. Das Fieber ging zurück, die Lebensgeister stellten sich allmählich wieder her. Einige Tage später konnten meine Eltern ihren stark geschwächten Jungen heimholen zu langer Rekonvaleszenz.

Im übrigen habe ich sonst sehr schöne Tage in Meiningen erlebt. Ein Vetter (Werner) und eine Kusine (Eva-Marie), beide einige Jahre jünger als ich, wuchsen heran. Vom Umgang mit meiner Schwester her an kindliche Spiele

Ferientage in Meiningen

gewöhnt, spielte und tobte ich, ja auch selbst noch ein halber Junge, mit den Jüngeren in Haus, Garten, näherer und weiterer Umgebung, die zu allerhand Abenteuern verlockte. Durch den nahen Herrenberg mit seinem wunderbaren Baumbestand spazierten wir über die schöne die Werra überspannende Bogenbrücke, unter der sich im Fluß die Fische tummelten, zum nahen herzoglichen Schloß, der "Elisabethenburg", wo im Parterre noch die betagte Prinzeß Marie, eine unverheiratete Schwester des 1914 verstorbenen Herzogs Georg II. lebte, die man uns gleichsam als "Buhmann" (bzw. Buhfrau) aufgebaut hatte, damit wir recht artig am Schloß vorbeigingen. In der Tat zeigte sich die angeblich böse alte Dame manchmal am Fenster ihrer Wohnung im Palast. In der Stadt selbst war am beliebtesten die belebte Georgstraße mit vielen Geschäften. Wir versäumten es nie, im Hof des bekannten Büchnerschen Hauses die Volieren mit den vielen bunten Vögeln zu betrachten. Die schmale Georgstraße hatte ihre Fortsetzung in der sich lang bis zum Theater und dem Eingang zum Englischen Garten hinziehenden Bernhardstraße, die, alleeartig breit, mit mehreren herrschaftlich wirkenden Großgebäuden eindrucksvoll vom Glanz der einstigen Residenzstadt zeugte. Der letztregierende Herzog Bernhard (+1928) wohnte dort noch im Erbprinzlichen Palais. Trat er zu besonderen Anlässen auf den Balkon, konnte er der freundlichen Zurufe der Vorüberziehenden, etwa beim Festmarsch des in Meiningen blühenden Rhönclubs, versichert sein. Seine Frau Charlotte, eine Schwester des letzten Kaisers, erlebte ich bei einer kurzen Ansprache, die sie während des Krieges bei der Einweihung eines Hindenburg gewidmeten Findlings im Herrenberg hielt. Dem Vernehmen nach war sie im Volk wenig beliebt. Sie starb 1919. Den Witwer umsorgte seine einzige Tochter Feodora, die mit einem Prinzen Reuß verheiratet war. Es gab aber im übrigen noch weitere Linien des herzoglichen Hauses, die ihren Wohnsitz außerhalb Meiningens hatten.

Spaziergänge führten in der näheren Umgebung der Stadt zu Gaststätten und Cafés wie "Helenenhöhe", zum "Kratzerstein", ins "Waldhaus", höher hinauf ins Wirtshaus in Dreißigacker, dessen altes Schloß zeitweise eine berühmte Forstakademie beherbergte. Gar nicht weit ging es vom Haus auf der damals noch apfelbaumbestandenen Landstraße zum hochgelegenen Schloß Landsberg, einem weit ins Werratal grüßenden Wahrzeichen der Stadt, wo man in der sogenannten Meierei ein Glas Milch, wohl auch ein Brot mit Käse bekommen konnte. Etwas weiter und in anderer Richtung führte der Weg nach

Untermaßfeld mit seinem gewaltigen, nun als Zuchthaus dienenden Wasserschloß; der Anblick des schreckenerregenden Bauwerks mit den vergitterten Fenstern minderte aber nicht den Genuß von Kaffee und Kuchen in der nahe gelegenen Wirtschaft; man freute sich, daß man nicht drinnen, sondern draußen saß. - Im Wald oberhalb der Villa wuchsen Pilze, die unter Anleitung des Onkels gesucht wurden, so der recht genießbare Parasol. Nach Möglichkeit mußte überhaupt immer etwas gesammelt und nach Hause gebracht werden, z. B. Fallobst. "Pferdeäpfel" waren als Dünger gefragt. Mit Küchenschaufeln bewaffnet sammelten wir sie, noch frisch gefallen, hinter den Pferdefuhrwerken auf.

Zweier größerer Unternehmungen von Meiningen aus ist zu gedenken. Als der Onkel noch gesund, Vetter Werner etwa 9, ich selbst etwa 15 Jahre alt war, fuhren wir mit dem Bus ganz früh morgens los nach Herpf. An der Strecke lagen Walldorf mit seiner hohen Kirchenburg und seiner Synagoge - in der Stadt hatten lange Zeit die Juden kein Wohnrecht - und das Dorf Solz, aus dessen Pfarrhaus die Gebrüder Heim hervorgeganen waren: einer wurde später der berühmte "alte Heim", Hofarzt, aber auch Volksarzt im Berlin Friedrich Wilhelms III., während der andere, mit dem Freiherrentitel ausgezeichnet, ein tüchtiger sachsen-meiningischer Minister wurde. Von Herpf führte uns der Weg bergan auf den breitgelagerten basaltischen Vorderrhönberg "Hohe Geba" (mundartlich "die Gab") (751 m hoch), von dem aus man eine weite Aussicht hatte. Auf der anderen Seite des Berges angelangt, kamen wir in das Dorf Aschenhausen, wo ein paar jüdische Bauern und Viehhändler wohnten. Bei Herrn Grünstein kehrten wir ein. Der Onkel hatte mit ihm Geschäfte zu tätigen, und wir bekamen ein anständiges Mittagessen. Von hier aus ging es weiter nach Kaltennordheim, wo wir den letzten Zug, der uns nach Meiningen hätte zurückbringen sollen, verpaßten. Zum Verdruß des sparsamen Onkels mußten wir in einem Gasthof übernachten, wo Vetter Werner und ich in einem Bett schlafen mußten. Drei Betten, noch dazu eins für einen angeheirateten Neffen, das wäre zu teuer gewesen! Am anderen Morgen fuhren der Onkel und der ja noch ziemlich kleine Vetter mit der Bahn über Dorndorf und Bad Salzungen nach Meiningen zurück. Das Fahrgeld für mich wünschte der Onkel zu sparen. Ich hatte mich zu Fuß auf den Weg zu machen, immer an der Landstraße im Tal, um die Geba herum. Was mir anfangs als lustiges Abenteuer erschien, erwies sich mit der Zeit als das Gegenteil eines Vergnügens. Ich kann die Dörfer,

Ferientage in Meiningen

die ich zu durchwandern hatte, nicht mehr nennen. Als ich in Herpf wieder anlangte, war der Bus abgefahren. So mußte ich die lange Strecke über Solz und Walldorf noch zu Fuß bewältigen, bis mich zu Hause die schon geängstigte Großmutter, zornig auf den längst zurückgekehrten Onkel, besorgt in Empfang nahm, mich mit dem lang entbehrten Essen versorgte und ins Bett schickte, wo ich kaum weniger als 12 Stunden schlief.

In angenehmerer Erinnerung ist mir eine andere Tour, die der Onkel und die Tante Käthe gemeinsam mit mir unternahmen. Es war eigentlich eine Hamsterfahrt, noch war die Notzeit nach dem Ersten Weltkrieg nicht vorüber. Mit der Bahn ging es über Mellrichstadt und Münnerstadt, wo ich schon vom Zugfenster aus die anders geartete bayrische Flurauftteilung zu bemerken glaubte, nach Neustadt an der Fränkischen Saale. Hier entzückte mich neben der hochgelegenen Kirche und den beachtlichen Stadtmauerresten besonders der Marktplatz, schon ganz nach unterfränkischer Art mit Bäckerei plus Weinstube, mit Ausschank durchs Fenster nach draußen, ein mir bis dahin völlig unbekanntes aber durchaus wohlgefälliges Junktim. Ein Abstecher führte nach Bischofsheim; aber den Kreuzberg mit seinem Franziskanerkloster habe ich erst später mit meinem Vater und danach noch mehrmals bestiegen. Die Hamstertour führte von Neustadt aus zu Fuß einen ziemlich schmalen Waldweg hinauf (eine Fahrstraße dorthin gab es wohl damals noch nicht) in das abgelegene Dorf Hohenrot, wo mein Onkel mit einem Tüncher irgendwelche in Nahrungsmitteln zu entgeltende Geschäfte betrieb. Es gab übrigens in dem Dorf noch keine Wasserleitung. Aus einem Ziehbrunnen zog die Einwohnerschaft mit Eimern ihren Wasserbedarf herauf. Natürlich wurde von mir mittels Hineinwerfens eines Steins die Tiefe des Brunnens zu erloten versucht; es schien endlos lange zu dauern, bis man das Aufklatschen hörte. Hier war noch fast Mittelalter.

Drunten ging es dann durch die Saalewiesen, in denen eine wahre Mückenplage herrschte, die manchen vom Kuraufenthalt abhielt, von Neustadt über die Brücke nach Bad Neuhaus, das später als "Bad Neustadt" mit der Stadt vereinigt wurde. Wir bestiegen die ungewöhnlich ausgedehnte Burganlage der Salzburg, einer einst vor 1200 errichteten Außenbefestigung des Bistums Würzburg. Es war eine sogenannte Ganerbenburg, weil hier fünf Ministerialenfamilien ihre voneinander getrennten Wohnsitze errichtet hatten: das Ganze mehr Verwaltungs- und Wehrzentrum als Burg im heute gebräuchlichen Sinne.

Ferientage in Meiningen

Großen Reiz übte in Meiningen das Theater aus. "Dem Volke geweiht", war 1912 vom Herzog Georg II. ein eindrucksvoller Neubau mit Säulenvorhalle und sonstigen antikisierenden Stilelementen errichtet worden. Zwar kann ich mich nur an zwei Aufführungen erinnern, die ich hier erlebte, Lortzings "Waffenschmied" in älterer Manier und ein damals modernes Problemstück, "Der Sohn" von Hasenclever, das den Generationenkonflikt in einer m.E. übersteigerten Form zum Gegenstand hatte. Die schwierige Rolle des Sohns spielte der damals junge Veit Harlan, später bekannt als Schauspieler und Regisseur in der Zeit des Nationalsozialismus. Von dem alten großen Stil der "Meininger", wie ihn der Herzog Georg mit Hilfe seiner dritten Ehefrau Ellen Franz (geadelt als Freifrau von Heldburg) geschaffen und auf großen Gastspielreisen weltweit berühmt gemacht hatte, war nicht mehr viel zu spüren. Aber als lebendes Denkmal der großen Zeit konnte man den alten Schauspieler Hofrat Max Grube mit seinem großen Hund die Straßen, besonders die gepflegten Wege des Herrenbergs durchwandern sehen. Er hatte noch unter Georg II. (+ 1914) "gelernt". Ich konnte ihn als Nathan bei einem Gastspiel in Jena bewundern, wo ich dem betagten Herrn, der vom Bahnhof kam, den Koffer tragen durfte. Seine Bücher "Jugenderinnerungen eines Glückskindes" und "Am Hofe der Kunst", die ich entlieh und in Wernshausen förmlich "verschlang", gehören zu den authentischsten Quellen und Darstellungen der großen Epoche des Meininger Theaters.

Bei den Großeltern in Meiningen, die sechs Kinder, drei Mädchen und drei Jungen, gehabt hatten, von denen einer früh starb, ein anderer nach Amerika auswanderte, lebte noch die jüngste Tochter Elisabeth ("Lisa"), ein Nachkömmling. Sie war wesentlich jünger als meine Mutter, nur etwa 10 Jahre älter als ich selbst. Groß, schlank, hübsch, mit der üblichen Lycealbildung der "höheren Tochter" ausgestattet, interessiert, witzig und schlagfertig, bildete sie den Mittelpunkt eines Zirkels etwa gleichaltriger junger Mädchen. Auf dem Höhepunkt meiner knabenhaften Erinnerung zählten sie etwa 18 oder 19 Jahre. Wenn der Kreis sich in Lisas schöner Stube, einem Erkerzimmer, versammelte, kamen zuerst ihre frischen Stimmen zur Gitarre, deren seidene Bänder auf die Zahl ihrer Verehrer schließen ließ, zu Gehör, meist mit Liedern aus dem "Zupfgeigenhansl" und von Hermann Löns. Ich durfte zuhören, wurde dann aber von den jungen Damen freundlich hinauskomplimentiert, wenn sie sich vertraulicheren Themen zuwandten. Es war ja Krieg; fast alle hatten sie Freunde draußen; einige, auch Lisa selbst, hatten schon einen Gefallenen zu beklagen. Aber man war ja noch jung, und die entsetzliche Grausamkeit des wirklichen Kriegsgeschehens überstieg wohl das Vorstellungsvermögen junger Mädchen, die Türkisch (die Sprache eines Verbündeten) lernten, Charpie zupften - und Lieder sangen. Natürlich war ich selbst, etwa 9jährig, noch weniger von dem Geschehen berührt. Für mich Jungen war die Tante Lisa wohl doch das Anziehendste, was Meiningen zu bieten hatte.

Aber seltsam: so interessant und vielseitig sich Meiningen mir in meine Erinnerung gesenkt hat, hat sich Wernshausen mit den alten Tanten und all dem ländlich-sittlichen Zubehör doch tiefer und irgendwie prägender eingegraben.

48

5. FERIEN IN WEILAR (RHÖN)

Bisher war von Ferienaufenthalten bei Verwandten von Mutterseite die Rede. Auch die Kinderheimat meines Vaters, Weilar an der Felda (Vorderrhön), wurde für mich ein Urlaubsort von besonderer Bedeutung. War Meiningen eine ehemalige Fürstenresidenz, Wernshausen ein Bauerndorf mit stark industriellem Einschlag, so war Weilar, abgesehen von einigen Bauernwirtschaften, ein Gutsdorf mit Schloß und adeliger Herrschaft. Weiter oben war schon die Rede davon (S. 14), daß mein Vater nach dem frühen Tode seines Vaters in der Familie seines Großvaters Wilhelm Goßlar aufwuchs, der ihn auch aufs Gymnasium in Coburg schickte. Goßlar war, wie bereits erwähnt, Rentmeister der Grafen und Freiherren von Boyneburg-Lengsfeld. Einst Reichsritter und über eigene gebietsmäßig freilich geringfügige Landeshoheit verfügend, hatten die Herren von Boyneburg infolge der Bestimmungen des Rheinbundes 1806 ihre Souveränität an Sachsen-Weimar-Eisenach abtreten müssen, das an sichtbaren Grenzpunkten seine Besitzergreifungspatente anbringen ließ. Aber eine Anzahl von Sonderrechten blieb dem Hause Boyneburg erhalten, u.a. Kirchenpatronate.

Der gräfliche Zweig ließ sich, wie oben (S. 13) erwähnt, von meinem Großvater Heinrich Tümmler das Schloß Gehaus über Stadtlengsfeld erbauen. Die freiherrlichen Linien des Hauses bewohnten gemeinsam das ältere, mehrmals erneuerte Schloß in Weilar, das von einem großen Park umgeben war. (Sie besaßen übrigens noch weitere Sitze und Güter, so vor allem die in Hessen gelegene Altenburg.) Mein Urgroßvater Goßlar hatte - in Abwesenheit der "Herrschaft" - 1848 die ganze Wucht der von Salzungen herüberbrandenden und bei der ärmlichen Bevölkerung im Feldatal breite Resonanz findenden Revolution mit allen ihren bekannten gegen die Herren gerichteten sozial-liberalen Forderungen aushalten müssen und war seither (ich besitze einige Briefe von ihm) ein abgesagter Gegner der "48er". Nun, darüber war die Zeit mit der Wiederherstellung der alten Zustände und dann mit Bismarcks Reichsgründung (1871) längst hinweggegangen. Die Grafen und Herren saßen wieder fest im Sattel; freilich war ihr Acker- und Wiesenbesitz zumeist oder vollständig verpachtet. Aber außer Schloß und Park behielten sie ausgedehnten Waldbesitz in ihrer Hand und übten hier entweder selbst oder durch ihren Rentmeister, der ein guter Heger und Jäger sein mußte, das

Jagdrecht aus, wie sie in der Felda auf bestimmten Strecken das Fischereirecht hatten.

Nach dem Tode meines Urgroßvaters Goßlar brach die Beziehung meines Vaters zu Weilar durchaus nicht ab. Goßlar hatte sich in dem Weilarer Bauernsohn Konrad Waitz einen schriftgewandten und des einschlägigen Rechnungswesens kundigen Gehilfen herangezogen, der seine Nachfolge als Rentmeister, im Nebenberuf auch für die Herren von Butlar auf Dietlas, antreten konnte. Auch in den übrigen Funktionen des Amtes, besonders der Jagd, war er bewandert. Er verheiratete sich mit der älteren Schwester meines Vaters, Helene ("Lenchen"), wurde also des Vaters Schwager: beide verstanden sich prächtig. Auch die Mutter meines Vaters, Kathinka Tümmler geborene Goßlar, durfte in der Rentmeisterei, dem "Roten Haus", in Weilar wohnen bleiben, wo sie, ziemlich mittellos als Witwe eines früh verstorbenen "freischaffenden" Architekten, die Posthalterei übernahm. Auch der baldige Tod der Helene Waitz geb. Tümmler - bei der Geburt eines toten Kindes - änderte am persönlichen Verhältnis des Rentmeisters Waitz zu meinem um einiges jüngeren Vater nichts, dessen Mutter beim Schwiegersohn Wohnrecht behielt, da das unruhige, noch unfertige Berufsleben meines Vaters diesem die Aufnahme der Mutter nicht erlaubte. Sie ist bald gestorben; ich habe sie nicht mehr gekannt. Erhalten gebliebene Bilder erweisen sie als eine Frau von großer Schönheit.

Als Konrad Waitz sich wieder verheiratete und aus der neuen Ehe zwei Mädchen hervorgingen, blieb die Beziehung die alte. Mein Vater behielt auch nach dem Tode seiner Mutter gewissermaßen Heimatrecht im Hause seiner Kindheit. Er wurde Pate der älteren Tochter des Waitzschen Paares, die der Schwager nach seiner ersten frühverstorbenen Frau auf den Namen Helene (genannt Leni) taufen ließ. Umgekehrt übernahm Konrad Waitz wenige Jahre später (1906) die Patenschaft für mich, von mir dann "Pat Konrad" genannt. Man nahm es damals mit Patenschaften wohl ernster als heute. So kam z.B. zu meinem Geburtstag als Geschenk regelmäßig der obligate silberne Löffel. Auch schickte mir der Pat öfters Postkarten, auf denen er selbst als Jäger, einen erlegten Rehbock im Rucksack, dargestellt war.

Ich habe oft, nicht ganz so oft freilich wie in Wernshausen, mit meinem Vater oder allein (meine Mutter war selten mit von der Partie) schöne Ferientage in Weilar verlebt. Die Reise dorthin von Jena aus war umständlich. Über Eisenach bis Bad Salzungen ging es glatt und einfach. Dann gab es

Ferien in Weilar (Rhön)

zwei Alternativen: entweder mit dem Zug (in Richtung Vacha) bis Dorndorf, dort umsteigen in eine Schmalspurbahn Richtung Kaltennordheim, die durch ein paar Dorfstraßen fuhr und mit ihrem Gebimmel die laut gackernden Hühner von den Gleisen scheuchte. Weilar war die Station hinter Lengsfeld. Oder es obsiegte Sparsamkeit - und Zeitersparnis. Ich nahm den Weg von Salzungen zu Fuß am Kurhaus vorüber durch das langgestreckte Dorf Langenfeld. Von hier ging es rechts bergan einen einsamen Weg am Teichhäuschen vorbei, wo es nicht recht geheuer war. Noch immer sollten dort Räuber oder böse Geister ihr Wesen treiben, wie denn überhaupt in der ärmlichen Gegend allerhand Geschichten kursierten. Auf der Höhe angelangt, hatte man das ersehnte Ziel vor Augen. Einmal führte mich der Weg von Wernshausen nach Weilar. Ganz früh bestieg ich die am Bahnhof haltende Postkutsche, die mich - man saß einander hart und unbequem gegenüber - durch das Rosatal über Helmers, Georgenzell und Rosa bis Roßdorf brachte, wo sich 1866 die Bayern und Meininger einerseits und die Preußen andererseits (meine Tante Elise hatte das Ereignis erlebt und wußte von Verwundeten und Flüchtlingen zu berichten) ein Gefecht geliefert hatten. Von dort ging ich zu Fuß über Urnshausen und Bernshausen nach Weilar. Aber was ich hier eigentlich suchte, fand ich diesmal nicht.

Weilar lag anmutig im Feldatal; die sonst als rauh geltende Rhön zeigte sich hier im Sommer von ihrer besten Seite. Die vulkanische Entstehung des Gebiets war leicht erkennbar. Weilars Hausberg, der Baier, ein runder bewaldeter Bergkegel, den wir natürlich bestiegen, wies dicht unter seinem Gipfel, wo vor Urzeiten der Krater gewesen war, einen Kranz von Basaltgestein, darunter wahre Blöcke, auf. Auch die beiden nächsten das Tal beherrschenden Berge, der Oechsen und die Stoffelskuppe, waren erloschene Vulkane. Und was der Eifel recht ist, war der Vorderrhön billig: im Tal gab es auch "Maare", so z.B. unweit Bernshausen die sagenumwoben "Grüne Kutte", die wir auf schmalem Pfad umrundeten, schaudernd vor der schier unermeßlichen Tiefe, die der Volksmund dem See zuschrieb. Nicht weit davon lag, gleichfalls vulkanischen Ursprungs, tief im Wald der Schönsee.

Das "Rote Haus" war groß; dazu gehörten ein bäuerliches Gehöft mit allem Zubehör, ein großer Garten mit Bienenhaus und ein ausgedehntes Wiesengrundstück. Vor dem Haus saß man en famille am großen Tisch im Sommer unter den blühenden Linden, von denen das Gesumm der Bienen schwirrte. An der Hinterseite des Hauses stand ein Bottich mit lebenden Forellen, einer weitbekannten kulinarischen Köstlichkeit, die zum Deputat des Rentmeisters gehörte und zu Mittag als "Forelle blau" gereicht wurde, wenn mal gerade nichts anderes da war. Natürlich standen dem Paten Konrad auch Teile des Wildes - Rot- und Rehwild - zu, von Tieren, die er erlegt hatte, ganz abgesehen von den dazugehörigen Geweihen und Gehörnen, die (z.T. noch von des Urgroßvaters Goßlar Tagen her) als Trophäen die Zimmerwände schmückten. Es war immer etwas aufregend, ja beängstigend, wenn der Pat spätabends oder frühmorgens zur Jagd aufbrach. Denn es gab Wilderer, besonders einen gewissen Klotzbach, der vor nichts zurückscheute. Öfters holten unerklärliche nächtliche Schüsse den Paten aus dem Bett, der dann mit dem schon herbeigeeilten Förster loszog, den Wilderer zu stellen oder wenistens das waidwund geschossene Tier zu suchen und heimzuholen.

Das Büro des Rentmeisters, nur auf schmaler Stiege zu erreichen, war stark frequentiert: es galt, Pacht zu zahlen, neue Verträge abzuschließen, Holz aus den Boyneburgschen Waldungen zu bezahlen und anderes mehr. Aktenstaub und -geruch erfüllte den Raum, hinter dem übrigens meine bescheidene Schlafkammer lag.

Mit den beiden Töchtern stand ich, obwohl wir ja nicht blutsverwandt waren, in dem Verhältnis von Vetter und Kusinen. Leni war ein paar Jahre älter als ich und war natürlich darüber erhaben, daß Lisbeth, die genau ein Jahr jünger war als ich, und ich als kleine Kinder aus Sand Kuchen buken. Später boten uns Garten, Wiese und nähere Umgebung reichlich Raum zum Austoben und Spielen. Auch stand uns der wunderschöne Schloßpark offen, was anderen Kindern verwehrt war und wo wir "herrschaftlich" herumspazierten. In der zum "Roten Haus" gehörigen Scheune, die als solche nicht benutzt wurde und als Remise für die Kutschen des Rentmeisters und der Herrschaft diente, kletterten wir auf einen der Kutschböcke, und unsere Phantasie führte uns mit dem gedachten Pferdegespann in ferne Gegenden, mindestens bis Lengsfeld oder gar Salzungen.

Die beiden das Schloß bewohnenden Barone und ihre Familien sahen wir - zumindest ich - so gut wie nie. Sie waren viel auf Reisen, was den "Herrn Rentmeister" zur beinahe wichtigsten Figur im Ort machte. Die einstigen Reichsritter und Territorialsouveräne standen im großherzoglich weimarischen Staats- und Hofdienst. Baron Botho war mit "Herr Geheimrat" anzureden (er war Landrat in Dermbach gewesen), Baron Kurt mit "Herr Kammerherr", im Volksmund "Jammerherr" genannt, weil er immer etwas zu

Ferien in Weilar (Rhön)

klagen und zu stöhnen hatte. (Sein Sohn Hans war später General im Zweiten Weltkrieg.) Zwei Räume des Familienschlosses, das seinen Ursprung auf eine alte Wasserburg zurückführte, waren von der verwitweten "Baronin Almar" (von Boyneburg) bewohnt. Lisbeth und ich führten die etwas vereinsamte alte Dame manchmal spazieren, bei welchem Anlaß wir darüber stritten, wo die "geehrte Person" unter Dreien zu gehen hatte. Lisbeth wollte sich von mir nicht überzeugen lassen, daß besagte "geehrte Person" in die Mitte gehöre; sie blieb bei "rechts", bis die Baronin die Sache selbst in die Hand nahm. Als wir ungefähr 15 oder 16 Jahre alt waren, lud die Baronin uns beide in ihren überaus vornehm ausgestatteten Salon zu Tee und Plätzchen ein, wobei wir uns nach gründlicher Belehrung sehr fein benahmen.

Nun wir älter und vernünftiger waren, wurden wir zu Besorgungen nach Stadtlengsfeld geschickt, wohin wir kindlich vergnügt unsres Weges auf der stillen Landstraße wanderten, um nach Erledigung des Auftrags mit dem Bimmelbähnchen zurückzukehren. Später nahm auch Leni manchmal an unseren Unternehmungen teil. Auf einer größeren Wanderung zu dritt entzweiten wir uns aus einem wahrscheinlich nichtigen Anlaß so sehr, daß Lisbeth empört zurücklief. Leni und ich setzten unbekümmert unseren Weg fort und überraschten den Grafen Karl von Boyneburg auf seinem Schloß Gehaus, wo er mit seiner "Hausdame" (sie war mehr als das) Tee trank. Jeder Situation gewachsen, empfing er uns mit unbefangener Freundlichkeit. Er war übrigens der einzige von allen Boyneburgs, der Jahre später an Lenis Hochzeit teilnahm. Lisbeth war inwischen weinend zu Hause angelangt, wo mir dann mein Vater wegen meines Verhaltens, mit dem ich Lisbeth stärker, als mir Toren bewußt war, gekränkt hatte, ernste Vorwürfe machte. Aber wir versöhnten uns bald wieder; doch mein Fehlverhalten saß in ihrem liebenden Gedächtnis bis in ihre späteren Jahre. Bedauernswert war ein anderer Gehauser Graf. Geistig zurückgeblieben, auch in seiner äußeren Erscheinung - den Rucksack auf dem Rücken - absonderlich, kam der unter Vormundschaft stehende etwa Dreißigjährige gelegentlich ins "Rote Haus", wo er mit den Mädchen herumalberte, was mich verdroß. Aber sie wußten sich zu wehren, indem sie ihn mit einer Art beharrlicher Ironie sanft mit den Worten "Aber Herr Graf" zurückwiesen. Sein voller Name lautete "Alfons Sigismund Graf zu Boyneburg und Lengsfeld-Gehaus". Ob er sich dessen ganz bewußt war? Es stimmt doch wohl, daß in alten Familien oft durch Inzucht Degenerationserscheinungen auftreten können.

Ferien in Weilar (Rhön)

Lisbeth und ich suchten zusammen den Bruder des Paten Konrad auf, der das väterliche Bauerngut bewirtschaftete. Auf der Tenne ertönte der Dreiklang der Dreschflegel. Weilar hatte noch nicht wie Wernshausen eine Dreschmaschine, die reihum angemietet wurde. Das mag dem Leser heute vorsintflutlich erscheinen, wenn er bedenkt, daß jetzt der Mähdrescher gleich auf dem Felde mäht und drischt und dann nur noch das Einfahren mit Hilfe des Traktors nötig ist.
In größerer Kolonne, Tante Anna, die Magd Auguste, die beiden Mädchen und ich, zogen wir in den Wald, wo es herrliche Steinpilze gab, eine köstliche Abwechslung für den Küchenzettel, auf dem sonst oft Wildbret stand. Am Hang des Baier wuchsen an einer Stelle schmackhafte wilde Himbeeren, die zu Saft verarbeitet wurden, sofern nicht die besten "ins Kröpfchen" wanderten, worin Lisbeth und ich es zu hoher Meisterschaft brachten. Wir brachten nicht eben die vollsten Sammeltöpfe heim.
Die Ferien in Weilar waren meist nur kurz, auch wiederholten sie sich nicht alle Jahre. Aber unvermerkt verrann die Kinderzeit. Als Lisbeth und ich 17 beziehungsweise 18 Jahre alt waren, spannte Pat Konrad an, und wir fuhren nach Dermbach in das bekannte Steinhauersche Gasthaus zum Tanz. Es kam, wie es ja wohl kommen mußte. Wir waren keine Kinder mehr, und der Walzer hat etwas Verführerisches, er bringt Nähe. Wir hatten uns zudem ja schon immer gemocht, doch jetzt sahen wir uns noch mit anderen Augen an. So kam es denn bald zum ersten schüchternen Kuß, dem herzhaftere folgten. Wir fanden viel Geschmack an der Sache. Es war für uns beide der erste ernsthafte Jugendflirt, natürlich in den Grenzen von Zucht und Sitte, wie sie damals in unserer gediegenen bürgerlichen Welt galten. Etwa ein "Mehr" zu wollen, war einfach undenkbar, und wir vermißten nichts, waren einander auch innerlich nahe. Aber die Gelegenheiten, uns zu sehen, waren nicht allzu häufig, die Entfernung zwischen Weilar und Jena groß. Auch wurden, und dies wohl nicht zuletzt, unsere Interessen und Ziele zunehmend verschieden. Lisbeth ging nach dem Realschulabschluß nach Kassel auf die damals blühenden Zimmerschen Stiftungen. In praktischen Dingen, so auch im Schneidern, besonders geschickt, wollte sie Gewerbelehrerin werden. Ich begann nach dem Abitur mein Studium, das ich in Jena, Berlin und München, zuletzt wieder in Jena absolvierte. In Jena war Lisbeth ein paarmal meine "Dame" beim Stiftungsfest meiner Burschenschaft. Da wurde natürlich die Gelegenheit zur Fortsetzung einer Beziehung, die ja nie erloschen war, mit

beiderseitigem Vergnügen ausgenutzt; aber wir waren eben selten allein. Zu einem letzten freundlich-zärtlichen Jugendbegegnen ist es in Weilar zu Lenis Hochzeit 1927 gekommen. Dergleichen Anlaß hat etwas besonders Verlockendes, ja Erregendes. Es war ein kurzes, aber intensives unvergessenes Erleben. Am folgenden Tag verließ ich Weilar, über den Berg bis Bad Salzungen zu Fuß. Lisbeth brachte mich ein Stück Weges bis zum Wald. Der Abschied war kurz, denn sie war von einer Freundin begleitet. Ob sie das so wollte? Ich weiß es nicht. Dann haben wir unsere Lebensbahnen getrennt fortgesetzt, die meine führte in Deutschlands Westen. Der Pat Konrad ist bald nach Lenis Hochzeit gestorben. Ich sah Weilar nie wieder. Aber die Erinnerung an die erste Liebe begleitet den Menschen wohl lebenslang - und schließt späteres freundliches Begegnen nicht aus.

6. FERIEN AUF SCHLOSS PUTZAR IN POMMERN

Erst spät kam es dazu, daß ich die Grenzen Thüringens und den Kreis der Verwandtschaft hinter mir ließ - und dann gleich ziemlich weit und in eine gesellschaftliche Szene, wie sie mir bisher ganz unbekannt geblieben war. Meine Tante Lisa (vgl. oben Seite 44 f.) war ein paar Jahre nach dem Ende des Ersten Weltkrieges, wie ihre beiden Freundinnen Elisabeth und Hildegard Luge aus Meiningen, aufgrund besonderer Beziehungen dieser Zwillingsschwestern von Graf und Gräfin von Schwerin in deren Schloß Putzar in Vorpommern eingeladen worden. Die jungen Damen übten dort, wie man das damals nannte, die Funktionen von "Haustöchtern" aus. Lisa leistete der Gräfin Gesellschaft, ging ihr bei zahlreichen Anlässen, wie sie der feudale Haushalt mit sich brachte (Empfang von Gästen, Unterhaltung, Blumenpflege, Tafelschmuck usw.) zur Hand, und sie versah diese Aufgaben kraft ihres Witzes, ihrer Anpassungsfähigkeit und liebenswerten Persönlichkeit so gut, daß sie dort fast als Kind im Hause lebte. Nach einiger Zeit bot ihr Gräfin Jettina von Schwerin, die von den ihr Nahestehenden "Muttinchen" genannt wurde, ebenso wie den Luge-Schwestern das "Du" an. Sie war auch selbst noch nicht alt, immerhin etwa fünfzehn Jahre älter als die mit solcher Vertrautheit Ausgezeichneten. Lisa, wie ich die junge Tante nennen durfte, war damals etwa 26 Jahre alt. Sie hatte, bisher ohne rechte Freude in einer Bank tätig, eine Zeit tiefer Depressionen hinter sich. Unter dem Einfluß der Gräfin, von der eine besondere Ausstrahlung ausging, befreite sich Lisa von der schwer auf ihr lastenden Bedrückung, ja sie fand hier recht eigentlich die Seelenbasis für ihr weiteres Leben.

Lisa, mir von jeher gewogen, hat es offenbar leicht erreicht, daß auch ich, mager und hungrig, wie ich in den ersten Nachkriegsjahren noch war, aber alles Guten und Schönen hoffnungsvoll gewärtig, zu Ostern 1923 als angehender Oberprimaner nach Putzar eingeladen wurde, ohne irgendwelche Verpflichtung. "Wohlzutun und Mitzuteilen", so konnte man die Lebensmaxime der wahrhaft frommen Gräfin kurz beschreiben, und junge Menschen prägend zu fördern war ihr ein ganz eigenes Bedürfnis.

Die Reise von Jena nach Putzar war damals noch ein ziemliches Unternehmen. An *einem* Tag war sie nicht zu schaffen. Das große Hemmnis war Berlin, wo man am Anhalter Bahnhof ankam und von dem ziemlich weit entfernten Stettiner Bahnhof weiterfahren mußte. Zwischen beiden Bahnhöfen gab es keine direkte Verbindung. So mußte ich in Berlin in der Familie eines Vetters meines Vaters, des Polizeimajors Rudolf Fahrenbach aus der Weilarer Verwandtschaft (vgl. oben Seite 14) übernachten. Von Berlin bekam ich, noch ganz Junge aus der Provinz, nichts mit. Die Fahrt von Berlin nordwärts in Richtung Greifswald - im Bummelzug über Bernau, Eberswalde, Prenzlau, Pasewalk - durchs ebene Land an den vielen Wäldern, Seen, kleinen Ortschaften und großen Feldern vorüber wurde für mich zum Erlebnis, zum ersten Mal bekam der berggewohnte Thüringer einen Begriff von der Eigenart, Weite und Schönheit des norddeutschen Tieflandes unter dem ungewohnt hohen Himmel.

Endstation der Bahnreise war Ducherow, wo gleich in der Nähe das erste Schwerinsche Schloß, das des Grafen Bogislav, zu sehen war. Tante Lisa holte mich ab. Den Kutscher auf dem Bock wie sonst üblich einfach mit seinem Nachnamen Ginapp anzureden, brachte ich nicht über mich; doch weiß ich nicht, ob ihm die Anrede mit "Herr" ganz recht war, er war es eben anders gewöhnt. Die etwa zweistündige Fahrt ging teils auf fester Landstraße teils ausgefahrenen Feldwegen an zwei weiteren Schwerinschen Schlössern, Löwitz und Sophienhof, vorüber. Unterwegs instruierte mich Lisa an Hand praktischer Übungen in der Technik des feinen Handkusses. Endlich bogen wir in das gepflegte Rondell vor dem Schloß Putzar ein. Auf der breiten Freitreppe wurden wir - das war bei Ankunft und Abfahrt eines Gastes so üblich - von der Gräfin selbst, einigen gerade anwesenden Gästen sowie dem Diener Wadephul empfangen, der meinen bescheidenen Koffer aus Strohgeflecht in mein Zimmer brachte.

Außer den schon erwähnten Schlössern gab es in der Nähe noch zwei weitere Schwerinsche Grafensitze, Boldekow, das dem jüngeren Bruder des Putzarer Grafen gehörte, und Schwerinsburg, vormals Kummerow genannt, ein Spätrenaissancebau mit zwei Seitenflügeln, vor dem ein Reiterdenkmal jenes in den Grafenstand erhobenen Feldmarschalls Kurt Christoph von Schwerin das Auge auf sich lenkte, der 1741 für Friedrich den Großen, der vorzeitig aufgab, die schon verloren gegebene Schlacht bei Mollwitz noch zu einem preußischen Sieg gewendet hatte und der 1757 vor Prag fiel. In diesem prächtigen Schloß wohnte Graf Axel von Schwerin-Schwerinsburg. Es gab mehrere (zeitweise 24!) Linien dieses uralten Pommerschen Geschlechts; nicht alle waren auf Veranlassung der brandenburgischen Kurfürsten und preußischen Könige in den erblichen Reichsgrafenstand erhoben worden; die von mir nach ihren Wohnsitzen eben erwähnten waren es sämtlich. Sie nahmen mit ihren großen geographisch eng zusammenhängenden Besitzungen wohl den Hauptteil des Kreises Anklam ein, der als die Wiege des Geschlechts gelten darf.

Putzar war das älteste der Schwerinschen Schlösser. Zuvor zu Brandenburg gehörig, fiel es samt seinen Herren im Westfälischen Frieden (1648) an die Krone Schweden, um 1720 im Nordischen Krieg an das Königreich Preußen (Kurfürstentum Brandenburg) zu gelangen. Von dem sehr alten, in Teilen noch mittelalterlich wirkenden Schloß, ursprünglich zwei rechtwinklig zueinander stehenden fast festungsartig starken Großbauten, war nur noch der eine (linke) Teil vollkommen erhalten. Von dem anderen, der durch Krieg und Brand zerstört wurde, gab es nur noch die Ruine der Außenmauer, in die, von außen kaum sichtbar, der Wirtschaftstrakt (große Küche, Vorrats- und Abfallräume, Dienstbotenwohnungen usw.) hineingebaut war. Hier führte die "Mamsell" das Regiment, natürlich immer im Benehmen mit der Schloßherrin.

Der Schloßherr, Dr. jur. Graf Christoph von Schwerin, der beide juristische Staatsprüfungen abgelegt hatte, mag ursprünglich eine Laufbahn im kaiserlichen oder königlich preußischen Staatsdienst im Sinn gehabt haben; politische Fähigkeiten wurden ihm nachgesagt. Vermutlich war es die Revolution von 1918, die den konservativ-monarchisch Gesinnten veranlaßt hatte, sich auf seine Güter zurückzuziehen, wo er sich als "Herr auf Putzar, Glien und Charlottenhorst" der Verwaltung des ererbten Besitzes widmete als ein "ostelbischer Junker" im vollen Wortsinn. Dieser Begriff steht heute (und stand je nach Einstellung auch damals) nicht im besten Ruf. Man verbindet damit wohl Arroganz, Herrschsucht, Verachtung des "Pöbels", Rückständigkeit, ja wohl gar Unbildung und Dummheit. Auf Putzar trafen diese negativen Attribute in keiner Weise zu. Hier herrschte eine Atmosphäre des Geistes, der christlichen Frömmigkeit und auch der sozialen Verantwortung. Graf Christoph, dem ich in seinem Amtszimmer eine Art Antrittsbesuch zu machen hatte, lud mich an einem der ersten Tage meines Aufenthalts zu einem Spaziergang über bestimmte Abschnitte seines Besitzes ein. Den Vergleich mit Leib, Geist und Seele heranziehend, versuchte er in seiner ernsten, klugen Weise, mir, dem Siebzehnjährigen, das Wesen eines solchen Gutsbesitzes (im Unterschied zum verpachteten Grundbesitz, wie ihn in Weilar die Boyneburgs hatten), klarzumachen. Im spezifisch Agrarischen mußte er, der gelernte Jurist, sich in mancher Hinsicht wohl auf seinen tüchtigen Administrator verlassen. Er selbst erschien mir als eine eindrucksvolle Persönlichkeit, eigentlich zu etwas anderem als zum Landjunker berufen.

Die Großmutter des Grafen väterlicherseits war die jüngste Tochter des großen Theologen Schleiermacher, eine sehr schöne Frau, von der ein Ölgemälde im Schloß einen Ehrenplatz einnahm. Man kann sich vorstellen, in welchem Geist sie aufgewachsen war und dann als Herrin in Putzar wirkte.

Die Mutter des Grafen Christoph entstammte einer erst im 19. Jahrhundert (1831) geadelten Familie. Ihr Vater Heinrich von Mühler hatte in seinen jungen Jahren in der literarischen Gesellschaft "Tunnel über der Spree" dem Fontanekreis angehört und damals als lustiger Student das bekannte Lied "Gerad' aus dem Wirtshaus komm ich heraus, / Straße, wie wunderlich siehst du mir aus!" verfaßt. Der hochbegabte Mann, unter dem Einfluß seiner pietistisch gesinnten Ehefrau (geb. von Goßler) ein streng gläubiger Christ, hatte sich später im Staatsdienst kirchenpolitischen Fragen zugewandt und war unter Bismarck 1862 preußischer Kultusminister geworden. In den Anfangszeiten des Kulturkampfes sah sich Bismarck genötigt, den denn doch zu konservativ-orthodoxen Minister zu entlassen (1872) und durch den liberalen Falk zu ersetzen, was damals viel Staub aufwirbelte. So wehte auch von Mutterseite des Grafen her etwas von geistig-religiöser Luft.

Ich habe die alte Dame, Gräfin von Schwerin geborene von Mühler, die als Witwensitz das Schlößchen Borntin bewohnte, noch kennengelernt. Denn ich wurde dazu bestimmt, ihr zu ihrem Geburtstag das Geschenk ihrer Kinder, einen Rollstuhl, zu überbringen. So fuhr mich Ginapp, die neunzackige Grafenkrone über der Kokarde seiner Mütze - fuhr er den Grafen oder die Gräfin, trat an die Stelle der Mütze ein blank glänzender gleichfalls kronengezierter Zylinder -, über Felder und Wälder auf einsamen Wegen zu dem etwas entlegenen Schlößchen. Die betagte Gräfin, die wegen ihres Ernstes, ja ihrer herben Strenge, in ihrer Familie wenig beliebt, ja fast gefürchtet war, empfing mich liebenswürdig. Ich fuhr sie durch den Garten, da sie das Geschenk gleich ausprobieren wollte, wonach sie mich zu Torte und Wein einlud. Sie hatte die Höflichkeit, mir das nicht einfach vorsetzen zu lassen, sondern auch selbst an der kleinen Kollation teilzunehmen - anerzogener Stil oder einfach die Freude, einmal mit einem jungen Menschen sprechen zu können? Die Unterhaltung war angenehm. Als Schüler Dobeneckers und angehendem Geschichtsstudenten war mir der Name und das Schicksal Mühlers nicht unbekannt. Es war für mich ein eigenes Gefühl, der Tochter eines Mannes gegenüberzusitzen, den einst Bismarck 1862 in sein berühmtes "Konfliktsministerium" berufen und der gemeinsam mit dem Reichsgründer Geschichte gemacht hatte. Im übrigen hatte ich das Gefühl, daß sich die alte Dame doch recht einsam fühlte.

Das Leben in Putzar war ganz wesentlich mitbestimmt durch die stets in großer Zahl anwesenden Gäste, so der Mutter der Gräfin, Frau "Generalin" von Versen, ihrer Schwester Lony, die "Tante Potzi" genannt wurde und einen munteren Ton in die Gesellschaft brachte. Als weitere Verwandte waren zwei unverheiratete Gräfinnen Schmettow, Damen mittleren Alters (zwischen 40 und 50), zugegen. Beide waren "Stiftsdamen zu Rietschütz", also von ihren Familien "eingekauft" in ein adeliges Damenstift. Mit der "Residenzpflicht" daselbst nahmen sie es offenbar nicht sehr streng, besuchten lieber Verwandte, wo sie gern gesehen waren und sich nützlich machten. Besonders lebhaft ist mir die Ältere der Schwestern, Gräfin Madeleine, die "Muhme" genannt, als eine herausragende Stütze der Gesellschaft und enge Freundin der Hausherrin in Erinnerung. Sie nahm an mir, dem suchend Heranwachsenden, ein freundliches Interesse. Ich habe mit ihr noch längere Zeit in einem für mich fruchtbaren Briefwechsel gestanden, und sie hat mich wie die Gräfin Schwerin selbst bei einem ihr ja eigentlich fernstehenden Problem, das ich hatte, nämlich der Zugehörigkeit zur Burschenschaft, klug und aus tiefer Menschenkenntnis heraus beraten und gestärkt.

Öfters war übrigens in seinen jüngeren Jahren der aus dem Baltikum stammende Werner Bergengruen zu Gast in Putzar. Leider habe ich den später so berühmten Dichter, von dem Meisterwerke wie "Der Großtyrann und das Gericht" und "Der letzte Rittmeister" (um nur sie zu nennen) doch wohl immer noch den Älteren ein Begriff sind, nie kennengelernt. Dagegen wollte es der Zufall, daß während der Tage meines ersten Aufenthaltes in Putzar der berühmte Umwelt- und Verhaltensforscher Professor Jakob Baron von Uexküll, aus baltischem Adelsgeschlecht und verheiratet mit Gräfin Gudrun von Schwerin-Schwerinsburg, zu Besuch erschien. In großer Gästerunde wurde auf der zum Park hin gelegenen Terrasse der Tee eingenommen. Die "Bekanntschaft" war natürlich einseitig; der mir vom Bild her bekannte Mann mit dem weißen Haarschopf hat mir die Hand gegeben wie allen anderen auch, sonst aber kaum von dem Primaner Notiz genommen.

Ferien auf Schloß Putzar in Pommern

Ein bißchen viel Adel auf einmal, könnte man nach dieser Erzählung sagen. In Wirklichkeit bildeten keineswegs nur Adel und Prominenz die tägliche Putzarer Sozietät. Flüchtlinge aus den verlorenen Ostgebieten, besonders auch Deutsche aus dem Baltikum, auch Einsame und Verarmte, die, bei Kriegsende aus Hab und Gut vertrieben, zeitweise keinen festen Wohnsitz hatten, und andere mehr fanden hier nicht nur Zuflucht, sondern wurden als vollwertige Glieder in die Gemeinschaft aufgenommen, für die sie nicht selten mit ihren vielfältigen Erfahrungen eine besondere Bereicherung bildeten. Die ganze vierköpfige Familie des aus Riga stammenden Studienrats Adolphi, der eine Übergangsstellung an einer baltischen Privatschule in Misdroy, aber dort keine passende Wohnung gefunden hatte, bestehend aus seiner geistreichen Frau und drei kleinen Kindern, erhielt in einem Seitenflügel ziemlich weit oben unterm Dach ein sehr großes Zimmer mit Zubehör, wo sie sich selbst versorgte, doch wohl unter Zuhilfenahme der materiellen Mittel des Hauses.

Ein gewöhnlicher Tageslauf nahm für mich in Putzar etwa folgenden Gang. Nach dem Frühstück zogen alle Anwesenden in das große Musikzimmer mit den hohen hellen Fenstern zur Parkseite hin. Zu den vorhandenen Sitzplätzen waren Stuhlreihen gestellt, auf denen die gerade abkömmliche Dienerschaft mit uns Platz nahm. Die Gräfin hielt eine gehaltvolle und wohl formulierte Morgenandacht; sie selbst war die hoch geschätzte Verfasserin von Hausandachtbüchern. Wir alle kannten (und konnten) damals noch viele Choräle und andere passende Lieder, welche die Schloßherrin am Harmonium kundig begleitete. Stets ein besinnlicher Tagesanfang, ein frohes Geleit.

Der Vormittag stand dann jedem zur freien Verfügung. Ich las oder machte Spaziergänge im Park, auch in der Umgebung, im Dorf. Meist aber zog ich mit den drei Adolphikindern, die mich, den 17jährigen, "Onkel Hans" nannten, los zu kindlich-abenteuerlichen Taten. Der große, vielseitig gestaltete Park bot Gelegenheit zum Austoben, zu Versteck- und anderen Spielen, bei denen auch die Kleinsten zu ihrem Recht kamen. Die ersten Frühlingsblumen, Schneeglöckchen, Krokusse, Märzbecher wuchsen an bestimmten Stellen unter den linden Lüften. Immer lohnte auch ein Besuch beim Schloßgärtner, "Meister Fink", der uns aufs freundlichste über seine Pflanzen und das im Gewächshaus frühzeitig Wachsende unterrichtete. An geschützter Stelle hatte er sogar ein Beet für Artischocken angelegt, die er wirklich zur vollen Reife brachte.

Vom Hinterausgang des Parks führten uns nur wenige Schritte zum großen Putzarer See, herrlich in seiner kühlen Sauberkeit, "naturbelassen" unterm hohen Himmel, von dem fast immer die Sonne wärmend schien. Das Schilfgelände am Ufer ging allmählich in lichte, selten dichtere Wälder über, von denen Fasanen aufschwirrten. Reich an Wildenten war der See, die oft im Schwarm über das Wasser schlitterten, um sich dann unversehens zu gemeinsamem Tiefflug zu erheben. Weit vom anderen Ufer ertönte der tiefe Ruf der Rohrdommel. Es gab immer neue Überraschungen in der herrlichen Natur rund um den See, dem natürlich auch "die Großen" oft einen Besuch machten. Einmal war die "Oma Versen", Mutter der Gräfin, mitgegangen, munter plaudernd, schon ein wenig schwerhörig, worauf der etwa 5jährige Adolphi-Junge mahnte: "Kusch, Oma, die Rohrdommel". Der Ausspruch mit dem rollenden baltischen "R" machte bald die Runde in der Gesellschaft, wurde zu einer Art geflügeltem Wort in dem trotz der allgemeinen Not der Zeit oft heiter gestimmten Zirkel.

Gern und oft saßen wir vier auf dem Treppchen des Geräteschuppens neben dem Schloß. Ich las vor und erzählte, oder wir genossen einfach so in trauter Gemeinschaft still den wunderschönen Tag. Das älteste der Kinder, Erika, "Kucki" genannt und annähernd zehnjährig, war ganz besonders reizend, ernsthaft in ihrer Verantwortung für die jüngeren Geschwister, von der ich ihr nun einiges abnahm, beseelt von schon tieferem mädchenhaftem Gefühl. Sie hing an mir mit kindlicher Zuneigung. Als ich einmal ausgegangen war, fand ich bei meiner Rückkehr an meiner Zimmertür einen Zettel, auf dem Stand: "Ach, nun bist du fortgegangen. Und ich trug nach dir Verlangen". Ich gestehe gern, daß ich das herzliche Gefühl erwiderte. Es war schon ein "Neigen von Herzen zu Herzen" zwischen dem Jüngling (das Wort gab es damals noch) und dem sacht zum Jungfräulein reifenden Kinde, eine ganz zarte allererste Liebe. Längst alt geworden, haben wir's uns jüngst bestätigt und sind zum einst vertrauten "Du" zurückgekehrt.

Für mich als zukünftigen Pädagogen war neben dem unmittelbaren Erleben die Erkenntnis wichtig, daß ich außer mit meiner Schwester auch mit "fremden" Kindern umgehen konnte und sie mich akzeptierten. Junge Menschen zu fördern und zu belehren wurde mir zum Lebensinhalt, und daß ich damit Erfolg hatte, das habe ich im Berufsleben (von der Sexta des Gymna-

siums bis zum Oberseminar der Universität zu Köln) vielfach erfahren dürfen. Daß es Ausnahmen gab, schmerzliche, schwer erträgliche, versteht sich von selbst: wer handelt auch schon selber immer richtig!
Bei unseren Streifzügen im Putzarer Park war mir nur eins unangenehm. Es gab hier ungewöhnlich viele Ringelnattern, die einem über den Weg schlängelten, plötzlich aus dem Gebüsch krochen oder sich in Mauerritzen und Pflanzengerank sonnten. Hier kündigte sich ihr Dasein durch den ihnen eigenen Geruch schon an, so daß die Schrecksekunde der Überraschung wegfiel. Harmlose Reptilien an sich. Den Kindern machten sie nichts aus. "Spatzi", der wackere Knabe, trug oft einen Knüppel bei sich, mit dem er unbekümmert die lästigen Geschöpfe erledigte, was ihm beim Grafen die Bezeichnung "Drachentöter" eintrug. Wider alle Vernunft sind mir Schlangen aller Art, auch die "unschuldigsten", in ihrem kriechend-schlüpfrigen Schleichwesen bis heute verhaßt (bei entsprechenden Fernsehfilmen schalte ich ab).
Vor dem Mittagessen versammelte man sich, die Kinder ausgenommen, in der Bibliothek der Gräfin, bis sich die Tür des Musikzimmers öffnete und der Diener, angetan mit dem Frack, der Hausfrau meldete: "Frau Gräfin, es ist angerichtet." Dann ging es in fast feierlichem Zug durch das Musikzimmer und einen weiteren Raum in den größten und entschieden festlichsten Raum des ganzen Schlosses, den Saal, der in Ausdehnung, Gestaltung und ehrwürdiger Atmosphäre an den Rittersaal einer Burg erinnerte. Die Ölgemälde an der einen großen freien Wand waren nicht nur künstlerisch bedeutend, sondern riefen, was mich damals stärker interessierte, auch ein gutes Stück großer Geschichte in Erinnerung. Beherrschend nahm das Bildnis des Königs Karl XII. (+ 1719), des letzten schwedischen Herrschers Vorpommerns, die Mitte ein. Sein Vorfahr, Karl X. Gustav, der erste Schwedenkönig, der als Pfalzgraf bei Rhein in Pommern nach dem Dreißigjährigen Krieg regierte, war durch ein kleineres Porträt vertreten. Die Rückkehr zu Preußen (1721) konnte nicht besser dokumentiert sein als durch ein Bildnis Friedrichs des Großen von der Meisterhand des Hofmalers Antoine Pesne.
So im Angesicht großer Geschichte nahmen wir das Mahl ein, das der am oberen Tischende sitzende Graf nach dem Tischgebet mit dem Einschöpfen der Suppe aus einer großen Terrine nach altem Brauch einleitete. Ich kann mich nicht erinnern, daß das Essen besonders üppig gewesen wäre. Was vorgesetzt wurde, war wohl so gut wie alles hausgemacht. Allwöchentlich

wurde ein Hammel geschlachtet, den die Mamsell möglichst abwechslungsreich zuzubereiten verstand. Selten genug, als Festtagsschmaus, gab es die gebratenen Wildenten, die der Graf gekonnt tranchierte und dann durch den Diener weiterreichen ließ. Sonnabends gab es in der Regel nur eine Suppe oder einen Eintopf, zu dem wie in jedem bürgerlichen Haushalt Reste verwertet wurden. Einmal - wohl während eines Besuchs im Sommer - wurde jedem eine von Meister Fink geerntete Artischocke vorgesetzt: die Gräfin führte dezent vor, wie die den meisten ungewohnte Speise sachgerecht zu genießen war.

Des Abends saß die ganze Gesellschaft, natürlich wieder ohne die Kinder, die früh zu Bett mußten, im Salon der Gräfin zusammen. Einige der Damen machten Handarbeiten; beliebt waren damals sogenannte Applikationen. Andere legten Patiencen. Es wurde gelacht, auch geplaudert, wobei Frau Adolphi, Kuckis Mutter, sich als besonders gescheite, auch wohl scharfzüngige Gesprächspartnerin erwies. Das war nun wohl alles nichts Besonderes. Aber interessant war, was als Lektüre im Mittelpunkt stand. Mir fiel die Aufgabe des Vorlesers zu. Da war Geschichte das große Thema. Man lebte gern in der Vergangenheit, versuchte auch zu ergründen, wie alles so gekommen war. Damals stand der aus dem Baltikum stammende Tübinger Historiker Professor Johannes Haller auf dem Gipfel seines Ruhmes, ein vielseitiger Gelehrter von konservativer Grundstimmung. Ich hatte aus seinem kürzlich erschienenen Buch "Epochen der deutschen Geschichte" vorzulesen, einem temperamentvollen Werk eigenwilligen Zuschnitts, das freilich den philosophischen Rang des gleichnamigen Werkes Leopold von Rankes nicht erreichte und heute fast vergessen ist. Haller beschäftigte sich damals intensiv mit dem Leben und Wirken des Fürsten Philipp zu Eulenburg, der 1921 auf seinem Schloß Liebenberg in der Uckermark gestorben war, und mit seinem noch immer als einer der größten Skandale der Regierungszeit Wilhelms II. fortlebenden Prozeß. Bekanntlich hatte im Jahre 1900 der Kaiser seinem engsten Freund und aufrichtigsten Berater, der ihm, freilich oft ohne Erfolg, auch unangenehme Wahrheiten sagte, dem Grafen Philipp zu Eulenburg, den Fürstentitel ("Philipp Fürst zu Eulenburg und Hertefeld, Graf von Sandels, Durchlaucht") verliehen. Durch einen Artikel des Journalisten Maximilian Harden (eigentlich Witkowski), der in seiner Zeitschrift "Die Zukunft" den Fürsten homosexueller Verfehlungen bezichtigte, war dieser in Mißkredit geraten und 1906 vom Kaiser (im Unterschied zu Friedrich Alfred Krupp, über dessen entsprechende Handlungen kein Zweifel besteht) ziemlich schnöde fallengelassen worden. Wegen Krankheit des Fürsten, den man in einer Liege in den Gerichtssaal gebracht hatte, fand der Prozeß nicht statt. Eulenburg lebte krank und fast wie ein Geächteter in seinem Schloß Liebenberg, umsorgt von seiner kinderreichen Familie, natürlich enttäuscht und verbittert. In Putzar war man offensichtlich von der Schuldlosigkeit von "Onkel Fürst", wie man ihn hier nannte, überzeugt und verfolgte Hallers Bemühungen, ihm Gerechtigkeit widerfahren zu lassen, mit gespannter Aufmerksamkeit. Aus Hallers Büchern habe ich auch bei späteren Putzarbesuchen vorgelesen.

Besonders schön verlief mancher Sonnabendabend in Putzar. Die Tochter des Hauses, Christa, bereits verlobt mit Wolf von Doemming, und, irre ich mich nicht, als Schwester in einem Krankenhaus tätig, war dann manchmal zu Hause "zu Besuch". Sie hatte eine Gesangsausbildung erfahren und erfreute nun alle Anwesenden mit ihrer von einer glockenreinen Stimme unterstützten Kunst. "Solveigs Lied" habe ich, auch später bei einer guten Aufführung von Ibsens "Peer Gynt" in der Berliner Staatsoper Unter den Linden, nicht schöner und ergreifender dargeboten gehört als damals im kleinen Kreis von Putzar.

Am Sonntag war der Gottesdienstbesuch in der kleinen zwischen Park und Dorf liegenden Kirche selbstverständlich. Die "Herrschaft" saß nicht im Kirchenparterre, sondern nahm eine erhöhte Laube ein, die der Familie des Patrons ebenso zustand wie dieser - eins der wenigen noch verbliebenen Gutsherrenprivilegien - den Pfarrer auswählen und bestellen durfte. Daß auch ich dort oben Platz nehmen durfte, hat wohl meiner Eitelkeit geschmeichelt - nicht eben ein Zeichen christlicher Demut.

Einige Ausflüge von Putzar aus haften in der Erinnerung, so eine Segelfahrt auf der Ostsee von Swinemünde über Ahlbeck und Misdroy nach Heringsdorf und zurück, wobei eine ziemlich kräftige Brise mir den ersten Eindruck des Meeres dauerhaft prägte. In die nähere Umgebung von Putzar ging es des öfteren. Über Schwerinsburg und das v. Heyden-Lindensche Gut Stretense fuhr uns Ginapp nach Anklam, wo gerade ein Rummelplatz seinen Betrieb aufgenommen hatte, was mich von den sonstigen Schönheiten der Kreisstadt, falls denn überhaupt solche vorhanden waren, ablenkte. Viel besser gefiel mir das noch kleinere, schon in Mecklenburg liegende Friedland, über Boldekow auf einer ordentlichen Landstraße über Cavelpass zu erreichen. Man durchfuhr eins der schönen Backsteingotiktore und gelangte in ein reizendes Städtchen mit hellen niedrigen Häusern, einigen kleinen Geschäften - bei Carstenn konnte man sich mit Papier und Bleistiften versorgen -, einem Café, der beachtlichen Marienkirche und dem Pfarrhaus, an dem eine Tafel kundtat, daß hier einst als Pastor der frühere Mitbegründer der Jenaer Burschenschaft (1815) und Hauptredner des Wartburgfestes (1817), Riemann, gewohnt und seines Amtes gewaltet hatte.

Ich habe diesen meinen ersten Putzarer Aufenthalt als ein Hauptereignis in meinem Leben genauer beschrieben. Ich bin noch weitere zwei- oder dreimal, zu Ostern oder im Sommer, dort gewesen. Da fehlte die stille, ernste, fast etwas schwerlebige und doch das Ganze unmerklich beherrschende Mittelpunktgestalt Graf Christoph von Schwerin. Er war Ende 1923 oder Anfang 1924 einem Jagdunfall erlegen. Die Gräfin, tapfer von Gemüt, stark in ihrer Frömmigkeit, führte das Gut, auch die ihr anvertrauten gesellschaftlichen und karitativen Aufgaben weiter. Das Wesentliche blieb beim alten, die Zahl der Gäste wurde nicht geringer, so daß ich sogar einmal das Zimmer - es war das sogenannte Turmzimmer - mit dem ein paar Jahre jüngeren Carl Eduard von Erffa aus Ahorn bei Coburg teilen mußte, jenem Gutsdorf, wo einst vor Jahren mein Vater als Coburger Gymnasiast im Helbigschen Pfarrhaus in Pension gewesen war. Zum Glück verstanden wir uns prächtig.

Einmal war auch meine Mutter mit meiner Schwester (diese 7 Jahre alt) mit mir in Putzar, wie denn neben den vertrauten "Dauergästen" immer wieder auch neue das Vergnügen eines solchen Sommeraufenthaltes genossen. Als der Mutter, wie ja auch sonst in Putzar üblich, zwei gerade anwesende ehemalige Generale die Hand küßten, war sie fast erschrocken, obwohl ihrem Wesen nach gerade sie jede Geste der Verehrung verdiente.

Gräfin Schwerin nahm mich öfters zu ihren Besuchen bei den Alten und Kranken des Dorfes mit, wobei ich den Korb mit den Mitbringseln trug. Natürlich wurde die "Fru Gräfin" stets freudig begrüßt. So manchem Kind aus diesen Gutsbauernfamilien, das in die Stadt gehen und einen Beruf erlernen wollte, half sie finanziell bei Ausbildung und Existenzgründung. Ein wenig erinnerten die Bauernhäuser, alle ziemlich gleich schlicht gebaut, an die Wohnstätten der Kruppianer und Ruhrkumpel, wie ich sie später in Essen kennenlernen sollte. Ein Stück Land zu eigener Bewirtschaftung, auch eine Kuh gehörte zu jeder Kate (an der Ruhr war es die "Bergmannskuh", die Ziege nämlich, die am Bahndamm weidete). Häßlich fand ich die etwas außerhalb gelegene "Schnitterkaserne", ein verwahrlost wirkendes und übel riechendes Gebäude, in dem zur Erntezeit die meist aus Polen herbeigeholten Saisonarbeiter ihr Unterkommen fanden. Nach der "Rübencampagne" stand das Haus wieder leer, ein Schandfleck in der Umgebung. In den Grenzen jener Zeit, die noch etwas von Bismarcks "gottgewollten Abhängigkeiten" kannte, war sich aber die Gutsherrschaft ihrer sozialen Verantwortung in der überkommenen patriarchalischen Weise durchaus bewußt. Richtig schlecht ging es dort niemandem. Man darf heutige Vorstellungen und Begriffe nicht ohne weiteres in eine vergangene Zeit tragen.

Ich selbst habe mich, ohne viel Nachdenken über die Gesamtproblematik ostelbischen Junkertums, in Putzar außerordentlich wohl gefühlt. Erstaunlicherweise gerade auch beim ersten Mal um Ostern 1923, wo doch die Meldungen von der Ruhrbesetzung durch Franzosen und Belgier und von dem durch Reichskanzler Cuno verkündeten passiven Widerstand bereits vorlagen und das politische Leben verdüsterten. Später dann, 1924, als mir gewisse Schattenseiten des studentischen Korporationswesens schwer zu schaffen machten, war mir die Gräfin Schwerin eine aufmerksame Zuhörerin und, in Kenntnis meiner etwas eigenbrötlerischen, um nicht zu sagen egozentrischen Natur, eine gute Beraterin.

Was ist mir von "Putzar" geblieben? An äußerer Lebenshaltung und innerer Wesensart brachte ich vom Elternhaus die Grundlagen mit. Was ich in Putzar hinzugewann, das war mehr als nur verfeinerter "Schliff", erhöhte Fähigkeit gesellschaftlichen Umgangs. Es war Einfühlungsvermögen, Kontaktfreudigkeit, ein Mehr an Welt- und Menschensicht: an "Weltläufigkeit" könnte man sagen. Mir ist das so Gewonnene in bestimmten Situationen zustatten gekommen. Umfassendere Einsichten verliehen Sicherheit, ja, wenn man so will, ein gewisses Maß an Überlegenheit, wo diese nottat. Hauptsächlich aber und vor allem: Putzar, das war ein Stück besonnte Vergangenheit, ein Paradies, wie es so nie wiederkehren konnte. Anderswo habe ich ostelbisches Junkertum auch in seiner weniger guten Seite kennengelernt.

7. DIE DREI ERSTEN JENAER SEMESTER

Im Sommer 1924 wurde ich unter dem Rektorat des Professors für Mineralogie Gottlob Linck an der Universität Jena immatrikuliert. Ich wählte trotz ausgesprochen schlechter Berufsaussichten als Hauptstudienfächer Deutsch, Geschichte und Latein. Meine ursprüngliche Absicht, auch Griechisch einzubeziehen, gab ich bald auf, nachdem ich, unglücklicherweise, eine Vorlesung über griechische Epigraphik belegt hatte, die mich - trotz der wissenschaftlichen Bedeutung von Professor Friedrich Zucker - nicht interessierte. Neben den genannten Fächern "wanzte" ich (wie man damals das Anhören unbezahlter Vorlesungen nannte) gelegentlich "Staatsrecht" bei Koellreuther. Von meinen wichtigsten Lehrern in den genannten drei Hauptfächern (Michels und Leitzmann, Cartellieri und Barwick) wird später noch die Rede sein. Statt Griechisch stieg ich auf Kirchengeschichte um, die Professor Karl Heussi so vortrefflich vortrug, daß ich in den drei Semestern kaum eine Stunde versäumte.

Neben das Studium trat gewissermaßen gleichwertig die Zugehörigkeit zur Burschenschaft Arminia auf dem Burgkeller. Jena war damals (ähnlich wie Marburg oder Heidelberg) eine Stadt der bunten Mützen. Es fehlte wohl vom Korps bis zur farbentragenden katholischen Verbindung und zur Nachkriegsneugründung "Wehrschaft" keine Korporation, die nicht mehrfach, d.h. mit verschiedenen Namen und je eigenen Häusern vertreten gewesen wäre. Die zahlreichen Balten, deren Familien nach dem Krieg vorzugsweise Jena als Wohnort wählten, besaßen ein eigenes Korps "Kuronia" (viel Adel dabei: Ungern-Sternberg, Wrangel, Krüdener, Dellingshausen u.a.m.).

Der schöne Renaissancebau "Burgkeller" am unteren Ende der Johannisstraße, gleichsam sich anlehnend an die Stadtkirche, ein Blickfang für jeden Jena-Besucher, war das älteste und traditionsreichste aller Studentenhäuser der Stadt, wenn nicht Deutschlands überhaupt. Hier hatte 1815 bei der Gründung der Burschenschaft deren Führung (Riemann, Horn, Scheidler u.a.) ihren Sitz gehabt; nicht nur studentengeschichtlich Entscheidendes war damals und in den folgenden Jahren von hier ausgegangen. Das Haus und seine Geschichte waren - neben der Tatsache, daß mein Klassenkamerad Heinz Engelhardt, dessen Vater auch Armine war, gleichzeitig eintrat und auch einige ältere Mitschüler dem Bund angehörten - die Hauptursachen, weshalb ich gerade hier aktiv wurde. Die Hauptziele der Urburschenschaft

(1815 bis 1819) waren der nationale und der konstitutionelle Gedanke gewesen. Bei allem historischem Wandel, wie er sich seither vollzogen hatte, blieben diese Grundideen für uns immer noch im wesentlichen richtunggebend, allerdings mehr im Sinne Bismarcks als in dem der Frankfurter Paulskirchenversammlung von 1848/49, die von der Geschichtsschreibung gelegentlich als Burschenschafterparlament bezeichnet worden ist. Bismarck selbst hatte bei seinem Jenabesuch 1892 seine Kutsche vor dem Burgkeller halten lassen und den versammelten Arminen, die ihm einen mächtigen Pokal mit Bier reichten, zugerufen: "Meine Herren, ich trinke Ihnen gerne zu, doch nicht aus. Die Burschenschaft hat eine Vorahnung gehabt, doch zu früh. Schließlich haben Sie doch recht behalten" - Worte, mit denen er gewissermaßen die Burschenschaft auf das neue Kaiserreich einschwor.

Stolz zwar trugen wir als einzige Burschenschaft das schwarz-rot-goldene Band, dessen Farben in Frankfurt 1848 das kurzlebige Reichsbanner geziert hatten. Aber der politischen Gesinnung nach hat wohl manchem von uns das "Schwarz-Weiß-Rot" der Kaiserzeit näher gelegen als das Band, das wir trugen und dessen Farben jetzt, seit 1919, die Reichsflagge schmückten. Seltsamer Widerspruch! Der tiefere Grund lag im Versailler Friedensvertrag, der, was viele heute nicht mehr nachzuvollziehen vermögen, als Diktat empfunden wurde und politisch, wirtschaftlich und stimmungsmäßig böse Wirkungen zeigte. So wurde auch die demokratisch-republikanische Weimarer Verfassung zwar respektiert; aber geliebt war sie kaum, hatte sie doch im Gefolge der Niederlage ihren Einzug in dem verkleinerten Deutschland gehalten - das schuf Verbitterung.

Andererseits gab es höchst achtenswerte ältere Bundesbrüder, die sich voll und ganz mit "Weimar" identifizierten. Nur zwei hochangesehene, weithin bekannte Alte Herren seien als herausragende Beispiele hier genannt: Professor Dr. Ferdinand Tönnies in Kiel, der zu den Begründern der modernen Soziologie zählt und sich mit seinen 70 Jahren durchaus zu uns bekannte, indem er mit Mütze und Band durch Jenas Gassen spazierte, und Dr. Hermann Höpker-Aschoff, der unter dem sozialdemokratischen Ministerpräsidenten Otto Braun preußischer Finanzminister war und doch zum Stiftungsfest auf dem Burgkeller erschien.

Ein paar der ältesten zu meiner Fuchsenzeit noch in Jena weilenden, im Examen stehenden Semester waren noch Kriegsteilnehmer gewesen, sie trugen noch immer gern den - der Rangabzeichen entkleideten - alten Waffenrock.

Einige hatten einem der Freikorps angehört, deren Hilfe bekanntlich Reichspräsident Ebert zur Stabilisierung der Verhältnisse, besonders beim Kampf gegen den Kommunismus, nicht verschmäht hatte. Es herrschte keinerlei Gesinnungszwang bei uns. Doch war die Grundtendenz, wie übrigens auch an der Universität Jena, eher konservativ als "fortschrittlich", was durch den häufigen Besuch ehemaliger Generale bei unserer Sonnabendskneipe begünstigt wurde.

Der häufigste Gast dieser Art, General der Infanterie Exzellenz Magnus von Eberhardt, mußte übrigens (diese drollige Abschweifung sei erlaubt) im "Anstandsunterricht", den wir neben der Fuchsenstunde (betr. studentischen Komment) und dem Fuchsenkränzchen (Burschenschaftliche Geschichte, besonders die des Burgkellers) genossen, als "Phantom" herhalten: "Du kommst in Couleur in die "Göhre" [berühmtes Jenaer Weinlokal], an einem Tisch sitzt Exzellenz von Eberhardt mit einem Bekannten! Was tust Du? Mütze abnehmen? Auf ihn zugehen, ihn begrüßen? Kurz stehenbleiben, Frontstellung ihm gegenüber einnehmen, dann weitergehen? usw." Wie wir schon damals viel über solche Instruktionen lachten, kommen sie mir heute vollends lächerlich vor. Immerhin, man lernte vielleicht doch etwas dabei. Übrigens hatten wir, jeweils zu zweit, bei den in Jena lebenden einstigen Generalen, natürlich auch bei den eigenen Alten Herren und bestimmten auserwählten Familien offiziell Besuch zu machen, der aber nur ca. 7 bis 10 Minuten zu dauern hatte. Wurden wir nicht angenommen, genügte die Abgabe von Visitenkarten, der des Bundes und der eigenen. Man hatte dann mit einer gelegentlichen Einladung zu rechnen.

Streng waren die Bräuche im Verhältnis zur Damenwelt. Zu unseren meist sehr gelungenen Tanzfesten wurden neben Altherren- und Professorentöchtern und den Schwestern der Aktiven "Töchter aus gutem Hause" eingeladen. Man durfte sich - in der Regel - die Dame nicht aussuchen, sondern bekam sie "zugeteilt". Man hatte sie selbstverständlich abzuholen und nach Beendigung der meist mit einem Abendessen verbundenen Veranstaltung wieder nach Hause zu bringen. Als Ehrendame im Haus fungierte die Gattin eines Alten Herrn; ihr waren die Mädchen vorzustellen, die dabei nicht selten einen Knicks machten. Selbstverständlich galt, von Ausnahmen abgesehen, strenger Siez-Komment. Es galt zu meiner Zeit als eine Ehre, auf den Burgkeller, der über einen eigenen großen Festsaal verfügte, eingeladen zu werden.

Die drei ersten Jenaer Semester

Vor der Gründung der Burschenschaft (1815) war ganz allgemein, und in Jena besonders, das Verhältnis der Studenten zu den Frauen und Mädchen rüde gewesen. Das hatte sich dann durch die Einführung des Sittlichkeitsprinzips geändert, dergestalt daß die "Frauen und Jungfrauen Jenas" uns die Burschenschaftsfahne (zwei seidene rote Bahnen, in der Mitte eine schwarze mit goldgesticktem Eichenkranz; daraus dann das "Schwarz-Rot-Gold") schenkten, eine kostbare, symbolträchtige Arbeit kunstvoller Art, die erhalten ist und mit der zu chargieren auch ich einmal die Ehre hatte. Im umstrittenen § 4 unserer Verfassung war das Keuschheitsprinzip festgelegt, um dessentwillen wir immer wieder den Spott anderer Korporationen zu erdulden hatten. Unsittlicher Lebenswandel, *ein* Fehltritt in der angedeuteten Richtung führte unweigerlich zum Ausschluß, was während meiner Zeit zweimal geschah. Ob dieses strenge Gesetz, bei dem die Ehre - unser Wahlspruch lautete ja "Ehre, Freiheit, Vaterland" - sogar die Selbstanzeige verlangte, sich heute noch halten ließe, ist unwahrscheinlich; gewiß wäre schon zu unserer Zeit eine etwas lockerere Handhabung angezeigt gewesen.

Wichtig war auch das Wissenschaftsprinzip. Wer nicht zur vorgeschriebenen Zeit seine Prüfung ablegte, bekam einen Termin gesetzt. Hielt er diesen nicht ein, mußte er ausscheiden und fand allenfalls erst dann wieder Aufnahme, wenn er das Versäumte später nachholte oder sonstwie eine gesicherte Lebensstellung erhielt, mit der er eine Familie unterhalten konnte. Dies ist gerade einem der beliebtesten Bundesbrüder widerfahren (Rudi Strebel), der sich dann später nach seiner Wiederaufnahme in schwerer Zeit größte Verdienste um das Fortbestehen unseres Bundes erworben hat.

Dinge dieser Art, überhaupt alles, was den Bund als Ganzes sowie die Handlungsweise einzelner betraf, gelangte auf der "Versammlung" am Montagabend zur Verhandlung, bei der es, immer unter Einhaltung demokratischer Spielregeln, recht scharf zugehen konnte.

Neben den Gesangsnachmittagen, auf denen unter der Leitung eines "flügelgewandten" Bundesbruders (solche hatten wir immer) die Lieder für die Kneipen und andere Anlässe eingeübt wurden, gab es noch (am Donnerstagabend) das sogenannte "Kränzchen", auf dem wissenschaftliche oder, bescheidener ausgedrückt, selbsterarbeitete Sachvorträge gehalten und damit zugleich die Kunst der möglichst freien Rede geübt wurde. Ich hatte selbst eine Zeitlang das Amt des Kränzchenführers und sprach einmal über Jena-Weimars klassische Zeit.

Am Sonnabendabend, in der Regel also zum Abschluß des sehr früh beginnenden, in Zwätzen stattfindenen Mensurtages, fand die Kneipe statt. Sie hatte jeweils in den verschiedenen Korporationen einen etwas anderen Charakter, was leider zu verkehrten Pauschalurteilen geführt hat. Wir hatten im alten Burgkeller rein äußerlich den Vorzug, einen Kneipraum von besonderer Art zu besitzen. Das gut gehaltene Zimmer mit den vier Fensternischen verriet sein ehrwürdiges Alter. Alle Wände waren mit Bildern förmlich tapeziert. Da waren einmal die Fuchsentypen sämtlicher Mitglieder aus Vergangenheit und Gegenwart. Auf einer Tafel standen die oben erwähnten Worte Bismarcks. Fest eingemauert war ein Bildnis Fritz Reuters, das dieser dem Burgkeller, auf dem er einst aktiv gewesen war - in einer revolutionären Periode übrigens, die ihm Verhaftung und Gefängnis (vgl. sein Werk "Ut mine Festungstid") eingetragen hatte -, als Alter Herr geschenkt hatte. Darauf stand, von seiner Hand geschrieben: "Wo einst ich gejubelt in jungen Jahren, / Hängt man mich jetzt auf mit ergrauten Haaren". Das Bild war deswegen fest eingemauert, weil uns die Zugehörigkeit Reuters zu unseren burschenschaftlichen Ahnen öfters streitig gemacht und das lose hängende Bild mehrmals gestohlen worden war. Oft wurde bei uns Reuters Gedicht "Hanne Nüte" zitiert, wo ausdrücklich vom Burgkeller die Rede ist und das mit den Worten endet: "Min Söhn, ich würde doch nach Jena gehn". Über dem Vorstandstisch prangte das Wappen der Burschenschaft, das alle ihre hohen Ziele, darunter auch den Gedanken des Lebensbundes, symbolhaft zum Ausdruck brachte.

Die Kneipe wurde gegen 10 Uhr (22 Uhr) durch den Hanfriedbummel unterbrochen. In Gegenwart zahlreicher Zuschauer aus der Bürgerschaft, die uns im allgemeinen durchaus positiv gegenüberstand, zogen wir, zwei und zwei, in geschlossener Formation mit Gesang zum nahe, auf dem Markt, stehenden Denkmal des sächsischen Kurfürsten Johann Friedrich des Großmütigen, der einst 1548 den Anstoß zur Gründung der Universität Jena (und zwar auf dem Burgkeller, im nach ihm benannten Hanfriedzimmer!) gegeben hatte, als nach der Schlacht bei Mühlberg an der Elbe der Kurstaat mit der Universität Wittenberg an Moritz von Sachsen gefallen war: die Universität Jena stellte also ursprünglich einen Ersatz für das den Ernestinern verlorengegangene Wittenberg dar. Wir bildeten einen Kreis um das Denkmal; der Kneipwart hielt eine knappe Anrede an den Hanfried, dem dann mit dem Ruf "Prost, Hanfried" die Neige aus den mitgebrachten Biergläsern gewidmet, d.h. auf ihn geschüttet wurde! Bei der Rückkehr unter Absingen des beliebten, einst von Schweizer, wohl Graubündner Mitgliedern mitgebrachten Liedes "Quand'io passo, quand'io passo la contrada, io la passo sol per te..." fand man den Burgkeller vom Couleurdiener Haage in wechselnden Farben angestrahlt, die Zahl der Zuschauer noch erhöht: der ganze Akt war eine Sehenswürdigkeit Jenas und beruhte auf alter Überlieferung. Die Kneipe ging dann weiter, bis der Kneipwart sie gegen Mitternacht offiziell beendete. Die meisten blieben noch eine Weile zusammen; jetzt durften sogenannte "Anstiche", Lieder leichteren, aber nie anstößigen Inhalts gesungen werden.

Unsere Kneipe vereinte übrigens keineswegs einen exklusiven Kreis, wie es die Erwähnung von Generalen als Gästen vermuten lassen könnte. Vielmehr erschien fast als Dauergast der schlichte "Zeissianer" Max, mit dem wir alle uns duzten; wie oft kam er neben seinen hohen Chef Professor Mackensen zu sitzen! Professoren, einen oder mehrere, hatten wir eigentlich regelmäßig zu Gast. Kaum ein amtierender Rektor hat es versäumt, uns einmal oder öfters die Ehre seines Besuchs zu erweisen, und keiner verschmähte es, neben den alten Zwätzener Bauern "Jule" (Julius), mit dem wir auch im Duzverhältnis standen, zu sitzen. Eine gute soziale Mischung, so meine ich, natürlich aufgelockert oder verbunden durch jüngere oder ältere Bundesbrüder, die am gleichen Tisch saßen. Wie oft kam ich neben den Alten Herrn Heinrich Hilgenfeld zu sitzen, meinen ehemaligen Lehrer, von dem ich oben (S. 22 ff.) berichtet habe, und nun duzten wir uns brüderlich!

Dies alles sagte mir durchaus zu. Wenn ich trotzdem während des ersten Semesters nicht glücklich war und mich ernstlich mit dem Gedanken trug, wieder auszutreten, so waren folgende Gründe dafür bestimmend: Ich war altersmäßig der Jüngste, eben 18 Jahre alt, immer noch körperlich nicht eben kräftig. Nur schwer konnte ich mich in meine ca. 20 Mann starke "Confuchsia", die sich aus Vertretern der verschiedensten deutschen Landstriche - Thüringen, Pommern, Brandenburg, Mecklenburg, Ostpreußen, Westfalen, Rheinland, jungen Menschen also sehr verschiedener Dialekte und Temperamente, - zusammensetzte, einleben. Mein Schulfreund Engelhardt, mit dem zusammen ich eingetreten war, machte bei der "Schwarzen Reichswehr" in Fulda eine militärische Ausbildung durch, war also abwesend. Mich hatte man bei der Musterung wegen Untergewichts usw. sogleich wieder nach Hause geschickt. - Auf dem allmorgendlichen Paukboden, wo

wir von den Älteren für die Mensur trainiert wurden, bekam ich (wenigstens bildete ich mir das ein) fast immer die dünnste Filzhaube aufgesetzt, und nun trommelten mir bestimmte Altburschen mit dem Übungsschläger so mächtig auf die Haube, daß mir der Kopf brummte. Ich hielt das für böse Tücke; erst später dämmerte mir die Erkenntnis, daß man möglicherweise durch diese Methode das sensible, etwas "weiche" Bürschchen, das ich damals war, abhärten und für den "Ernstfall" der Mensur stark machen wollte: jedes Zucken mit dem Kopf trug mir eine noch herbere Behandlung ein. - Schließlich, drittens, mißfiel es mir, der ich sonst gern meine paar Glas Bier mittrank, daß sich einige offenbar ganz bewußt vollaufen ließen, dann umhertorkelten und zuguterletzt nach Hause und ins Bett gebracht werden mußten. (Dabei sind aus den einstigen "Trunkenbolden" später in aller Regel durchaus tüchtige, standfeste Männer in honorigen Berufen geworden.)
In diesem Stimmungstief war es noch einmal mein Vater, der entscheidend in mein Leben eingriff. Er, der ja nie Korporationsstudent gewesen war, es aber sicher gern gewesen wäre, wollte mir den Austritt nicht erlauben. Er machte zur Bedingung, daß ich das erste Semester (wenn nicht auch einen Teil des zweiten) durchzustehen habe: sollte ich danach bei meinem Entschluß beharren, wolle er nichts dagegen einwenden. Ähnlich wirkte man von Putzar aus auf mich ein (vgl. auch oben S. 66): gerade mein Hang zur Esoterik beziehungsweise Egozentrik, der zur Vereinsamung und Ichsucht führen müsse, lasse es dringend nötig erscheinen, daß ich mich einer Gemeinschaft einfüge, andererseits auch in sie einbringe, was mir speziell zu eigen sei.
So blieb ich denn. Und im zweiten, besonders dann im dritten Semester änderte sich alles. Ich gewann Freunde unter meinen Coëtanen, von denen ich hier nur Göring, Regensburger, Barthel, Niemer, Steffen und den vom Militär zurückgekehrten Heinz Engelhardt namentlich erwähne. An manche älteren schloß ich mich näher an. Auch bekam ich Ämter; solche Pflichten verstärken das Gefühl der Zugehörigkeit, ja sie sind lebenswichtig. Ich erledigte meine sechs Mensuren in unserem Zwätzener Mensurlokal "Zur Weintraube" ordnungsgemäß, ohne auch nur einmal "auf Haltung abgeführt" zu werden. Das stärkte ganz erheblich mein Selbstbewußtsein; etwas dergleichen tat mir bitter nötig. Freilich hatte ich bei einer der Mensuren einen bösen Nasenhieb zu verkraften, der in der Klinik bei vollem Bewußtsein genäht werden mußte (wobei der Arzt meinte, man habe ja jetzt auch gute

Erfahrungen mit künstlichen Nasenformen gemacht!). Nun, solches war glücklicherweise nicht nötig, aber dieses Pech trug mir einen einwöchigen Krankenhausaufenthalt ein.

Wir waren natürlich längst keine "Füchse" mehr. Neue Mitglieder stießen zu uns, zwei von ihnen wählten mich zu ihrem Leibburschen. So war ich, wie man heute sagt, "voll integriert".

Öfters führten uns besondere Unternehmungen aus dem Alltag heraus. Wir wanderten zur Leuchtenburg. Ein besonderes Erlebnis war die Bahnfahrt ins bayerische Kronach, ein oberfränkisches Rothenburg, wo wir in einer Turnhalle auf Stroh schlecht und recht übernachteten. Im benachbarten Ankerkeller erwarben wir (gegen Barzahlung natürlich!) echte bayerische Bierkrüge mit der Aufschrift "Gestohlen aus dem Ankerkeller Kronach". Der Wirt machte damit ein gutes Geschäft, und wir konnten zu Hause den Teufelskerl markieren. Die Bahnfahrt wurde zum Zweck einer Besteigung des Berges unterbrochen, auf dem eine der schönsten deutschen Burgen, die Lauenburg, in die fränkische Landschaft winkt.

Noch stärker haftet die "Räuberfahrt" im Gedächtnis. Alle drei Jenaer Burschenschaften (Germania, Teutonia und wir) fuhren mit Sonderzug nach Weimar. Vom Hauptbahnhof ging es in festlichem Zug mit Gesang zum Nationaltheater, wo wir das ganze Parterre einnahmen, unsere blauen, weißen und roten Mützen auf dem Kopf, wie es der Brauch war. Auf den Rängen nahm, dicht gedrängt, die Damenwelt Platz. An diesem Tag gehörte das Theater uns: wir gaben die Bühne "für das Spiel frei" (Schillers "Räuber") und unterbrachen die auf der Bühne agierenden Schauspieler, sobald sie das Räuberlied anstimmen wollten ("Ein freies Leben führen wir..."), und schmetterten stattdessen stehend sämtliche Strophen des Scheffelschen Studentenliedes "Gaudeamus igitur" in den Saal. Ob das ganz stilgemäß war, kümmerte uns wenig. Doch ging alles in Ordnung zu. Die Rolle der "Amalia" wurde übrigens von Emmy Sonnemann, der späteren Ehefrau Hermann Görings, gespielt.

Über alledem kam der Besuch der Vorlesungen und Übungen nicht zu kurz. Da wir frühmorgens schon um 7 Uhr den Paukboden für uns hatten, konnte man, so man wollte, von 8 bis 12 Uhr am akademischen Lehrbetrieb teilnehmen, und auch nachmittags blieb noch Zeit dazu. So hörten, wie berichtet, einige von uns bei Heussi Kirchengeschichte. Ich saß viermal wöchentlich in Viktor Michels' etwas eintöniger Vorlesung über mittelhochdeutsche

Die drei ersten Jenaer Semester 77

Literatur, hörte ebensooft bei Cartellieri Allgemeine Geschichte des Mittelalters, recht interessant. Ein Proseminar bei Friedrich Schneider suchte uns in hilfswissenschaftliche Grundlagen - Urkundenlehre (Diplomatik), Paläographie, Numismatik usw. - einzuführen, uns wenigstens einen Begriff davon zu verschaffen. Auch eine Übung über "Canossa" hielt er ab.
Einer Besonderheit, wie sie heute im akademischen Raum kaum vorstellbar wäre, ist noch zu gedenken. Noch hielt der über achtzigjährige Geheimrat Georg Goetz, der viele Jahre zuvor noch den einst von Goethe berufenen Eichstädt gehört hatte, ein Seminar über den römischen Komödiendichter Plautus, dessen Werke er herausgegeben hatte, ab. Bei einer der Hausaufgaben, die er uns zu stellen pflegte, muß ich ziemlich nachlässig gearbeitet haben. Jedenfalls bestellte der alte Herr zwei von uns Teilnehmern in seine Wohnung, wo wir unter Aufsicht seiner Tochter, einer Studienrätin mittleren Alters, eine Strafarbeit in Gestalt einer Übersetzung aus Plautus anzufertigen hatten. Ob Papa Goetz sie gebilligt, ob er sie überhaupt angesehen hat, kann ich nicht mehr sagen. O tempora, o mores!
Da ich mit Ausnahme der oben geschilderten Ferienwochen immer in Jena gelebt hatte, billigte meine Burschenschaft meinen Antrag, bereits nach drei Semestern außerhalb Jenas das Studium fortzusetzen. Man war offenbar der Meinung, daß es mir nur gut tun könne, mir "fern von Madrid" den Wind um die Nase wehen zu lassen.
Dieses Sommersemester 1925 hatte noch ein bemerkenswertes Nachspiel. Ein aus Neubrandenburg, damals einer Kleinstadt, stammender Bundesbruder fragte mich, ob ich Lust hätte, mit ihm einen Teil der Semesterferien in seiner Heimatstadt zu verbringen und dort als Ferienjob dem Sohn des städtischen Oberförsters Nachhilfestunden zu geben. Die berühmte Stadt, das Wohnen im Forsthaus am Waldrand, überhaupt das neue Erleben reizten mich. Neubrandenburg mit seinem geschlosssenen Mauerring, den vier mächtigen wehrhaften Doppeltoren aus Backstein, der gleichfalls gotischen Marienkirche, überhaupt seinem gesamten Ensemble war ein Kleinod altdeutschen Städtebaus. In der Nähe lockte der Tollensesee mit dem tempelartigen säulengeschmückten großherzoglichen Schlößchen Belvedere (bei Fritz Reuter "Belmandür"), von dem aus man unterm hohen Himmel weit über den langestreckten See blickte.
Fritz Reuter beschäftigte mich, gemäß der lokalen Aura, sehr, wie ich mich überhaupt gewöhnte, mich stets mit jener Lektüre vertraut zu machen, die

den jeweiligen Ortscharakter widerspiegelte. So las ich jetzt "Dörchläuchting" (Die kleine Durchlaucht), eine mir mit ihren gutmütig-spöttischen Geschichten über einen körperlich schwächlichen, unter der Kleinheit seines Landes leidenden Herzog von Mecklenburg-Strelitz und auch den eingestreuten Schulepisoden (Rektor Äpinus!) wohlgefällige Lektüre.

Bei den Förstersleuten ging es gemütlich zu. Der Junge hatte vormittags Schule, so daß mir Zeit blieb, durch Feld und Wald zu schweifen oder, den Bücherschrank plündernd, viel zu lesen. Kuglers "Friedrich" mit den Menzelschen Illustrationen brachte mir den Preußenkönig in jener Form verehrender Geschichtsbetrachtung nahe, die der Entstehungszeit und patriotischen Zielsetzung des Werkes entsprach, das, zieht man dies in Betracht, doch ein großer Wurf war.

Der Förster bildete Hunde ("Deutschkurzhaar") zur Jagd aus. Zu einem großen Wettstreit so ausgebildeter Hunde verschiedener Rassen fuhren wir nach Rostock, in dessen Nachbarschaft das große Jagen auf Kaninchen, wildernde Katzen und sonstiges Getier stattfand, das mit einer Prämiierung der besten Hunde beziehungsweise ihrer Ausbilder endete, welche ein jagdkundiger ehemaliger General vornahm. Den festlichen Abschluß des blutigen Unternehmens bildete in Rostock selbst, und zwar in einem renommierten Lokal in der Blutstraße (heute Lange Straße) ein solennes Essen mit viel Trinken und mehr oder weniger schönem Gesang, wobei ich eine für mich doch recht erschreckende Erfahrung machte. Jener General, sichtlich angeheitert, faßte plötzlich zärtliche Gefühle für mich Neunzehnjährigen, und ich hatte Mühe, seine mir widerlichen Annäherungsversuche abzuwehren.

Erwähnt sei noch ein großes Reichswehrmanöver in der Nähe von Neubrandenburg, das wir als Schlachtenbummler erlebten und zu dessen Abschluß im Stadion der Stadt die teilnehmende Truppe - oder ein Teil von ihr - vor dem kurz zuvor gewählten Reichspräsidenten von Hindenburg, der in Feldmarschallsuniform erschienen war, paradierte. Ich sehe noch das markante Offiziersgesicht des monokeltragenden Generalobersten von Seeckt, der, zur Tribüne reitend, dem Präsidenten militärisch Meldung machte, wobei dieser aufstand und mit dem erhobenen Marschallstab dankte.

Wird man mir glauben, daß ich in Neubrandenburg zum ersten Mal Goethes "Faust", oder was man dafür hielt, zu sehen bekam? Das Werk wurde von einer wandernden Theatertruppe im Tanzsaal eines Restaurants aufgeführt. Ausgerechnet Faust! Gewiß, man gab sich Mühe. Aber das war nun doch "Schmiere" im echten alten Wortsinn. Möge mir Emanuel Striese das harte Wort verzeihen!

8. EIN BERLINER WINTERSEMESTER 1925/26

Nach drei Semestern im heimatlichen Jena konnte ich im Wintersemester 1925/26 in Berlin studieren. Diese Stadt und ihre Universität erlebten damals eine große Zeit. Die politische Lage war, sechs Jahre nach Kriegsende, einigermaßen entspannt. Die Unruhen infolge der Ruhrbesetzung 1923/24 hatte Stresemann beendet, und der Vertrag von Locarno (1925) hatte ein erträgliches Klima geschaffen. Der damals zu Recht vielgeschmähte Dawesplan, kodifiziert im Londoner Abkommen, brachte immerhin wirtschaftlich eine momentane Erleichterung, indem das uns geliehene amerikanische Geld Deutschland - neben der Zahlung bestimmter Reparationsleistungen an Frankreich und England - die Möglichkeit zu industriellen Investitionen ließ, welche einen sichtbaren Aufschwung brachten. Das Geld war seit der Währungsreform von 1923/24 "stabil": man hatte wenig, aber man wußte, *was* man hatte, und alles war ziemlich billig. In Berlin wirkte sich das alles in besonderer Weise aus. Auch kulturell ging es aufwärts; Berlin war sicherlich die atttraktivste Metropole Europas, höchst anziehend auch für Besucher aus dem Ausland. Die Reinhardt-Bühne, überhaupt das Theater, nicht minder das Kino (noch Stummfilm), die Kleinkunst usw. erlebten eine Blüte. Freilich machte sich nach der langen Notzeit ein Hauch von Leichtfertigkeit, Genußsucht, ja Frivolität bemerkbar. Es gab "Kriegsgewinnler" und "Neureiche", die einen gewissen haut goût verbreiteten.

Die preußische Regierung unter dem Sozaildemokraten Otto Braun sorgte im guten preußischen Sinne für eine geordnete Verwaltung. Eben, 1925, war Paul von Hindenbrug zum Reichspräsidenten gewählt worden. Im Innersten monarchisch gesinnt, war er doch verfassungstreu und trug durch Charakter und Erscheinung dazu bei, daß sich auch altbürgerliche Schichten mit der zunächst grundsätzlich abgelehnten Republik, die im Gefolge der Niederlage ihren Einzug in Deutschland gehalten hatte, ziemlich versöhnten. So war es ein äußerlich friedliches, im ganzen unpolitisches, aber hochinteressantes und, trotz allem, fleißiges Semester, das ich in Berlin verbrachte.

Ich fand eine ziemlich preisgünstige Bleibe in nicht gerade der feinsten Gegend, am Prenzlauer Berg, Berlin NO 55, Chodowiecki-Straße 15 ^{IV} (die Berliner nannten sie Schodowickistraße). Die "Bude" kostete, einschließlich morgendlichem "Muckefuck" (Malzkaffee) und zwei Schrippen mit Margarine dazu, pro Monat 25 Mark! Aber weit war die Straßenbahnfahrt zur Universität über Prenzlauer Allee, Mulackstraße, Klosterstraße, Neue Königstraße, Alexanderplatz - Döblins gleichnamiger Roman war noch nicht erschienen -, Königstraße bis zur Haltestelle hinter dem Stadtschloß, zu Füßen des Schlüterschen Reiterstandbildes des Großen Kurfürsten, das heute vor dem Schloß Charlottenburg in Westberlin steht. Dann zu Fuß über die Spreebrücke in die "Linden", wie die Prachtstraße "Unter den Linden" kurz genannt wurde, am Zeughaus und der Alten Hauptwache vorbei zur Universität, ehemals Palais des Prinzen Heinrich, Bruder Friedrichs des Großen. Eine andere etwas umständlichere Fahrtroute gewährte am Hackeschen Markt ein auffallendes Bild: Gruppen erst ganz kürzlich aus dem Osten eingewanderter Juden, kenntlich am langen kaftanartigen Mantel, dem runden Hut, den Pajkes, den Bärten. Sie suchten im weltoffenen Berlin eine bessere Zukunft, als die Heimat ihnen bieten konnte. Der Anblick war damals für mich weniger politisch als vielmehr folkloristisch interessant. Sie ahnten nicht, was für ein Schicksal sie einige Jahre später erwartete.

Einiges über meine Studien an der damals gewiß bedeutendsten deutschen Universität. Meine Fächer waren Latein, Deutsch und Geschichte. Als Altsprachler hörte ich noch die wohl letzte Vorlesung einer der schon klassischen Größen, ein Name wie aus einer halbverklungenen Sage: Se. Exzellenz der Wirkliche Geheime Rat Professor Dr. Ulrich von Wilamowitz-Möllendorff. Mit seinen über 80 Jahren eine eindrucksvolle Gestalt mit schmalem Aristokratenkopf. Aber die Ehrwürdigkeit seiner Erscheinung konnte nicht darüber hinwegtäuschen, daß seine große Zeit als Forscher und Lehrer vorüber war.

Mein eigentlicher Lehrer im Fach Latein war Professor Dr. Eduard Norden, eine Koryphäe seines Fachs. Ich hörte seine glänzende Vorlesung über die Oden des Horaz, vernehme im Geist heute noch seine scharf akzentuierende Stimme bei der Interpretation der Römeroden. Das berühmte "Post equitem sedet atra cura" (Hinter dem Reiter hockt die graue Sorge), ebenso die stoischen Verse: "Si fractus illabatur orbis, impavidum ferient ruinae" klingen mir immer noch in seinem Tonfall im Ohr. Aber auch die Idyllik des Sabinergütchens des Horaz wußte Norden zum Leben zu bringen. Dabei flocht er die Erwähnung seines eigenen "kleinen Heimatländchens" Ostfriesland ein, was für den Wissenden etwas Tragisches an sich hatte. Der Name Norden war angenommen; die Vorfahren des vollkommen assimilierten, patriotisch denkenden Großbürgers Norden hatten einen anderen, einen jüdisch klingenden Namen geführt. Es ist Norden gelungen, rechtzeitig Deutschland zu verlassen; er ist 1941 in Zürich gestorben.

Im Fach Germanistik hörte ich die Vorlesung "Goethe" des damals berühmten, als Forscher wie als Lehrer verdienstvollen Geheimrats Gustav Roethe, des sogenannten "Goethe-Roethe". Die Vorlesung war überfüllt, man suchte sich seinen Platz durch das Anheften einer Visitenkarte zu sichern. Zu den ständigen Hörern gehörten die beiden mit mir ungefähr gleichaltrigen Prinzen Friedrich Wilhelm und Louis Ferdinand von Preußen, welch letzterer stets seinen Geigenkasten mit sich führte. Übrigens saßen sie weit voneinander getrennt, und ihre Karten wurden bald durch ein vorgesetztes "Ex"-Prinz "verziert", entfernt wurden sie aber nicht. Roethe dozierte ungemein kenntnisreich und detailliert. Er verweilte lange bei der Italienreise von Goethes Vater, behandelte ausführlich und interessant Goethes Frankfurter Kinder- und Jugendzeit, auch die Studiensemester in Leipzig und Straßburg. So war das Ganze mehr biographisch als literarisch ausgerichtet. Mir ist nicht mehr erinnerlich, wie weit Roethe noch in Goethes Weimarer Zeit gelangte - das in einer Vorlesung, die, wenn ich mich recht erinnere, nur mit dem Titel "Goethe" angezeigt war, also doch darauf angelegt sein mußte, in den vier Wochenstunden eine Art Gesamtbild des Dichters zu vermitteln. Beim Abläuten verließen die Hörer meist schnell den Saal, um zu Mittag einen Platz in der Mensa zu ergattern. Roethes fast verzweifelter Ruf "Ach gönnen Sie mir doch noch ein paar Minuten!" verfing wenig; nur einige ganz Getreue, wahrscheinlich seine Doktoranden, hielten noch eine Weile aus. Roethe, damals Vorsitzender der Deutschnationalen Volkspartei, war übrigens zugleich Präsident der Goethe-Gesellschaft, und es wird ihm wohl mit Recht nachgesagt, daß er hier Goethe im nationalistischen Sinne hochzustilisieren versuchte, worin ihm sein Vizepräsident, Geheimrat Viktor Michels in Jena, der zu meinen wichtigsten germanistischen Lehrern zählt, nicht nachstand. Wir sind heute geneigt, diese Haltung scharf zu verurteilen, aber sie entsprach damals bei ihren Vertretern - sieben Jahre nach dem Ende der Monarchie - sicherlich ehrlicher Überzeugung. Wir haben heute leicht urteilen!

Mein Haupt- und Lieblingsfach war aber Geschichte. Die damals neuartige, soziologisch-allgemeinmenschliche Urgeschichte und Weltgeschehen aller Zeiten seltsam umfassende Betrachtungsweise des betagten Kurt Breysig, dessen Gedankentiefe erst heute (oder heute wieder?) Gegenstand eingehender Forschung ist, begriff ich nicht. Mir war bekannt, daß er auf Oswald Spengler eingewirkt hat, der mir weitaus vertrauter und verständlicher war. Bei Gustav Mayer hörte ich zum ersten Mal Näheres über Marx und Engels, deren Wirken man uns am Jenaer Gymnasium, ja auch in den Hauptvorlesungen an der Universität so ziemlich verschwiegen hatte. Ich muß bekennen, daß ich, ganz anders vorgeprägt, die Vorlesung des aus einer alteingesessenen jüdischen Familie in Prenzlau stammenden, in seinem Fach bahnbrechenden Gelehrten nicht durchgehalten habe, was jedoch mit seiner Herkunft nicht das geringste zu tun hatte. Gustav Mayer ist 1948 in London gestorben.

In mittelalterlicher Geschichte war Richard Sternfeld, der auch das damals bekannteste Buch über das italienische Risorgimento geschrieben hatte, mein Lehrer. Ich hörte seine Vorlesung und besuchte sein Proseminar, wo der gütige und hochgebildete Mann unter den nicht allzuvielen Teilnehmern ein Gespräch in Gang zu bringen wußte. Über sein späteres Schicksal ist mir nichts bekannt.

Zweifellos der bedeutendste Historiker in Berlin war damals Geheimrat Friedrich Meinecke, dessen große Vorlesung über das Zeitalter des Absolutismus, ebenso kenntnis- und gedankenreich wie formulierungskräftig, mich sehr bereicherte. Er las im vormals Kronprinzlichen Palais, jenseits der "Linden", in der sogenannten "Kommode", wo Kaiser Wilhelm I. zeitweilig gewohnt hatte. Man zeigte dort das "historische Eckfenster", von wo aus der alte Herr mittags den Vorbeimarsch der Wachparade verfolgte und sich dem Volk zeigte. Eines Tages war der über neunzigjährige Kaiser "weg vom Fenster", und er starb kurz danach (1888). Meinecke, einst Burschenschafter und Monarchist, gehörte zu den wenigen Universitätslehrern, die nicht nur ihren Frieden mit der Republik gemacht hatten, sondern - ähnlich wie Gustav Stresemann (übrigens gleichfalls alter Burschenschafter) - aus Vernunftgründen und mit spät gewonnener Überzeugung für den Staat von Weimar eintraten, ihm Vertrauen und damit Festigkeit zu gewinnen suchten. Als Redner hatte Meinecke ein nie ganz überwundenes Handikap: er kam leicht ins Stottern. Man litt förmlich mit ihm, wenn er über bestimmte Laute schwer hinwegkam, und atmete auf, wenn er es dann schaffte. Was er inhaltlich und in seiner Person zu bieten hatte, ließ das große Auditorium diesen Mangel vergessen. Der Respekt vor dem zartgliedrigen, spitzbärtigen

Mann war außerordentlich groß. Aber auch sonst erinnere ich mich kaum an Störungen: man wollte in Berlin arbeiten und lernen. Enger war, beziehungsweise gestaltete sich später, meine Beziehung zu dem damals noch verhältnismäßig jungen, uns Studenten auch persönlich mehr zugewandten Historiker Fritz Hartung, dessen berühmte 1914 erstmals erschienene Deutsche Verfassungsgeschichte noch heute, immer neu aufgelegt und von neuen Autoren bearbeitet, das knappe Standardwerk dieser wichtigen historischen Spezialdisziplin ist: es hat mir noch bei meinen eigenen verfassungsgeschichtlichen Vorlesungen an der Universität zu Köln (natürlich neben vielem anderen) gute Dienste geleistet. Seine damalige Berliner Vorlesung behandelte die deutsche Geschichte von 1890 bis 1914, was durch das damals im Erscheinen begriffene vielbändige Quellenwerk "Die große Politik der europäischen Kabinette" erleichtert, ja eigentlich erst ermöglicht wurde. Stets fesselnd, um Gerechtigkeit bemüht, beurteilte Hartung den Kaiser Wilhelm II. wegen seiner Selbstdarstellung und sonstiger Mißgriffe kritisch. Doch sah er bei bestimmten unglücklichen kaiserlichen Aktionen, so bei seinem Besuch des Sultans von Marokko auf der Mittelmeerreise von 1905, wo der Monarch den Sultan seines kaiserlichen Schutzes gegen französische Übergriffe versicherte, und bei der unglückseligen Daily-Telegraph-Affäre (wo der Kaiser in einem vorbereiteten Interview gewissermaßen seiner eigenen früheren Burenpolitik in den Rücken fiel und damit England nachhaltig verärgerte) die eigentliche Schuld eher beim Reichskanzler Fürst Bülow, der den Kaiser falsch beriet und ihm dann vorm Parlament nicht zur Seite stand, was seine Entlassung 1909 zur Folge hatte, den Kaiser aber für die Zukunft verunsicherte.

Kühnerweise meldete ich mich bei Hartung zu seinem Oberseminar an, in das er den Viersemestrigen, Neunzehnjährigen nur mit Bedenken aufnahm. Das Seminar behandelte die verschiedenen Marokkokrisen (1905 Kaiser in Tanger, 1906 Konferenz von Algeciras, erneuter Zwiespalt 1909, 1911 Agadirkrise und die nachfolgenden Vereinbarungen). Dem französischen Vorhaben, Marokko unter dem Schlagwort "pénétration pacifique" zu einem französischen Protektorat zu machen, setzte Deutschland das verzweifelte Bemühen entgegen, dies zu verhindern und Marokko bei Wahrung des Grundsatzes der "offenen Tür" großen eigenen wirtschaftlichen Vorhaben zugänglich zu halten, an denen besonders die Mannesmann-Röhrenwerke beteiligt waren. 1911 spitzte sich die Lage so zu, daß Deutschland, um seinen Interessen einen kräftigen Ausdruck zu verleihen, S.M. Kanonenboot "Panther" vor der Reede von Agadir kreuzen ließ. Eine militärische Demonstration, die nach den Vorstellungen jener Zeit fast schon als Kriegsdrohung aufgefaßt werden konnte. Ich übernahm es unbedachterweise, im Hartung-Seminar das Referat über diesen sogenannten "Panthersprung von Agadir" (der für Deutschland ungünstig ausging: Marokko wurde französisch; wir bekamen als "Entschädigung" den unter der Bezeichnung "bec de canard" bekannten schmalen Zugangsstreifen von unserer Kolonie Kamerun zum Kongofluß) zu halten. Statt der erhofften Anerkennung erntete ich einen totalen Verriß. Ich hatte es mir zu leicht gemacht, war wohl auch noch zu jung. Ich gab, soweit ich mich erinnere, mehr oder weniger Stellen aus dem deutschen Schrifttum wieder: Jäckh, Bethmann Hollweg, Kiderlen-Wächter u.a., woraus ich ein vielleicht ganz eingängiges, aber wissenschaftlich unzureichendes Ragout bereitet hatte. Hartungs Kritik - er war für seine lehrreiche Strenge bekannt - war berechtigt. Ich hatte keine ausländische Literatur benutzt, keine Quellenkritik geübt, noch nicht gelernt, Quellen und Literatur zu "hinterfragen", wie man heute sagt. Es war eine ziemliche Blamage, aber ich machte mir nicht allzuviel daraus, anderen erging es ähnlich. Im Jenaer Proseminar bei dem gemütlichen Friedrich Schneider hatte ich nicht das nötige Rüstzeug mitbekommen.

Übrigens konnte ich später zu Fritz Hartung in eine gute wissenschaftlich-persönliche Beziehung treten. Ich verehre ihn, über das in jenem kurzen Semester bei ihm Erlernte hinaus, als einen meiner besten akademischen Lehrer. Meine beiden mehrbändigen Editionen ("Politischer Briefwechsel des Herzogs/Großherzogs Carl August von Weimar" und "Briefwechsel Goethes mit Christian Gottlob Voigt") berührten sich vielfach mit Hartungs Buch "Das Großherzogtum Sachsen unter der Regierung Carl Augusts, 1775 bis 1828" (1923). Diesem großartigen Werk, das seinem Autor die juristische Ehrendoktorwürde der Universität Köln eintrug und das in vielem noch heute nicht überholt ist, habe ich viel zu verdanken. Meine eigene Biographie Carl Augusts (1978) kann man wohl als ergänzendes Gegenstück zu Hartungs Werk bezeichnen. Sie setzt, in ihrem Genre ganz anders orientiert, dieses grundlegende Werk voraus. Auch die persönliche Verbindung ist bis zu Hartungs Tod (1967) nicht ganz abgerissen. Um das Erscheinen von Band I des Politischen Briefwechsels Carl Augusts hatte er sich bei der Berliner Akademie der Wissenschaften nach dem Zweiten

Weltkrieg noch mit großem Einsatz bemüht, nach Lage der Dinge vergeblich: diese Akademie hatte in der politisch veränderten Welt ihren Charakter zunehmend verändert.

Zurückblickend muß ich sagen, daß mein damaliges einsemestriges Studium in Berlin im ganzen ziemlich an der Oberfläche blieb. Sehr vieles wurde angeregt, aber kaum etwas wirklich vertieft, trotz eifrig geführter Kolleghefte. Zum Studium trat mindestens gleichwertig das "Leben". Hiervon bot das damalige Berlin der sogenannten "Goldenen Jahre" vielzuviel, als daß wir, meine Bundesbrüder und ich, es nur irgend hätten "ausschöpfen" können. Aber natürlich nahmen wir mit, soviel wir zeitlich und mit unseren ziemlich bescheidenen Mitteln eben konnten. Bei der Staatsoper Unter den Linden lösten wir uns, nach preiswerten Studentenplätzen anstehend, ab. Für 50 Pfennige auf dem obersten Rang an der Seite stehend oder auf einem Klappstühlchen sitzend, blickten wir hinunter in die Tiefe und fanden es herrlich, obwohl wir die Vorgänge auf der Bühne nur zur knappen Hälfte sehen konnten. Ich erinnere mich eindrucksvoll-bewegender Aufführungen von Wagners "Fliegendem Holländer" und Ibsens "Peer Gynt". Solveigs Lied ("Der Winter mag scheiden, der Frühling vergehn..."), vertont von Grieg, habe ich nach Putzar nie wieder so herzergreifend gesungen gehört. Auch das Staatstheater Am Gendarmenmarkt besuchten wir, doch kann ich mich nicht erinnern, was ich dort gesehen habe. Natürlich war hier noch nicht Gustav Gründgens der Hausherr.

Aber auch der leichteren Muse, die damals in Berlin kräftig aufblühte, waren wir freundlich zugewandt, wie ich denn eine der allerersten Aufführungen von Carl Zuckmayers seinerzeit heiß umstrittenem "Fröhlichen Weinberg" zu sehen bekam.

Die heute fast aussterbende Kleinkunstgattung des Varietés erlebte damals ihre Hochblüte, so etwa im "Haus Vaterland" am Potsdamer Platz oder in der "Scala" unweit des Kurfürstendamms, den auf- und ab zu wandeln allein schon ein Stück Berliner Schaubühne war. Wir ergötzten uns an den Witzchen Wilhelm Bendows und an den noch heute unvergessenen Couplets Otto Reutters ("... und in fuffzig Jahren ist alles vorbei"; "... geh ich weg von dem Fleck, ist der Überzieher weg" u.a.m.). Eine neue Show-Gattung waren damals die "Revuen" mit teilweise so anzüglichen Titeln wie "An und aus". Wir sahen die berühmten "Tiller-Girls" ihre munteren Beine schwingen, und wir empfanden bei solchen für heutige Begriffe völlig harmlosen, fast schon zu biederen Darbietungen so etwas wie einen Hauch von Verruchtheit - was war man doch für ein flotter Kerl, daß man sich so etwas ansah! Vollends fanden wir schlichten Provinzler uns in ein Sündenbabel versetzt, wenn uns abends oder nachts gewisse Damen - mit je nach Gegend verschiedenen "Tarifen" - ihre Dienste anboten, die wir mit Entrüstung oder verlegenem Lachen zurückwiesen. Nein, so etwas gab es im heimatlichen Jena nicht, aber es gehörte wohl zum dubiosen Reiz der großen Welt. Übrigens habe ich den Eindruck, ja ich bin dessen ziemlich sicher, daß damals "die Jugend" überhaupt weit braver und zurückhaltender war, als das heute bei unseren schon fast abstrusen Vorstellungen von "Freiheit" der Fall ist. Es gab aber andererseits auch noch nicht jene unbestreitbar vorhandene "Akzeleration", welche die jungen Menschen heute im allgemeinen körperlich und sexuell schneller reifen läßt, womit sie in geistig-seelisch-ethischer Beziehung nicht recht mitkommen. Heute ist die ganze menschliche Wertwelt unheilvoll verschoben. Wo bleibt da der Halt, wie wir ihn zweifellos noch hatten?

Alles das, was die Berliner Museen boten, so recht aufzunehmen, war ich entschieden noch nicht reif genug. Auf der berühmten Museumsinsel tat es mir in der Nationalgalerie Menzels Fridericus-Zyklus, aber auch das farbengewaltige Furioso seines "Eisenwerkes" besonders an, während ich den mächtigen, fast antiseptisch gesäuberten und "reparierten" Pergamonaltar lieber etwas weniger perfektionistisch im Naturgerank des alten Pergamon gesehen hätte. Der (damals) modernen Kunst, die im Kronprinzlichen Palais Unter den Linden ihren Hauptsitz hatte, vermochte ich noch nicht viel abzugewinnen. Dagegen muß ich gestehen, daß ich gern die großen Historienmalereien im Zeughaus betrachtete, etwa Anton von Werners "Kaiserproklamation von Versailles" oder den Großen Kurfürsten, im Schlitten über das Kurische Haff brausend. Man spricht da wohl von "alten Schinken", wir aber lebten doch noch sehr in der preußisch-deutschen Tradition des versunkenen Bismarckreiches.

Am gesellschaftlichen Leben teilzunehmen war uns nur in sehr begrenztem Maße möglich. Es entsprach dem Brauch, daß uns die nicht gerade wenigen in Berlin ihrem Beruf nachgehenden Alten Herren unserer Jenaer Burschenschaft Arminia auf dem Burgkeller zum Essen einluden, auch eine Vorweihnachtsfeier mit uns hielten: ein Kammergerichtsrat, übrigens hochverdient um den Deutschen Sprachverein, Studienräte, Ärzte, Reichsanwälte. Ein bekannter Name darunter: Dr. Hermann Höpker-Aschoff, damals preußi-

scher Finanzminister, später nach dem Zweiten Weltkrieg der wohl erste Präsident des Bundesverfassungsgerichts in Karlsruhe.
Sonstige "Prominenz" sah man allenfalls mal von ferne, auch wohl nahe, wenn der Zufall es wollte. Im Dom, wo der ehemalige Oberhofprediger Doering die Predigt hielt - "Thron und Altar" standen einander noch recht nahe -, beeindruckte mich die unerwartete Erscheinung des Reichspräsidenten von Hindenburg, eine imponierende Gestalt im langen schwarzen Mantel, den Zylinder in der Hand, unbewegten Antlitzes, nur von einem Herrn begleitet, nicht sonderlich beachtet, für die Gottesdienstbesucher offenbar ein gewohntes Bild. - Ein anderes Mal sah ich, wieder zufällig auf dem Weg von der Universität zur Haltestelle, den damaligen päpstlichen Nuntius in Berlin Monsignore Eugenio Pacelli, wie er von seiner Wohnung durch ein Spalier sich verneigender oder das Knie beugender Gläubiger zur Sankt Hedwigskirche (heute Bischofskathedrale) hinüberschritt, im feierlichen Ornat, eindrucksvoll mit dem durchgeistigten Gesicht, für den Protestanten aus dem wettinischen Thüringen ein ungewohntes Bild: der spätere Papst Pius XII. - Der Deutschnationale Studentenbund hatte in einen Lehrsaal der Universität zu einem Vortrag des Großadmirals von Tirpitz eingeladen. Für den Historiker in mir war es eine Enttäuschung, als statt der umstrittenen geschichtlichen Figur des Schöpfers der kaiserlichen Kriegsmarine als Redner Professor Martin Spahn erschien, der deutschnationale Sohn des einstigen Vorsitzenden der Zentrumspartei Peter Spahn.
Hinter dem "goldenen" Berlin war die düstere Kehrseite nicht zu übersehen. Es gab noch (und gibt ja noch heute) jene riesigen Häuserblocks mit den Durchfahrten zu mehreren Hinterhöfen und -häusern, je weiter nach hinten, um so armseliger und schmutziger. Es war durchaus noch vorhanden, ja ziemlich verbreitet, Zilles "Milljöh", wo nach seinem makabren Witz die Mutter dem spielenden Jungen vom Fenster aus zuruft: "Orje, jehste von de Blume weg, spiel mitten Mülleimer!"
Einiges noch zum "Kulinarischen". Wie lebte ein Student meines Genres mit den bescheidenen Mitteln, wie sie den meisten von uns zur Verfügung standen, damals in der Reichshauptstadt Berlin ? Nach Abzug der Vorlesungsgebühren blieb nur ein beschränkter "Wechsel" übrig. Aber mit einigem Geschick konnte man billig leben und sich dann und wann doch noch etwas Besonderes leisten. Vom Frühstück "zu Hause", wo man auch einen Nachmittagskaffee von ähnlicher Güte bekommen konnte, war weiter oben schon

die Rede, auch von der mittags nach Roethes Vorlesung eilig aufgesuchten Mensa, wo man sich anstellen und am Tresen seinen "Schlag" Essen holen mußte. Wollte man sich nachmittags etwas Besseres gönnen, so kam freilich kaum das berühmte Café Kranzler an der Ecke "Linden-Friedrich", wie man kurz die Ecke zwischen der Friedrichstraße und der Prachtstraße Unter den Linden nannte, in Betracht. Hier strich man sehnsüchtigen Blickes vorbei, hoffend, daß man sich derartiges später auch würde gönnen können. Wesentlich preisgünstiger und keineswegs schlechter, aber eben nicht so illuster wie jenes renommierte Lokal, war da eine der Filialen von "Zuntz' sel. Witwe". (Aber nicht sie war natürlich "selig", sondern ihr verstorbener Gatte; der Name bedeutete also: die Witwe des seligen Zuntz.) Während der nationalsozialistischen Ära verschwand, wenn ich mich recht erinnere, das einst so bekannte Firmenschild von den Straßen. Ich weiß nicht, ob es nach dem Zweiten Weltkrieg wieder auflebte. Das "Schweizer Törtchen" - à 30 Pfennig - war für den unverwöhnten Gaumen ein Fest.

Vorm abendlichen Ausgang (Theater u.ä.) pflegten wir uns nicht auf der eigenen "Bude" zu versorgen, sondern "nahmen das Abendessen außer Hause ein". Das geschah in einer der zahlreichen gutbürgerlichen Gaststätten von Aschinger. Zu ausgezeichneter Erbsensuppe oder zu Kartoffelsalat mit Buletten, wie es solche in dieser Vollkommenheit nur in Berlin gab, stand immer ein Körbchen mit Brötchen bereit, aus dem man zum Nulltarif zulangen konnte, bis man satt war oder anfing, sich etwas zu genieren. Aber dazu kam man eigentlich gar nicht, denn sobald der Inhalt des Körbchens zur Neige ging, wurde es flinkerhand und fast unvermerkt wieder aufgefüllt.

Ein Essen im "Kempinski", ein Schoppen bei Habel Unter den Linden oder in den Kellergewölben von Lutter und Wegener, wo man noch etwas vom Geiste E.T.A. Hoffmanns zu verspüren sich einbildete, das waren einmalige Ausnahmen, so beim Besuch des Vaters, der, als Bahnbeamter mit einer Freifahrkarte ausgestattet, gern mal beim Sohn nach dem Rechten sah und selbst ein wenig Weltluft schnuppern wollte.

Nicht ungern beschlossen wir Bundesbrüder einen angebrochenen Abend in einer der zentral gelegenen Probierstuben der damals berühmten Schnaps- und Likörfabrik Mampe - ein äußerst preisgünstiges Unternehmen. Als ein Beispiel für den Berliner Witz mag hier Mampes Werbespruch stehen. Mampe wandelte den bekannten Slogan der Optikerfirma Ruhnke "Sind's die Augen, geh zu Ruhnke" kühnerhand so ab: "Sind's die Augen, geh zu

Mampe, Gieß dir einen auf die Lampe, Kannst du alles doppelt sehn, Brauchst du nicht zu Ruhnke gehn!" Und die Lockung der zahlreichen Ecklokale, "Destillationen" genannt, "Und nun ziehn wir mit Gesang in das nächste Restaurant" fand man beim echten Berliner so abgewandelt: "Und nun ziehn wir mit Jebrülle in ne andere Destille". Vielleicht sind solche Sprüche gar nicht so sehr Vergangenheit, wie es mir heute vorkommt. Die Berliner Schnauze ist ja über allen Wechsel hinweg die gleiche geblieben. Der Leser verzeihe diese wohl etwas albernen Abschweifungen; der junge Provinzler war erstaunt.

Es war nur eine kurze Spanne Zeit, aber sie dehnt sich in der Erinnerung des heute Siebenundachtzigjährigen und erhält besonderen Glanz. Frohgelaunt kehrte der Jüngling im Februar 1926 in die thüringische Heimat zurück - übrigens diesmal durch die Gunst eines "Alten Herrn" "dritter Güte" und nicht wie hinwärts "Für Reisende mit Traglasten" (also vierter Klasse) fahrend, also als ein gehobenes Mitglied der menschlichen Gesellschaft. Die hinter ihm liegenden Wintermonate, gewiß in wissenschaftlicher wie erlebnismäßig-kultureller Hinsicht mehr breitfeldig als tiefgründig fundiert, blieben haften und haben an manchen Punkten später Früchte gezeitigt. Nicht zu vergessen: es war, in Scheinfrieden und Zukunftserwartung, jener einmalige Höhenweg, welchen der kurzlebigen Weimarer Republik damals zu durchmessen vergönnt war. Das gilt auch noch für das Sommersemester 1926, das ich in München verbringen durfte. Nicht gar so viel später senkten sich erneut die Schatten herab.

9. EIN SOMMERSEMESTER IN MÜNCHEN 1926

Später, nach der Spaltung und Isolierung Berlins - und auch mit dem Zweifelblick auf Bonn -, wurde manchmal München als Deutschlands heimliche Hauptstadt bezeichnet. In der Zeit, von der ich hier spreche, hätte von einer solchen Heraushebung Münchens nicht die Rede sein können. Berlin hatte seinem ganzen Zuschnitt nach unbestritten hauptstädtisches, ja in seiner Gesamtatmosphäre beinahe weltstädtisches Format. Dagegen war zwar München eine überaus reizvolle, historisch und künstlerisch hochinteressante Stadt von ganz eigener Art, anheimelnd in seinem fast südlichen Charme, immer noch eine gute Spur Residenz. Aber gegenüber Berlin wirkte Bayerns Hauptstadt, so sehr man sie lieb gewinnen konnte, doch eher provinziell. Ja, Einzelteile, so der Weg durch das "Tal" hinab zur Isar hin, wirkten dörflich, wie auch die damals noch zahlreichen großen Biergärten und die Ausläufer des Englischen Gartens der Stadt etwas von ländlichem Flair verliehen. Eine "Auer Dult" etwa wäre in Berlin kaum vorstellbar gewesen. Es versteht sich, daß diese Bemerkungen nicht im abträglichen Sinn gemeint sind, sie sollen nur den radikal unterschiedlichen Eindruck verdeutlichen helfen, den der vom Berliner Wintersemester kommende Student schon beim ersten Stadtbummel von München empfing.

Wie in Berlin bezog ich ein Zimmer weit von der Universität entfernt, in der Nähe der neugotischen St. Pauls-Kirche, unweit der Theresienwiese. Es war ein "Gartenhaus" (zu deutsch Hinterhaus) in der Paul-Heyse-Straße, ähnlich wie im Berliner Wedding, also mit Eingang durch eine Torfahrt unter dem nach der Straße stehenden Gebäude für "Herrschaften". Meine Wirtsleute waren ein katholisches Schneiderehepaar, tolerant und gutmütig. Mein Blick fiel auf die Hinterfront des Vorderhauses, von dessen Terrasse das hübsche, aus einem Dorf im Allgäu stammende "Hausmädchen" dem Studiosus freundlich aufmunternd zuwinkte; sie machte sich da gern zu schaffen, bis die Herrschaft sie barsch zurückrief. Mein Zimmer kostete 40 Mark - bei gleichbleibendem elterlichem Wechsel, so daß strenge Sparsamkeit Gebot war. Aber was hat man damals als junger Mensch in dieser Hinsicht alles fertiggebracht! Meine Großtanten in meinem Geburtsort Wernshausen, die mich in der bösen Fremde dem Verhungern nahe wähnten, schickten mir einmal ein so reich bestücktes "Freßpaket", daß ich meine mit mir in München studierenden Bundesbrüder zu einem wahren Gelage einladen konnte, das noch immer einen ansehnlichen Rest übrigließ. Nur das Bier mußten sie selber beisteuern.

Das Kantinenessen in der Mensa sagte uns wenig zu. Doch fanden wir heraus, daß das große Bierlokal "Bürgerbräu" in der Neuhauser (oder war es die Kaufinger?) Straße ein "Studentenessen" für 60 Pfennige feilbot, oft freilich ein sogenanntes Haschee, eine Art gedrängte Wochenübersicht mit einem Spiegelei darauf, die sich mit einem kleinen Bier ganz gut hinunterspülen ließ. Wir vermißten das Gemüse - und wurde es geboten, war es mit einer uns ungewohnten Mehlschwitze versehen und daher wenig schmackhaft.

Aus Sparsamkeitsgründen und weil es ein schöner Sommer war, legte ich den Weg von der Wohnung zur Universität in aller Regel zu Fuß zurück, die Bayerstraße entlang, am Hauptbahnhof vorbei, das Karlstor rechts liegen lassend, vorüber am rauschenden, figurenreichen Wittelsbacher Brunnen, schließlich durch eine Passage in die Amalienstraße einbiegend, wo die Universität, normalerweise prächtig von der Ludwigstraße zugänglich, einen Hintereingang hatte.

An wissenschaftlicher Bedeutung gab die Universität München der Berliner Hohen Schule kaum etwas nach. Ich belegte vor allem zwei vierstündige Hauptvorlesungen, die mich sehr bereichert haben. Ganz vortrefflich las und analysierte Professor Carl von Kraus die großen Epiker des Mittelalters: Hartmann von Aue, Wolfram von Eschenbach, Gottfried von Straßburg. Die Eingangsverse von dessen "Tristan" "Gedaehte man ze guot ir niht, / Von den der werlde guot geschiht, / So waer es alles alse niht, / Swaz Guotes in der world geschiht" klingen mir noch heute, nach über 60 Jahren, in der Art seines sonoren, den gebürtigen Österreicher nicht verleugnenden Vortrags im Ohr, ähnlich wie es mir mit der Darbietung Horazischer Oden durch Eduard Norden in Berlin ergeht: ich vermag das so Gehörte gleichsam wieder hervorzuzaubern.

Das Vor-Goethesche Jahrhundert vertrat der feine alte Professor Franz Muncker, sehr detailliert, ganz in der alten historischen Weise, leicht moralisierend. Was ich etwa über Ludwig Theobul Kosegarten und andere kleinere Dichter des Barock noch weiß, verdanke ich allein ihm, während mich etwa ein Gryphius doch auch später noch aus eigenem Antrieb beschäftigte. Bei dem schon damals berühmten Fritz Strich, der, soviel ich weiß, zum George-Kreis gehörte, hörte ich in seiner getragenen Sprechweise - unter mehrfacher Verwendung der damals modischen Begriffe "apollinisch" und "dionysisch"

Ein Sommersemester in München 1926

- die Vorlesung über Klassik und Romantik. Freilich sagte mir seine manierierte Art in Auftreten wie Tonfall nicht so recht zu, obwohl ich für die Neuartigkeit seiner Betrachtungsweise (etwa im Unterschied zu Muncker) durchaus ein Gefühl hatte. Strich ging später in die Schweiz. Man verdankt ihm u.a. Beachtliches über Goethes Begriff von Weltliteratur, auch eine noch immer lesenswerte kleine Schiller-Biographie.

Recht gut unterrichtete Otto Mauße r, den etwas "schlamperten" Anzug stets mit Kreide verschmiert, Mittelhochdeutsch. In Berlin hatte Professor Richter, zugleich Ministerialdirektor im Kultusministerium - dessen Leiter war damals der namhafte Minister Becker -, diesen Stoff in einer Art Schnellverfahren zu schon abendlicher Stunde in gut besuchter Vorlesung kurz und bündig dargeboten.

Die bekannteste Koryphäe der Geschichtswissenschaft war in München zu jener Zeit Geheimrat Professor Dr. Hermann Oncken, von dessen sprachlich wie inhaltlich glänzender vierstündiger Vorlesung über das "Zeitalter der Reformation", für die er das Auditorium Maximum benötigte, ich mir keine Stunde entgehen ließ. Gerade bei der ihm sonst etwas ferner liegenden Thematik eröffnete der geistreiche Gelehrte, der besonders durch seine Biographien Lassalles und Bennigsens sowie durch eine mehrbändige Edition zur Rheinpolitik Napoleons III. bekannt geworden ist, überraschende Einblicke, zumal er weit über die Grenzen Deutschlands hinausging. Um einen Honorarerlaß zu bekommen, legte ich bei ihm eine Fleißprüfung über Meinekkes großes Berliner Absolutismuskolleg ab. Bei Frankreich und Deutschland ging alles gut. England war mir weniger vertraut. Da hatte Oncken die Liebenswürdigkeit zu sagen: "Kehren wir wieder nach Frankreich zurück". Dabei kamen wir darauf, den "lit de justice" etwa Ludwigs XIV. mit der demokratischen jetzigen (d.h. damaligen) Methode der Gesetzgebung bis hin zur Veröffentlichung im Reichsgesetzblatt zu vergleichen. Ich bekam meine "1". Begegnete mir so Oncken von seiner angenehmen Seite, so sagte mir als Teilnehmer an seinem freilich überfüllten Seminar seine Persönlichkeit weniger zu. War Hartungs Urteil mitunter hart, aber doch immer gerecht, so konnte Onckens Ton sarkastisch, ja ausgesprochen unhöflich, um nicht zu sagen verächtlich sein. Mich verdroß sein näselnd-tadelndes "Herr Major von Wurmb", mit dem er seine harsche Kritik an der Seminararbeit eines spät studierenden Weltkriegsoffiziers vor versammelter Mannschaft junger Studierender einleitete. Aber vielleicht war ich noch zu stark im konservativen Denken, das im Bürgertum der Nachkriegsjahre weitverbreitet war, befangen.

Im Fach Latein war für mich in München nicht viel zu holen.

Eine andere Lehrveranstaltung aber, die für Examenszwecke erst in zweiter Linie nützlich war, ist mir später bei ersten eigenen Editionsversuchen zustatten gekommen. Für einen kleinen Kreis speziell Interessierter hielt Professor Rudolf von Heckel "Übungen zur Editionstechnik" ab, wobei er mittelalterliche Originaltexte zugrundelegte. Das war ein mir noch unbekanntes Feld, auf das ich wohl mehr durch Zufall auf Hinweis eines Bekannten geraten war. Viel mehr als die Anfangsgründe solch gelehrten Tuns habe ich da wohl nicht mitbekommen, aber mein Interesse war geweckt. Später konnte ich hier anknüpfen und mich durch Arbeit im Staatsarchiv Weimar vervollkommnen. So habe ich dann zu Beginn der dreißiger Jahre zwei bis dahin unbekannte Dokumente zur thüringischen Landesgeschichte, "Ein Bedeverzeichnis des Distrikts Buttelstedt vom Jahre 1333" und "Das Zinsbuch des Klosters Kapellendorf vom Jahre 1401", nach den Originalen veröffentlichen und interpretieren können - nichts Weltbewegendes gewiß, aber doch Lehrstücke für den wissenschaftlichen Anfänger und lokalhistorisch nicht ohne Wert. - Leider habe ich Heckels Seminar über "Chronologie" nicht folgen können, mir fehlten wohl die mathematisch-astronomischen Voraussetzungen: ich gab auf.

Eine angenehme Unterbrechung des alltäglichen Lehrbetriebes brachten in der großen Pause die "Stehkonvente" im wundervollen Lichthof der Universität. Zu fünft oder sechst (Jenenser Arminen und Erlanger Bubenreuther) tauschten wir unsere Erfahrungen aus und schmiedeten Pläne für freie Nachmittage und Sonntage: Besichtigung der Schlösser Nymphenburg und Schleißheim, Fahrten zum Starnberger- und zum Ammersee (mit Kloster Andechs), Treffen im Hofbräuhaus oder in einem der zahlreichen Biergärten, Besuch des damals neuen Deutschen Museums; hier war für mich das eindrucksvollste Ausstellungsstück die reich vergoldete Königskutsche Ludwigs II., ein überladenes Prunkstück, das den kranken Monarchen nachts durch seine geliebten Täler und Berge gefahren hatte. Solches lebte in der Erinnerung, während ich - seltsam genug - mich nicht erinnern kann, beim sonntäglichen Vormittagskonzert vor der Feldherrnhalle jemals des Ereignisses gedacht zu haben, das sich hier im November 1923 abgespielt und den Hitlerputsch beendet hatte.

Es gab Hauptpunkte des Verweilens und Flanierens, wahrscheinlich die gleichen wie für jeden München-Touristen noch heute: Stachus mit Karlstor, Neuhauser und Kaufinger Straße, Marienplatz, Regierungsstraße, Dienerstraße (mit dem "unbezahlbaren" Kaffee- und Feinkostgeschäft Dallmayr), Odeonsplatz (vom Straßenbahnschaffner als "'Deonsplatz" ausgerufen), natürlich der Hofgarten und immer wieder der Englische Garten mit seinen Ausläufern. Meine besondere Liebe galt der neuromanischen Ludwigstraße, der grandiosen Schöpfung Ludwigs I. In sehr viel späterer Zeit war diese einmalige Straße, die von der Feldherrnhalle bis zum Siegestor, der Eingangspforte nach Schwabing, führt, für mich ein Mitantrieb dafür, mich näher mit Ludwig I. zu beschäftigen. In meinem Buch "König Ludwig I. von Bayern und Caroline von Heygendorff in ihren Briefen, 1830-1848" konnte ich der Beziehung des Königs zum klassischen und nachklassischen Weimar nachgehen und zugleich auf einen weniger bekannten Zug in dem komplizierten Charakter des Königs hinweisen. Die von König Ludwigs Nachfolger Maximilian II. erbaute neugotische Maximilianstraße fand bei mir - abgesehen von dem sie am Ende feierlich krönenden Maximilianeum, das damals die von Ludwig I. versammelte Schönheitsgalerie (heute in Nymphenburg) beherbergte - nicht den gleichen Beifall wie jene Prachtstraße, der die Ludwigskirche und die Universität ihre besonderen Akzente setzten.

Von den zahllosen Kirchen Münchens habe ich wohl nur wenige ausgelassen. Viele davon wurden nur eben so "mitgenommen", weil sie am Wege lagen. Die Krone aller war für mich nicht die im Innern etwas kühl wirkende Frauenkirche, wenn auch ihre Türme als der für München charakteristische Blickfang alles andere überragten. In der Michaelskirche wurden mir bei den Kurzpredigten der Patres die Unterschiede, ja fast feindseligen Animositäten, wie sie damals zwischen den Konfessionen noch bestanden, schmerzlich bewußt. Von ökumenischen Zielsetzungen war man damals noch weit entfernt. Besonders angetan hatten es mir im übrigen die Theatinerhofkirche, die den südländischen Charme der Stadt durch ihr barockes Erscheinungsbild erhöhte, und ein ganz kleines Kirchlein, die von den Gebrüdern Asam im 18. Jahrhundert erbaute Nepomukkirche.

Große Theateraufführungen waren im Sommer seltener. Im Theater am Gärtnerplatz sah ich in netter Begleitung Kalmans "Gräfin Mariza", eine leichte Kost, wie sie zur Gelegenheit und jugendlichen Unbekümmertheit paßte. Ohnehin waren Münchens spezifische Sommerattraktionen von ganz anderer Art als die Reize des winterlichen Berlins. Hatte hier die märkische Umgebung schon aus jahreszeitlichen Gründen wenig gelockt, so übten dort die nahen Alpen ihre natürliche Anziehungskraft aus.

Die Pfingstferien forderten zu größerer Unternehmung heraus. Wir drei Jenenser Bundesbrüder fuhren nach Kochel und erstiegen von dort den Herzogstand, wo wir kein Nachtquartier mehr fanden. So eilten wir bei schon angehender Dunkelheit auf weglosen Pfaden berg- und waldabwärts und landeten im kleinen Ort Walchensee, wo wir zu dritt in einer Stube (pro Mann eine Mark) ziemlich primitiv übernachteten. Von dort ging's am anderen Morgen per Bus nach Mittenwald, dessen mit Fresken reich verzierte Hausfassaden wir bestaunten. Von der hier angetretenen Bahnfahrt nach Innsbruck, unserem Hauptreiseziel, ist mir unvergeßlich geblieben der Blick in die Tiefe des Inntals, der sich ein Stück hinter Seefeld dem Auge auftat - ein ganz großes, bei späteren Fahrten nie wieder mit derselben überwältigenden Macht wiederempfundenes Erlebnis. In Innsbruck erwarteten uns die zwei dort studierenden, aus dem pommerschen Stargard stammenden Bundesbrüder, in deren "Bude" wir drei zusätzlichen Insassen mehr schlecht als recht übernachteten. Von Innsbruck aus wurde der Berg Isel bestiegen - der Tiroler Freiheitskampf von 1809 gehörte zu unseren festen Bildungserlebnissen und brachte die von uns schroff abgelehnte Gegenwartsregelung (Südtirol italienisch!) vor Augen. Natürlich wurden in der Stadt selbst die bekanntesten Sehenswürdigkeiten, so die Maria-Theresien-Straße und das Goldene Dachl, in Augenschein genommen. Recht lang verweilten wir, geschichtsbewußt und kunstinteressiert wie wir waren, in der Hofkirche, wo 28 überlebensgroße Standbilder aus berühmter Werkstatt zum Grabmal für Kaiser Maximilian I. vereinigt sind.

Das Anstrengendste stand uns noch bevor. Zu fünft fuhren wir zurück nach Mittenwald. Von hier wanderten wir den ca. 6- bis 8stündigen Höhenweg über Johannes Müllers Schloß Elmau und zuletzt durch die Partnachklamm nach Garmisch-Partenkirchen, wo wir uns trennten; die einen kehrten nach Innsbruck, wir anderen nach München zurück. Gewiß eine der herrlichsten Wanderungen zu Füßen des Wettersteingebirges, natürlich völlig autofrei. Leider zeigten sich mir zum Schluß die Grenzen meiner körperlichen Leistungsfähigkeit. Mühselig zurückgekehrt, mußte ich ein paar Tage im Bett verbringen. Im weiteren Leben ist es mir öfters passiert, daß am Ende schönsten Erlebens ein solches das Ganze überschattendes Versagen stand.

Es mag eine Art notwendiger Selbstfindung gewesen sein, was mich veranlaßte, etwas später einen ganzen Tag die Vorlesungen zu versäumen und für mich allein einen großen Spaziergang isaraufwärts zu machen. Von Großhesselohe ging's, so jedenfalls meine Erinnerung, am Wald entlang auf schmalem Pfad nach Grünwald und Pullach, damals noch hübsche kleine Vororte mit eher bescheidenen als feudalen "Villen", das Ganze noch recht schlicht und ländlich, kein so hochgestochenes Nobelviertel wie heute. Im Tal rauschte, noch floßbefahren, grünlich die Isar. Der Weg über die Brücke zum anderen Ufer kostete einen Brückenzoll von fünf Pfennigen. Nochmal ein Anstieg, aber als Ziel winkte oben das Kloster Schäftlern. Ich besah die Kirche, saß dann längere Zeit draußen in der Spätnachmittagssonne, trank zum schlichten Imbiß, von Mönchen freundlich bedient, vom kühlen Klosterbier. Eine besondere Stunde! Von Ebenhausen, nahe Schäftlern, brachte mich die Bahn nach München zurück.

Am nächsten Tag wollte mir keiner der Freunde so recht glauben, daß ich da so allein herumspaziert war. Ich kann heute nicht mehr sagen, was für Überlegungen und Gefühle mich damals zu diesem einsamen Unternehmen veranlaßt haben. Nach all dem Getriebe - mehrmals hatte ich noch Verwandtenbesuch, dem ich mich zu widmen und als Führer durch München zu dienen hatte - mußte ein solcher Tag äußerer und innerer Stille wohl einmal sein. Im späten Rückblick will mir heute dieser unvergessene Tag als einer der schönsten während des Münchener Semesters erscheinen.

Mein Eindruck ist, daß eine solche akademische Freiheit, eine solche "Freiheit zum Studieren", wie ich sie damals genoß, mit mehrmaligem Ortswechsel und schließlichem "Seßhaftwerden" an der heimischen Examensuniversität (in meinem Fall Jena), heutzutage kaum mehr möglich ist. Die lange Teilung Deutschlands, dazu das Massenstudium an Massenuniversitäten und andere Gründe erschweren, ja man muß wohl sagen verhindern das. Ein Studium in jenen besten Jahren der vielgeschmähten "Weimarer Republik", das war, so will mir scheinen, ein seltenes Glück.

10. LETZTE AKTIVITÄTEN IN DER BURSCHENSCHAFT

In Jena erwartete mich zunächst im Bund ein Semester, das ich "nachexerzieren" mußte. Denn vier Semester Aktivitas waren Pflicht, und mich hatte man als alten Jenenser schon vorzeitig an andere Universitäten gehen lassen. Ich gestehe, daß es mir nicht ganz leicht fiel, als Sechssemestriger noch einmal mit Band und Mütze herumzulaufen und das Pflichtleben der Aktivitas in seinem ganzen Umfang (einschließlich Paukboden) wiederaufzunehmen. Aber die nunmehr tonangebenden vierten Semester nahmen mich freundlich in ihrer Mitte auf und machten mir die verspätete Aktivitas relativ leicht. Natürlich war ich froh, als ich diese Zeit abgedient und den angenehmeren Status eines Inaktiven erklommen hatte, der mich von fast allen Pflichten befreite und dem Studium hinreichend Raum ließ.

Eine besondere Ehre widerfuhr mir, als man mich für das Stiftungsfest 1927 zum Propräses wählte. Im vollen Wichs, umgeben von 10 gleichgekleideten Bundesbrüdern, leitete ich, vom Präsidententisch aus, flankiert von zwei ebenso gewandeten Beisitzern, den Festkommers. Meine Festrede war, im Einklang mit den Teilnehmern, auf einen nationalen (*nicht* nationalsozialistischen) Ton gestimmt. Noch immer wirkte die in Versailles, besonders auch durch den sogenannten Kriegsschuldparagraphen (§ 231 des Versailler Vertrage) und die bedeutenden Gebietsverluste erlittene Demütigung nach; auch die "Dolchstoßlegende" ("im Felde unbesiegt") spukte noch in manchen Köpfen; heute ist sie längst in ihrem Hauptton widerlegt. Gegenüber der "Mitte" drifteten im deutschen Parteienwesen "Rechts" und "Links" immer mehr auseinander. Es bildete sich so eine Art negative Mehrheit, die der Regierung das Regieren immer schwerer machte.

In ähnlicher geistig-politischer Stimmung fand im Herbst 1927 auch das Wartburgfest der Deutschen Burschenschaft statt, mit dem das hundertjährige Jubiläum des großen Treffens von 1817 nachgeholt wurde, das 1917 wegen des Krieges ausgefallen war. Wir Arminen vom Burgkeller hatten den Vorsitz und trugen Burschenschwert und -fahne (vgl. oben S. 70) dem nicht enden wollenden Zug zur Wartburg voran. Wie es der Zufall so wollte: die drei Hauptredner waren Arminen vom Burgkeller. Namens der Großherzogin von Sachsen-Weimar als Burgherrin sprach Staatsminister a.D. Exzellenz Hunnius mit rotbemütztem Silberhaar ein Wort der Begrüßung. Die Universität Jena war mit einem Grußwort des Neurologen Professor Berger vertreten. Und schließlich: die große Festrede hielt unser Bundesbruder Morath, Gesandter des Deutschen Reiches in Kowno. In meinen Ohren klingen noch die Worte, mit denen er die Situation Deutschlands um 1920 beschreibt, "das nur noch wie der Schatten eines zu Tode getroffenen Riesen über die Bühne taumelte". Der Grundtenor war damit deutlich. Er verstärkte sich noch durch die mächtige Töne anschlagende Rede, die der Jenaer Professor der Jurisprudenz Justus Wilhelm Hedemann völlig frei, wie aus dem Stegreif, auf dem abendlichen Kommers hielt. Heute mag man zum Ganzen wohl einige Fragen stellen; aber die verschiedenen Strömungen des Zeitgeistes der zwanziger Jahre sind unter jetziger Sicht schwer faßbar und ergründlich.

Am weitesten vom vertrauten Jena weg, in mir bisher unbekannte Regionen, führte uns noch im gleichen Jahr 1927 die "R.-V.-Woche": auf Burg Westerburg im Westerwald. Wir fünf im "Roten Verband" vereinigten Burschenschaften (Alemannia Bonn, Alemannia auf dem Pflug Halle, Arminia auf dem Burgkeller Jena, Brunsviga Göttingen, Bubenruthia Erlangen) versammelten uns in der mächtigen, hoch über dem gleichnamigen Städtchen thronenden Burg der Grafen von Leiningen-Westerburg, die, von der Familie nicht oder nur zum kleinen Teil bewohnt, viel Raum für zünftig-primitive Unterkünfte bot. Ich schlief mit einer gemischten Gruppe in einem großen Turmzimmer: die Bünde sollten einander ja besser kennenlernen. Diesem Zweck dienten auch die historisch-politischen Vorträge mit anschließenden Diskussionen. Einen der Vorträge hielt wieder in diesmal streng politischer Abwägung unser im diplomatischen Reichsdienst stehender Alter Herr Morath. Sonst war die Grundtendenz ähnlich wie beim Wartburgfest; *ein* Redner brachte einen völkischen Zungenschlag hinein. Über dem Ganzen schwebte ein später Abglanz von Romantik und Jugendbewegung: Sport frühmorgens, Wanderungen nachmittags. Besonders stimmungsvoll waren die Abende, wo sich kleinere Gruppen an besonders schönen Ausblickspunkten des umfangreichen Burggeländes bei Gespräch, Spiel und Gesang zusammenfanden. Neu für die meisten von uns die kärtnerischen Lieder, die Bundesbruder Reinhold Wächter zur Gitarre mit wohlklingendem Bariton vortrug. Unvergeßliche Stunden! Die Woche wurde von Studienrat Schulze-Westen, dem Verfasser des Buches "Das Vermächtnis der Urburschenschaft", ebenso straff wie aber auch elastisch und fröhlich geleitet.

Letzte Aktivitäten in der Burschenschaft

Ich war zum ersten Mal im deutschen Westen, in der Nähe lockte der Rhein. Wilhelm Bonde aus Altenburg, der mir 10 Mark (!) lieh, und ich wagten das Unternehmen. Eine Schwierigkeit lag darin, daß das rechte Rheinufer auf einer Strecke noch von den Alliierten besetzt und für die nicht im Grenzgebiet wohnenden Deutschen gesperrt war. Der Bürgermeister von Westerburg war ein entgegenkommender, zugleich für seine Stadt geschäftstüchtiger Mann: er gab uns gegen Geld Ausweise als "Bürger von Westerburg" (ich habe diesen "historischen" Paß noch unter meinen Papieren). So passierten wir nach der Besichtigung Limburgs mit seinem hoch über der Lahn stehenden Dom und bischöflichen Schloß und einem netten Tagesaufenthalt mit der Familie unseres Bundesbruders Wahn in Diez, der hier Amtsrichter war, leicht die zivilen und militärischen Grenzsperren in dem von Belgiern besetzten Brückenkopf gegenüber Koblenz. Nach oberflächlicher Besichtigung der Stadt und einem feuchtfröhlichen Besuch im Koblenzer "Weindorf" folgte als Höhepunkt des Ganzen die Fahrt mit einem Rheindampfer von Koblenz bis Rüdesheim. Dieses Glanzstück der Rheinstrecke mit seinen Städtchen, den Weinbergen, den zahlreichen Schlössern, Burgen, Ruinen beeindruckte uns bei einer Flasche Wein gewaltig; manche Ausblicke wie die Loreley und die Pfalz bei Caub bewegten den Mitteldeutschen in mir, dem von Kindheit an eine Art Sehnsucht nach dem Rhein eingepflanzt worden war, nach all den dürren Kriegs- und Nachkriegsjahren sehr. Spätere Rheinfahrten haben mir, der ich inzwischen durch Beruf und Heirat selbst zum Rheinländer geworden war, wohl auch gefallen (und tun es noch), aber nicht entfernt die gleichen Empfindungen in mir hervorgerufen.

In Rüdesheim, wo sich die Bundesbrüder Dr. med. Fischer und Studienrat Jung in liebenswürdigster Weise unser annahmen und die Übernachtung ermöglichten, wurde uns erneut bewußt, daß wir als Jenenser Burgkelleraner einer großen Familie, eben einem "Lebensbund" angehörten, wovon einiges übrig geblieben ist. Mit Jung erstiegen wir den Berg zum Niederwalddenkmal, das wir vom Geschmack her weniger schön fanden, aber als stolzes Siegesmal durchaus honorierten. Das Schönste war aber der Blick hinab in den Rheingau. Fischer fuhr uns in seinem Wagen nach Frankfurt am Main, von wo wir nach Besichtigung des Stadtzentrums - "Römer", Paulskirche, Hauptwache, Zeil (das Goethehaus besuchten wir nicht!) - in müder Nachtfahrt nach Jena zurückkehrten. Da gab es denn geistig einiges zu verarbeiten. Eine zweite Reise zum gleichen Ort kann wohl nicht wieder die gleiche

Ergriffenheit wecken, denselben Zauber vermitteln wie die erste - noch dazu, wenn man bei der ersten eben 21 Jahre alt ist.

11. LETZTE STUDIENJAHRE UND PRÜFUNGEN IN JENA

Schon immer hatte ich mein Studium ernst genommen. Während dieser Jenaer Semester (1926-1929) verstärkte ich meine Anstrengungen noch, denn ich wollte, schon um meine Eltern zu entlasten, die ja noch für die Ausbildung meiner Schwester zu sorgen hatten, recht bald fertig werden. Fast an jedem Nachmittag machte ich zum Ausgleich einen Spaziergang auf den Forst.
Gewiß hatte die Universität Jena ihren glanzvollsten Höhepunkt, der sie zur ersten Deutschlands, ja fast zu einem kulturellen Mekka der zivilisierten Menschheit gemacht hatte - es waren das die letzten Jahre des 18. Jahrhunderts gewesen, als Goethe seine Fürsorge der Universität gewidmet hatte -, längst hinter sich gelassen. Aber zu meiner Zeit war Jenas wissenschaftlicher Ruf wieder beachtlich. Es gab auf Jenas Lehrkanzeln nicht nur viel solide Tüchtigkeit, sondern es wirkte hier manche überdurchschnittliche Geistesgröße, was Studenten von weither anlockte. Alle vier Fakultäten nahmen gleichermaßen für sich ein. Ernst Haeckel und Rudolf Eucken freilich waren tot.
Im Fach Latein war Professor Dr. Karl Barwick mein Lehrer, der, zuvor Studienrat, mit fachlichem Können große pädagogische Erfahrung verband. Ich habe bei ihm Horaz, Vergil, auch einiges über die anderen römischen Dichter gehört. Beide, dazu Catull, den ich mir später noch mehr im Selbststudium aneignete, wurden meine lateinischen Lieblingsdichter, wovon, wie ich hoffe, meine eigenen Schüler später profitierten. Auch über die großen Historiker las Barwick, der selbst über Caesar, aber mehr wohl noch über die spätrömischen Grammatiker publizierte. Besonders Tacitus wußte er mir nahezubringen, auch Sallust, der später im eigenen Unterricht bei der Behandlung der catilinarischen Verschwörung beim Vergleich mit den Reden Ciceros zu historisch-kritischer Betrachtung Anlaß gab. Im übrigen waren mir Ciceros philosophische Schriften mehr als nur ein Ersatz für den in der Ursprache weniger von mir "studierten" Platon; hier kam das spezifisch Römische hinzu.
Einen schönen Brauch übte Barwick, indem er die Teilnehmer an seinem Seminar über die "Apokolokyntosis" Senecas, der in dieser Schrift den Kaiser Claudius so grausam verspottete, allwöchentlich einmal in sein Haus zu einem Leseabend einlud. Besonders sind mir Senecas Epistulae morales

Letzte Studienjahre und Prüfungen in Jena

hierbei zum bleibenden Besitz geworden. Abgeschlossen wurde der Abend mit einer zünftigen Bowle und kräftigen Männergesprächen, wie Barwick sie liebte. Einmal lud er den ganzen Lesezirkel zu einem Spaziergang auf den Fuchsturm ein, wo er in der Wirtschaft die in Jena von ihm gekauften Rostbrätel auf Holzkohlenfeuerrost braten ließ und mit uns - ohne gelehrtes Gespräch, eher mit deftigem Witz (was er wohl für besonders römisch hielt) - bei Lichtenhainer Bier verzehrte, das aus den bekannten ausgepichten Holzkännchen getrunken wurde. Dergleichen Extratouren waren wohl nur an einer relativ kleinen Universität wie Jena möglich.

Ähnlich lud auch der schon betagte und kränkliche Geheimrat Professor Viktor Michels einen interessierten Kreis - diesmal auch Student*innen* - zu einem germanistischen Leseabend in seine Wohnung. Wir lasen die höfischen Epiker und übersetzten sie auszugsweise, mit knapper Kommentierung. Zum Schluß gab's einen Pudding oder, wenn es die Jahreszeit erlaubte, Erdbeeren. Einmal erlitt Michels an einem solchen Abend einen Ohnmachtsanfall, aber seine Frau bestand darauf, daß wir die bereitgestellte Süßspeise aßen. Gespräche von so altrömisch-derber Art wie bei Barwick waren übrigens bei Michels, der, nebenbei gesagt, in Jena Vorsitzender der Deutschnationalen Volkspartei war und als Vizepräsident der Goethe-Gesellschaft (unter Roethe) seinen Einfluß auch hier in diesem Sinne geltend machte, ganz unvorstellbar: wie der Lesestoff, so war auch der Umgangston eher höfisch. Michels' Vorlesung, mühsam vorgetragen, wußte nicht zu fesseln: mit der Dauer des Semesters nahm die Zahl der Hörer sichtbar ab. Der Leidende starb mit ca. 62 Jahren.

Als zweiter Germanist wirkte der kenntnisreiche Professor Albert Leitzmann, der das Gebiet breitflächig beackerte und ebenso als Wolfram-von-Eschenbach- wie als Humboldt-Herausgeber bekannt war. Ich hörte seine "neuzeitliche" Vorlesung, erntete Tadel bei einem Referat über Goethes "Dichtung und Wahrheit", Lob bei einem solchen über das "Hildebrandslied". Erst viel später, nach dem Zweiten Weltkrieg, als ich in Jena beim Aufbau des Universitätsarchivs beschäftigt war, knüpfte sich zwischen dem betagten Ehepaar Leitzmann und mir ein freundschaftliches persönliches Verhältnis. Frau Leitzmann war erblindet; trotzdem holte sie, mit Blindenbinde und weißem Stock stadtbekannt, allmittäglich einen Topf Essen aus der Universitätskantine. Mich lud das Paar öfters zum "Tee", mit etwas Eßbarem dazu, das als Teegebäck bezeichnet wurde. Wir führten wissenschaftliche Gespräche, zuerst in dem einzigen Wohnraum, den man Leitzmanns von ihrer großen Wohnung gelassen hatte, zuletzt im Schlafzimmer an einem kleinen Tisch zu Füßen des Bettes, in dem der Kranke lag. Bei meiner Ausgabe des Briefwechsels zwischen Goethe und Voigt hat er mir noch manchen guten Rat geben können. Er gehörte zu den Personen, die ich von unserer Flucht in den Westen (1948) informierte; er umarmte mich zum Abschied unter Tränen.

Zum Philologiestudium gehörte - auch als Prüfungsfach - ein gewisses Maß an Kenntnissen in historischer und systematischer Philosophie. Dieses Fach war in Jena durch den auch durch seine Bücher bestens bekannten Professor Dr. Bruno Bauch hervorragend vertreten. Der große Hörsaal 1 war überfüllt; viele kamen aus der Stadt oder von auswärts, um den berühmten Mann zu hören - und zu sehen. Buchstäblich saß eine ganze Schar auf den Kathederstufen "zu seinen Füßen". Die Vorsokratiker und Platon, besonders dessen Staatslehre, hat er mir einprägsam nahegebracht. Giordano Bruno lag ihm am Herzen; sein schönes Profil weisend, pflegte der große Gelehrte, dem Eitelkeit keineswegs fremd war, bei dieser Gelegenheit zu sagen: "Sein Zuname lautet wie mein Vorname". Besonders viel verdanke ich ihm für die vertiefte Erkenntnis des Verhältnisses Schillers zu Kant: in der Verbindung von Neigung und Pflicht sah Bauch die Härte der Pflichtenlehre Kants, wo nicht überwunden, so doch gemildert, gewissermaßen vermenschlicht: "Nehmt die Gottheit auf in euren Willen, und sie steigt von ihrem Weltenthron!" - Jahre später, wohl schon in der NS-Zeit, ging ich noch einmal in Bauchs Vorlesung: Sein nunmehriger Hörsaal gehörte zu den kleinsten, die Hörerzahl war arg geschrumpft. Bauch wirkte alt und müde: ein ungemein trauriger Eindruck - ein Zeichen der Zeit? Oder nur der natürliche Abnutzungsprozeß?

Mehr und mehr entwickelte sich für mich Geschichte zum Haupt- und Lieblingsfach, in dem ich auch zu promovieren gedachte. Mein Lehrer, Geheimrat Professor Dr. Alexander Cartellieri, vertrat als Lehrfach, was es wohl kaum sonst in Deutschland gab, "Allgemeine Geschichte". Er brachte in der Tat das Wunder fertig, ein nicht einmal sonderlich umfangreiches, aber vielgelesenes Buch "Grundzüge der Weltgeschichte", das von den Assyrern und Babyloniern bis an die Schwelle der Gegenwart führte, zu schreiben und über dieses Thema eine einstündige (!) Vorlesung zu halten, und dies, ohne die Forderungen der Wissenschaftlichkeit allzusehr zu verletzen. Cartellieris

Hauptwerke, die Biographie des Königs Philipp II. August von Frankreich (in der er m.W. erstmals die weltgeschichtliche Bedeutung der Schlacht bei Bouvines (1214) richtig erkannte) und die vierbändige Weltgeschichte des Mittelalters, deren erster Band "Weltgeschichte als Machtgeschichte" die Tendenz des gesamten Oeuvres kennzeichnete, machten seinen Namen bekannt und gelten noch heute als Standardwerke. Die großen weltgeschichtlichen Zusammenhänge zwischen Abendland, vorderem Orient, Persien, China, Nordafrika waren, soviel ich sehe, in ihrer Verflochtenheit noch nie so klar erkannt und in so gutem Stil dargeboten worden.

In der zum Vierhundertjahrjubiläum (1958) erschienenen, in marxistischem Geist verfaßten zweibändigen Geschichte der Universität Jena wird diesem eminent fleißigen Gelehrten, der sich als Historiker öfters zum Tagesgeschehen zu äußern hatte - so z.B. beim Ruhreinfall 1923 -, chauvinistische, ja imperialistisch-revanchistische Propaganda vorgeworfen. In gewohnt ideologischer Denkverengung verkannte man dabei den noch immer weitgehend durch den Frieden von Versailles geprägten Zeitgeist. Cartellieri, in großbürgerlicher Familie während der Kaiserzeit aufgewachsen, war als deutscher Patriot von echtem Schmerz über das deutsche Schicksal erfüllt, das er als ungerecht und tief demütigend empfand, worin er sich durch die Ruhrbesetzung bestätigt sah. Zwei seiner Söhne waren Kriegsteilnehmer, einer von ihnen als Freikorpskämpfer an der Erstürmung des Annabergs beteiligt gewesen. Die Weimarer Verfassung hat er aber stets loyal beachtet.

Seine gutbesuchte, dem Mittelalter gewidmete Hauptvorlesung, die, bei völliger Eigenständigkeit, eher an den Anschauungen Fickers als an der engeren Betrachtungsweise Sybels orientiert war, berücksichtigte die deutsche Ost- wie die Italienpolitik der Kaiser gleichermaßen; sie hat mir viel gegeben. Auch im Seminar - als Doktorand nahm ich auch an seinem Privatseminar teil - erwies sich mir Cartellieri als ebenso guter, um strenge Objektivität bemühter Wissenschaftler wie aber auch als Pädagoge, in dem sich Sachkenntnis mit Wohlwollen und gelegentlich aufblitzendem Humor paarte. Mir jedenfalls lag seine ganze Art.

Da unsere Wohnungen nicht weit voneinander entfernt lagen, forderte Cartellieri mich oft auf, ihn zu begleiten. Alljährlich luden seine Frau und er die Seminarteilnehmer zu einem großen Abendessen in seine zwar schon ältere, aber überaus noble und geräumige Villa am Forstweg ein. Als ihm zu seinem 60. Geburtstag die Jenaische Studentenschaft einen Fackelzug darbrachte, wurde ich - was übrigens auch bei einem Fackelzug für den Juristen Hedemann geschah - ins Haus gebeten, wo es dann bei Bowle und Gebäck, wie *nach* jenen etwas feierlich-steifen Abendessen, sehr munter und vergnügt zugehen konnte. Da ich von Kindheit an in Jena wohnte und im Laufe von Schulzeit, Aktivitas und Studium recht bekannt geworden war, wurde ich übrigens auch sonst viel eingeladen, so zu den sogenannten "Hausbällen", die einen völlig anderen Charakter hatten als die heutigen "Parties". Stets waren z.B. die Eltern zugegen, wirkten sogar mit oder hielten sich doch in der Nähe. Walzer und Tango boten bessere Gelegenheit zum Kennenlernen als das Gehopse in den jetzigen Discos.

Bei der Suche nach einem geeigneten Dissertationsthema konnte mir Cartellieri, der mehr weltgeschichtlich, allenfalls rheinisch-abendländisch interessiert war, wenig helfen. In Thüringen beheimatet, das Land in fast allen Teilen kennend, wollte ich wie damals mehrere Kommilitonen gern mit einer landesgeschichtlichen Arbeit promovieren, wofür Cartellieri schließlich auch Verständnis hatte. Da war es mein alter Gymnasialdirektor Otto Dobenecker, der mich auf das in der Neuzeit wissenschaftlich nur ungenügend und fehlerhaft erforschte, besonders in der engeren und weiteren Umgebung Erfurts einst tonangebende Dynastengeschlecht der Grafen von Gleichen aufmerksam machte. So lautete denn das Thema meiner Doktorarbeit "Die Geschichte der Grafen von Gleichen von ca. 1100 bis zum Verkauf des Eichsfeldes 1294". Als Quelle war hauptsächlich Dobeneckers Urkundenwerk "Regesta historica necnon diplomatica Thuringiae" heranzuziehen. Dobenecker fand die Arbeit seinen Erwartungen entsprechend wohlgelungen. Ich selbst finde heute an dieser Erstlingsleistung des damals Einundzwanzig- bis Zweiundzwanzigjährigen viel auszusetzen. In Universitätsakten fand ich später bei meinen oben erwähnten Ordnungsarbeiten im Archiv, daß auch Cartellieri bei grundsätzlicher Zustimmung einiges zu bemängeln fand: ich war einfach noch zu jung. Trotzdem bestand ich das Rigorosum (Prüfer waren Cartellieri, Michels und Barwick) 1928 "magna cum laude", worauf wenig später das erste philologische Staatsexamen (Prüfer waren diesmal neben Cartellieri und Barwick Leitzmann und Bauch) mit dem Prädikat "Mit Auszeichnung" folgte. Ich war mir klar darüber, daß mit den Prüfungen das Studium nicht beendet war, sondern daß es eigentlich erst richtig anzugehen hatte und im weiteren Lebensverlauf fortzuführen war. Aber methodisch war immerhin ein Grund gelegt, es war eine Richtung gewiesen,

Letzte Studienjahre und Prüfungen in Jena

es waren die ersten Voraussetzungen für das Aufspüren und Verfolgen eigener Wege geschaffen.
Mein Herzenswunsch war es, die akademische Laufbahn einzuschlagen. Aber das setzte damals das Vorhandensein eines privaten Vermögens zwecks Durchführung der mindestens zwei Jahre fordernden Habilitation und hernach eines auf unbestimmte Zeit unbesoldeten Privatdozentenlebens voraus. Niemand bedauerte das - abgesehen von meinen Eltern und mir selbst natürlich - lebhafter als Cartellieri, der mir auch nicht, wie heute üblich, auf dem Weg über eine Assistentenstelle helfen konnte: er selbst bezahlte die Assistentin des Seminars, die hauptamtlich Studienrätin war, aus eigenen Mitteln. Der Heutige kann sich kaum vorstellen, wie armselig es damals besonders an den kleineren Universitäten mit Hilfskräften solcher Art bestellt war.
So blieb mir nur der konventionelle Weg, die facultas docendi fürs Gymnasium zu erwerben. Das gelang schnell, aber ich gab die Hoffnung, später doch noch Universitätslehrer zu werden, nicht auf. Auch bedrückte mich dieser Verzicht damals nicht allzu sehr, ich wurde gern Lehrer. Das Thüringische Volksbildungsministerium wies mich zu Ostern 1929 dem traditionsreichen Wilhelm-Ernst-Gymnasium in Weimar zur Ausbildung zu.
Nur einmal habe ich, das sei hier kurz nachgetragen, während dieser letzten Studienjahre einen Sommerferienjob angenommen. Graf Perponcher, Gutsherr auf Drackendorf bei Jena, das als Erbe seiner Frau Irmgard Freiin Helldorf an ihn gelangt war - sein väterliches Erbe war das große Gut Ornshagen in Hinterpommern -, bat meinen einstigen Lehrer am Gymnasium, Dr. Benno von Hagen, der inzwischen Direktor dieser Schule geworden war, um Benennung eines geeigneten Studenten, der seinem Sohn Wilhelm Ernst, der das Fürstliche Gymnasium zu Putbus auf Rügen besuchte, Nachhilfestunden in Ornshagen erteilen könne. "Benno" nannte mich. Ich wurde "zwecks Begutachtung" zum Tee in das nahe Jena gelegene Schloß Drackendorf eingeladen. Es war ein eigenes Gefühl für mich, in den Räumen zu sitzen, in denen einst Goethe mit seinem Kollegen und Freund August Friedrich Carl von Ziegesar, dem damaligen Schloßherrn, im Gespräch zusammengesessen hatte, um anschließend durch den Schloßpark zu promenieren, in dem Goethe und die ihm in Zuneigung verbundene Tochter des Hauses, Sylvie von Ziegesar - nach einigen das "Urbild" der Ottilie in den "Wahlverwandtschaften" - gelustwandelt waren. Erben der Ziegesars waren die Helldorfs,

deren Tochter Irmgard den Grafen Perponcher, hohen Chargenträger am Hofe des letzten Großherzogs Wilhelm Ernst von Sachsen-Weimar, geehelicht hatte.
Das Schloß Ornshagen in Hinterpommern war ein prächtiger, hocheleganter Bau, den gegen Ende des 19. Jahrhunderts der Vater des nunmehrigen Besitzers, der zu den engsten Vertrauten des Kaisers Wilhelm I. gehört hatte, im Stil jener Jahre errichtet hatte. Ein großer Park gehörte dazu, durch den die Rega floß. Heute vergessenes, verlorenes Land. Anfangs war ich mit dem Jungen (ca. 15 Jahre alt) allein, bei Tisch im großen Saal vom Diener Wilhelm feierlich bedient, meist ziemlich stumm. Eltern und Schwestern waren auf Reisen (Kitzbühel, Monte Carlo!). Ein näheres Verhältnis wollte sich zwischen Lehrer und Schüler nicht herstellen, begreiflich schon deshalb, weil der in seiner Versetzung gefährdete Knabe nun allein zu Hause bleiben und nach strengem, von seinem Vater aufgestelltem Plan - vormittags Schulstunden, am späten Nachmittag Durchsicht der von mir zu stellenden Aufgaben - Versäumtes nachholen mußte. Während der Frühstückspause zogen wir zur Rega, legten uns auf eine über den fischreichen, sauberen Fluß führende Brücke, und Wilhelm Ernst (Patensohn des Großherzogs) "stach" - was sicher inhuman und daher verboten war - mit leidenschaftlichem Ernst Fische, besonders Goldbarsch und Hecht. Die leichte Beute wurde dann sogleich durchs Kellerfenster in die Küche gegeben und dort zum Mittagessen auf abwechslungsreiche Art zubereitet. Ich habe wohl selten so viel Fischmahlzeiten genossen wie in Ornshagen. Nach dem Mittagessen hatte ich Freizeit. Mit Büchern, auch Kollegheften fürs Examen reichlich eingedeckt, nutzte ich, auf einem Baumstumpf in einem nahen Wäldchen hokkend, die Zeit zum Studium.
Als die Familie wieder vollzählig war, wurde es natürlich lebhafter. Der Graf, stets umgeben von seinen Hunden, die er seltsamerweise "Würgeengel" nannte, erzählte manches von seinem Vater und den letzten Jahren Wilhelms I., auch vom Taufpaten seines Sohnes, Großherzog Wilhelm Ernst von Sachsen-Weimar, den er gegen die zahlreichen Vorwürfe in Schutz nahm, die zu seiner Regierungszeit im Volk gegen den inzwischen verstorbenen Herrscher vorgebracht worden waren und noch immer fortlebten. Ich konnte damals nicht ahnen, daß sich in viel späterer Zeit zwischen der letzten Großherzogin Feodora, der Witwe Wilhelm Ernsts, und uns, d.h.

meiner Frau und mir, ein gutes freundschaftliches Verhältnis entwickeln sollte.

Abends versammelte sich die ganze Familie - ich dabei als einziger Gast - um den (natürlich kalten) Kamin im großen Wohnraum vor dem Radio. Unterhaltung kam dabei kaum auf: sämtlich mit Kopfhörern ausgerüstet, lauschten wir den Tönen, die aus dem Wunderapparat noch etwas undeutlich hervorkamen. Die Atmosphäre war immer ziemlich still und ernst, nur Otto Reuters Couplets erheiterten mitunter die Gesellschaft. Ich vermag nicht zu sagen, warum ich mich in dem Kreis nicht recht wohlfühlte, obwohl ich "vollen Familienanschluß" genoß und mit den "Kindern" mehrmals Kutschfahrten (z.B. in die Kreisstadt Regenwalde) unternehmen konnte. Der Vergleich mit Putzar in seiner Vielfalt und der Herzlichkeit seiner Atmosphäre drängte sich immer wieder auf, so daß Ornshagen, vielleicht ungerechtfertigerweise, in den Schatten trat. Ich kam mir auch selbst steif und förmlich vor.

Selten bin ich so gern aus Norddeutschland nach Thüringen zurückgekehrt, das sich bei Naumburg - Leuna war überwunden - in seiner eigenen Schönheit auftat. "Auf den Bergen die Burgen, im Tale die Saale." In Jena stürzte ich mich mit allem Eifer in den schon geschilderten "Endspurt" des Studiums.

12. STUDIENREFERENDAR IN WEIMAR 1929-1931

In Thüringen war die Ausbildung der Studienreferendare, d.h. ihre Vorbereitung zum Examen als Studienassessor, anders organisiert als in Preußen. Hier hatte man schon Bezirksseminare, in denen die Referendare zusammengefaßt und theoretisch unterrichtet und von denen sie zur praktischen Ausbildung höheren Schulen zugeteilt wurden. In Thüringen dagegen fand die gesamte Ausbildung an bestimmten Gymnasien statt, deren Direktor zugleich "Seminarleiter" war. Das Wilhelm-Ernst-Gymnasium in Thüringens Hauptstadt Weimar, dem ich zugewiesen wurde, galt als das "erste Gymnasium des Landes". Sein Direktor Dr. Georg Siefert war ein wissenschaftlich gebildeter, kultivierter Mann; menschlich galt der Junggeselle, den die Schüler "das schleichende Übel" nannten, was auch mit seinem schlürfenden Gang zusammenhängen mochte, als unbequem. Mir war schon im Volksbildungsministerium, das im einstigen großherzoglichen Marstall etwas notdürftig untergebracht war, gleichsam warnend gesagt worden, er sei "schwierig". Ich bin jedoch im ganzen recht gut mit Siefert ausgekommen, habe ihn in seiner Art achten gelernt.

Von der "Residenzpflicht" befreit, konnte ich bei meinen Eltern in Jena wohnen bleiben, was dadurch sehr erleichtert wurde, daß wir im Westbahnhof (früher "Weimar-Geraer Bahnhof") wohnten: ich hatte also den Zug vor der Haustür. Mein Zug ging 6^{13}, die Nachtruhe war entsprechend kurz. Wenn irgend möglich, fuhr ich nicht bis zum Hauptbahnhof durch, sondern stieg bereits in Oberweimar aus und nahm den (uns einst als Schülern von Dr. Benno von Hagen gewiesenen) Weg durch den Park, der in der Morgenfrische leuchtete und sich mir mit seinen verschiedenen klassischen Erinnerungsstätten für immer ins Gedächtnis grub. "Der junge Tag erhob sich mit Entzücken, / Und alles war erquickt, mich zu erquicken". Diese Verse aus Goethes Gedicht "Zuneigung" kennzeichneten Ort wie Stimmung.

Am Staatsarchiv vorbei gelangte ich über den Wielandplatz zur Schule. Kaum nötig zu sagen, daß von mir die zwei Weimarjahre dazu benutzt wurden, mich mit den großen Stätten der Goethezeit vertraut zu machen. Aber auch im Staatsarchiv, wo ich meinen Freund Archivassessor Dr. Wilhelm Engel besuchte, hielt ich mich gern während der Freistunden auf; Engel machte mich auf gewisse noch unerforschte Bestände aufmerksam, und ich gewöhnte mich früh, Archivluft zu schnuppern, die später jahrelang eine Art Lebensluft für mich werden sollte.

In der Schülerschaft des Gymnasiums waren noch die alten Adelsnamen der großen Zeit - v. Palécieux-Falconnet, v. Groß, v. Beaulieu-Marconnay, ja - bis zur Goethezeit zurückreichend - v. Levetzow vertreten. Ob das Wilhelm-Ernst-Gymnasium den anderen Schulen des Landes leistungsmäßig wirklich überlegen war, vermag ich wegen zu geringer Vergleichsmöglichkeiten nicht zu sagen. Im Lehrkörper fehlten längst die einst bekannten Namen wie Redslob und Weniger, die, schon selbst imponierende Persönlichkeiten, zugleich als Väter berühmter Söhne (Edwin Redslob, Erich Weniger) bekannt waren. Im ganzen herrschten Solidität und tüchtiger Durchschnitt vor.

Ein Orignal war Professor Buslepp, der noch die Nazizeit standfest überdauerte, aufrecht, schmal, groß, von einer Haltung, als ob er den oft zitierten Ladestock verschluckt hätte. Wer die herbe Zucht dieses gestrengen Altphilologen, eines "Paukers" alten Stils, genossen hatte, der konnte, ziemlich gefestigt in lateinischer und griechischer Grammatik, "ins Leben treten". Ob Buslepp die großen Inhalte der Antike gleichermaßen zu vermitteln wußte, wage ich nicht zu beurteilen, aber schon jene altsprachliche Schulung war ja ein Wert für sich. Mich verband ein enges bundesbrüderliches Verhältnis mit Studienrat Leiske, in dessen Haus ich ein immer gern gesehener Gast war und auch übernachten konnte, wenn ich an abendlichen Veranstaltungen in Weimar teilnahm. Auch Leiske war ein strenger, im Grunde wohlwollender, dazu ungemein fleißiger Lehrer, der alles schriftlich ausarbeitete, was z.B. im Fach Geschichte so weit ging, daß er für die von Zeit zu Zeit fälligen gefürchteten "Wiederholungen" sogar die zu erwartenden beziehungsweise erhofften Schülerantworten notierte.

Wir "Probekandidaten", wie man früher die Studienreferendare genannt hatte, wurden zuerst nach Anweisung des Direktors durch alle Klassen und Fächer geschleust, um einen Begriff vom Ganzen zu erhalten. Danach wurden wir, jeweils für einige Wochen, bestimmten Vertretern unserer speziellen Fächer als Mentoren zugeteilt. Mir hat wohl - die Behauptung mag überheblich klingen - ein gewisses angeborenes und durch Erteilung von Privatstunden fortentwickeltes Lehrtalent im Grunde mehr geholfen als die Anleitung durch die Mentoren, obwohl ich ihnen natürlich an "Technik", auch an "Kniffen" einiges absehen konnte. In den Lehrproben schnitt ich in der

Regel gut ab, und zu meinen Referendarkollegen hatte ich ein gutes Verhältnis.

Die theoretisch-pädagogische Belehrung fand unter der Leitung des Direktors in dessen Amtszimmer statt. Er machte es sich nicht gerade schwer damit. Wir mußten kapitelweise über Leuchtenbergers "Vademecum für junge Lehrer" referieren, ein altmodisches Werk, das von der Auffassung ausging, daß der Lehrer dozierte und dann die Schüler das Gelernte "abfragte". Wenigstens hatte der alte, sonst längst vergessene Autor einigen Humor, wenn er z.B. bei der Fragetechnik gute Ratschläge gab: so solle man bei der Behandlung von Schillers Gedicht "Der Spaziergang", das bekanntlich mit den Versen endet "Und die Sonne Homers, siehe, sie lächelt auch uns" keinesfalls die Frage stellen "Wer lacht über Griechenland?", wenn man als Antwort hören wolle: "Die Sonne Homers". Nicht ganz abwegig war der Rat, daß man die Fragen so stellen - und dann auch darauf bestehen solle -, daß die Schüler in ganzen Sätzen antworteten. Die heute so beliebte "Quiz"-Frage war dadurch ausgeschlossen. Leuchtenbergers Lehren müssen im übrigen späterer Pädagogik, ja schon dem Kenner der arbeitsunterrichtlichen Methode Kerschensteiners ziemlich antiquiert vorkommen. Ganz unergiebig war die Lektüre gleichwohl nicht. Sie erbrachte manches Brauchbare, reizte zur Kritik, und mit Sieferts geistvoller Persönlichkeit ergab sich so manches weiterführende und tiefer dringende Gespräch. Ich darf freilich gar nicht daran denken, was ich selbst 25 Jahre später als Leiter des Essener Studienseminars, mit ca. 60 Referendaren, an Lektüre zu bewältigen, darzubieten und bei den Prüfungen zu beherrschen hatte.

Oft wurden wir Referendare zu Vertretungen herangezogen. So war ich monatelang Latein- und zugleich Klassenlehrer einer Untertertia; der eigentlich zuständige Studienrat Dr. Bergner war als Regierungsrat in das Volksbildungsministerium abgeordnet, wo er in der Forschungsverwaltung, u.a. für das noch zu erwähnende Carl-August-Werk, tätig war. Er hat keine verwahrloste Gesellschaft vorgefunden, als er zurückkam, und mich mit einem "substituto optime merito" gewidmeten Bildwerk über Goethe beschenkte, das mir außerordentlich willkommen war und von mir noch heute gelegentlich zu Rate gezogen wird. In einer Obersekunda führte ich längere Zeit den Geschichtsunterricht für einen Herrn, der - privatim auf dem seltenen Forschungsgebiet der Byzantinistik tätig - in seinem eigenen Geschichtsunterricht mehr "Geschichtchen" als Geschichte bot, wobei er Anekdoten schlüpfrigen Charakters nicht verschmähte.

Für solche Vertretungen erhielten wir keinerlei Vergütung, wie wir denn überhaupt die Ausbildung aus eigenen Mitteln zu bestreiten hatten. Um nicht allzusehr den Eltern auf der Tasche zu liegen, gab ich in Weimar sehr viele Privatstunden, manchmal drei an einem Nachmittag. Das führte mich in alle Stadtteile Weimars, auch auf den noblen "Hypothekenhügel", so genannt, weil angeblich auf den vornehmen Villen hohe Hypotheken lasteten. Diese Tätigkeit erlaubte mir zwar häufige Theaterbesuche und sonstige "Extravaganzen", aber sehr angenehm war sie nicht immer. Man kam sich manchmal als ein Art Klinkenputzer vor, wenn man so von Haus zu Haus pilgerte. Die übergroße Höflichkeit, mit der z.B. der Baron von Groß seine wiederholten an mich gerichteten Briefe und Zettel, mit Sonderwünschen seinen übrigens netten Sohn betreffend, zu beschließen pflegte: "Mit dem Ausdruck der vorzüglichsten Hochachtung habe ich die Ehre zu sein Ihr ganz ergebenster Siegmar Baron von Groß", weckte in mir gemischte Gefühle. Konnte man mehr Distanz schaffen als durch solch geziertes Formelwesen? Aber vielleicht überwog doch echte Freundlichkeit?

Nur einmal erhielt ich für eine Vertretung außerhalb Weimars eine Vergütung: 140 Mark monatlich. Ich vertrat am Reformrealgymnasium zu Saalfeld sechs Wochen lang einen Studienrat, der eine Kur machte. Da wurde ich gleich kräftig ins kalte Wasser geworfen. In einer zahlenmäßig großen, etwas schwierigen Oberprima, stramme Burschen mit oft ländlichem Einschlag, mußte ich, so kurz vor dem Abitur, den Deutsch- und Lateinunterricht übernehmen. In der Erkenntnis, daß da für einen 23-jährigen Lehrer mit reiner Amtsautorität (heute spricht man von funktionaler Autorität) kaum durchzukommen sei, bemühte ich mich, ein eher partnerschaftliches Verhältnis herzustellen, was mir auch einigermaßen gelang, ohne daß ich mir etwas zu vergeben brauchte. Als Klassenlehrer, mit den Fächern Latein und Geschichte, hatte ich eine gemischte Obertertia zu betreuen; zum ersten Mal hatte ich dabei auch Mädchen zu unterrichten. So konnte es mir passieren, daß mich beim Gang durch die Straße ein nettes junges Mädchen knicksend - das gab es damals noch! - grüßte. Ich erschrak fast: war ich schon so alt? Andererseits fühlte ich mich in meiner Würde geschmeichelt.

In einer Pension wohnend und zum ersten Mal selbständig wirtschaftend, kam ich mit dem stolzen Salär ganz gut zurecht. Mittags und abends aß ich

in einem bürgerlichen Lokal namens "Gerlichers Eck". Mein Abendessen bestand in der Regel aus Brot mit frischer Blut- und Leberwurst: zusammen mit zwei "kleinen Hellen" kostete das 92 Pfennige, abgerundet durch Trinkgeld auf 95 Pfennige oder gar eine Mark. Wollte ich mir etwas Besonderes gönnen, leistete ich mir im Gasthof "Anker, vormals Güldene Gans", in dessen Keller 1548 Kurfürst Johann Friedrich der Großmütige die erste Nacht seiner Gefangenschaft verbracht hatte, ein Ragout fin oder Fleischsalat, dazu Bier; da mußte ich aber 1,50 Mark berappen.
Erleichtert wurden mir die Saalfelder Wochen einmal durch das Interesse an der alten Stadt mit ihren zahlreichen Sehenswürdigkeiten (Ruine "Hohe Schwarm", Schlachtfeld von 1806, wo Prinz Louis Ferdinand von Preußen am 10. Oktober 1806 fiel u.v.a.m.), andererseits dadurch, daß ich, von Vatersseite her, bei Verwandten, von bundesbrüderlicher Seite in der Familie des in einem schloßartigen Gebäude weitläufig wohnenden Landrats des Kreises Saalfeld, Dr. Johannes Rasch, Anschluß fand. Pfarrer i.R. Ernst Horn war mit Melitta geb. Fahrenbach, einer Base meines Vaters von Weilar her (vgl. oben S. 14) verheiratet. Der Sohn Dr. Hans Horn, also ein Vetter zweiten Grades von mir, war Studienrat an "meiner" Schule und konnte mir manchen Tip geben. Bei ihm und seiner mit einem Nähmaschinenfabrikanten verheirateten Schwester Lisbeth Herdieckerhoff wurde ich, jahreszeitgemäß, zu Gänse- bzw. Hasenbraten, natürlich mit Thüringer Klößen, eingeladen. Beim Landrat Rasch und seiner großen Familie spielte ich für die kleinen Kinder den Nikolaus; mich für diese Rolle zurechtzumachen war offenbar für die beiden älteren Mädchen ein besonderes Vergnügen. Die eine Tochter, Lilo, saß in meiner Obertertia. Die andere, Hilde, schon Primanerin, fand die ganze Situation offenbar interessant: oft ließ sie mich in der großen Pause aus dem Lehrerzimmer rufen, um mir irgendwelche dringenden Mitteilungen zukommen zu lassen; ich erntete dafür manches spöttische Wort meiner älteren Kollegen. Mit Hilde und ihren Eltern fuhr ich im landrätlichen Dienstwagen nach Gera zu einem großen Tanzvergnügen, und später war das temperamentvolle, um nicht zu sagen etwas kesse Mädchen öfters auf dem Burgkeller meine Tisch- und Tanzdame.
Binnen kurzem war ich durch die mannigfaltigen Beziehungen in Saalfeld so bekannt, daß ich als Gast zum exklusivsten Stammtisch der Stadt, der in der mittelalterlichen (heute: wiederhergestellten) Gaststätte "Zum Loch" tagte, eingeladen wurde: eine echte, wacker zechende Honoratiorenrunde von der

alten Art, zu der neben den Genannten auch der Leiter des Realgymnasiums, Dr. Siedel, gehörte (er kann also gar nicht schlecht über meine Tätigkeit nach Weimar berichtet haben!). Ich kam mir als der weitaus Jüngste etwas seltsam vor in diesem Kreis, aber ich kam immerhin aus der Landeshauptstadt, wo sich politisch einiges tat. Es war im Grunde tiefste Provinz, die ich in den paar Saalfelder Wochen erlebte, mit allerlei Fäden hierhin und dorthin, Verbindungen, Gerüchten, "Verhältnissen", sogar im doppelten Sinne des Wortes.

In Weimar sprach dann die Politik ihr Wort. In einer sonst bürgerlichen Regierung wurde im Januar 1930 Dr. Wilhelm Frick Innen- und Volksbildungsminister, der erste nationalsozialistische Minister in einem deutschen Lande. Von der problematischen Lage, die hierdurch entstand, wurde kaum ein Institut des Landes so sehr betroffen wie ausgerechnet unser Wilhelm-Ernst-Gymnasium. Schon wirkte hier als Studienrat für Religion und Latein ein ehemaliger Pfarrer, der sein geistliches Amt aufgegeben hatte und vom Ministerium an unsere Schule überwiesen wurde. Direktor Siefert, der sich von diesem Mann einiges versprochen haben mochte, sah sich bald von ihm enttäuscht. Sein Lateinunterricht in Sexta - wir mußten dort hospitieren - war ziemlich unzureichend. Dieser Dr. Traue entpuppte sich als einer jener "Theologen", denen es unerträglich war, daß Jesus Jude war; in schein-genealogischer Beweisklitterung stilisierten sie ihn zum reinen "Arier" um. Direktor Siefert mißtraute diesem Kollegen aufs tiefste. In einer Lehrerkonferenz, an der auch wir Referendare teilzunehmen hatten, nannte er ihn, der offenbar den Direktor höheren Orts angeschwärzt hatte, einen gemeinen Verleumder: betretenes Schweigen allerseits, blasse oder hochrote Gesichter. Minister Frick wußte natürlich, daß Siefert "Meister vom Stuhl" der Loge Anna Amalia war, der einst auch Goethe, Wieland und Carl August angehört hatten und von der seinerzeit viel Gutes ausgegangen war. War das allein schon in den Augen des Nationalsozialisten fast eine Todsünde, so fand sich Frick noch mehr gereizt, als Siefert an seiner Anstalt gegen den ns-orientierten Schülerbund der "Adler und Falken" wegen politischer, der Reichsverfassung zuwiderlaufender Betätigung einschritt. Volksbildungsminister Frick enthob Siefert kurzerhand seines Amtes. Wir Referendare, deren Stammtisch im "Weißen Schwan" ganz in der Nähe des Tisches stand, an dem Frick mit seinen Kumpanen zu schwadronieren pflegte, sahen uns unversehens in den Wirbel des Geschehens gezogen, verloren wir doch mit

Siefert kurz vor der Prüfung zugleich unseren Schul- wie unseren Seminardirektor. Sein Stellvertreter Dr. Rohde führte loyal die Geschäfte, und wir machten einfach weiter wie bisher. Anfang 1931 mußte Frick aus seiner Tätigkeit als Staatsminister ausscheiden. Siefert kehrte in sein Amt zurück, und unsere Prüfung konnte unter dem Vorsitz von Oberregierungsrat (das war damals noch etwas!) Prof. Dr. Jesinghaus ordnungsgemäß stattfinden. Die große schriftliche Prüfungsarbeit - ich schrieb über das damals moderne Unterrichtsprinzip der Konzentration der Fächer (hier: Deutsch und Geschichte) - war eingereicht und begutachtet. Die Lehrproben wurden vor der Prüfungskommission in allen drei Fächern gehalten. Ich erhielt schöne, mir zusagende Themen, deren zwei ich in den beiden mir bestbekannten, oben erwähnten Klassen halten durfte. Die mündliche Prüfung war leicht, ja z.T. fast eine Farce. Vom Prüfer im Fach Latein wurde ich vorher in seine Wohnung gebeten und gefragt, ob es wohl so etwas wie eine Methodik des Lateinunterrichts gebe, ob ich ihm diese verschaffen könne und welches Kapitel daraus mir besonders liege! In Deutsch wurden wir von einem fremden Prüfer nach der uns vertrauten Methodik der Susanne Engelmann geprüft, was der Minister Frick gewiß nie zugelassen hätte, hätte er gewußt, daß die gescheite Verfasserin den Ariernachweis nicht hätte erbringen können. Im März 1931 war alles vorüber, ich bestand "Mit Auszeichnung".

Aber es gab damals, wie heute, gefördert durch die strengen Maßnahmen des von der Regierung Brüning eingesetzten Reichssparkommissars, besonders an den Gymnasien eine "Lehrerschwemme". Trotz meiner Examensnoten mußte mir Jesinghaus im Ministerium eröffnen, daß es, wie für uns alle, im thüringischen Landesdienst kein Unterkommen für mich gebe. Die Tätigkeit an der "Freien Schulgemeinde Wickersdorf" über Saalfeld, die unter der Leitung des Reformpädagogen Wyneken stand, traute oder vielleicht: mutete er mir nicht zu, meinem ganzen Wesen nach mit vollem Recht. Länger von den Eltern unterhalten zu werden, war mir aber, bei all ihrer Liebe, ein unerträglicher Gedanke.

Da bewarb ich mich bei einigen preußischen Provinzialschulkollegien. In Koblenz, der Hauptstadt der damaligen preußischen Rheinprovinz, hatte ich Glück. Der Direktor Dr. Ehrlicher, ein Bundesbruder, empfahl mich der privaten evangelischen Maria-Wächtler-Schule in Essen, an der ich eigens zu dem Zweck noch einmal in allen meinen Fächern Probestunden geben mußte. Ob man den guten thüringischen Noten nicht recht traute? Nun, der großenteils aus evangelischen Pastoren, an ihrer Spitze Superintendent Dr. Hinrich Johannsen, bestehende Prüfungs- und Verwaltungsrat war zufrieden.

13. SCHWEDEN

Noch ist eines Intermezzos zu gedenken, das mir die Weimarer Referendarzeit besonders bedeutend und zum Ausgangspunkt späterer Unternehmungen von Essen aus gemacht hat.
In Weimar lernte ich Studienrat Muth, den Leiter des Deutsch-Schwedischen Schüleraustauschs im Land Thüringen, kennen und schätzen. Er fragte mich, ob ich mich als Helfer beteiligen und mit nach Schweden kommen wolle. Natürlich konnte mir nichts Besseres widerfahren: eine Ferienreise als Begleiter eines großen Schülertransports in den Norden Europas. Ungefähr 4 Wochen vor unseren Sommerferien trafen die schwedischen Kinder (etwa ab 14 Jahre aufwärts), die ja früh ihre langen Ferien bekamen, in ihren thüringischen Austauschfamilien ein, wo sie sich mit ihren Partnern, natürlich jeweils gleichen Geschlechts, vertraut machen konnten. Mit diesen gemeinsam versammelten sie sich zu Beginn unserer Sommerferien mit den übrigen Austauschkindern in Weimar, wo ein großer Sonderzug für die Nordlandreise eingesetzt wurde. Herr Muth war ein erfahrener, tatkräftiger Organisator und verstand es, im Zusammenwirken mit seinen in Schweden für den Austausch zuständigen Kollegen die Paare (und ihre Familien) so zusammenzustellen, daß zu große gesellschaftliche Unterschiede möglichst vermieden wurden und die Kinder auch altersmäßig zusammenpaßten. Natürlich konnten trotzdem Mißgriffe vorkommen, aber ganz ohne ein gewisses Risiko kann kein großes Unternehmen sein. In aller Regel ging die Sache, zumal die Schweden in der Schule Deutsch lernten, gut. Viele der "Geschwister auf Zeit" blieben lebenslang miteinander in Verbindung. Ja, nicht ganz selten hat der Austausch Ehen gestiftet, es gab ja in den Gastfamilien auch Brüder oder Schwestern!
Der Zug umfuhr Berlin in weitem Bogen, so daß der zusätzliche Transport vom Anhalter zum Stettiner Bahnhof wegfiel. In Stralsund wurden die Wagen nacheinander mit der Fähre nach Altefähr übergesetzt, es gab damals noch keine Brücke vom Festland nach Rügen. Über diese schöne Insel ging's bis Saßnitz, wo der große Zug in den Fährdampfer "Drottning Victoria" eingeschleust wurde. Während der Fahrt - im ganzen von Weimar bis Stockholm über 24 Stunden - brachte man die vier Stunden in aller Regel an Deck zu. Der Zug mit dem Gepäck stand ja gesichert neben anderen Zügen im mächtigen Bauch des Trajektschiffes.

Von Trälleborg ab gehörte es zu meinen Aufgaben, dafür zu sorgen, daß die Kinder, die nicht bis Stockholm mitreisten, an der richtigen End- oder Umsteigestation ausstiegen, und ihnen das Gepäck hinauszureichen; die Aufenthalte auf den Stationen waren kurz. In Stockholms schönem weißem Hauptbahnhof warteten immer große Trupps abholender Eltern, viele Küsse wurden ausgetauscht; kritisch und freundlich beäugte man die Gastkinder, denen sich eine ganz neue Welt auftat. Alle deutschen Kinder mußten uns dann schriftlich ihre Ankunft bei den Ferieneltern in unser Stockholmer Hauptquartier melden.

Man darf das Stockholm jener Zeit (1929) überhaupt nicht mit dem Stockholm von heute vergleichen. Im Stadtbild, ja im gesamten Ambiente der Stadt erinnerte manches an das 19. Jahrhundert. Es fehlte noch vollständig die erregende Skyline der zahlreichen in den Granitfelsboden kühn hineingepflanzten Hochhäuser, die heute der Stadt ihr Gepräge geben. Auch gab es noch keine U-Bahn; den innerstädtischen Verkehr besorgten Straßenbahn, Busse - und Motorboote. Noch ziemlich neu war die verhältnismäßig breite Kungsgatan, deren Name durch Jacobssons gleichnamigen Roman fast so bekannt geworden ist wie der Berliner Alexanderplatz durch Alfred Döblins Buch. Eine Straße so recht zum Einkaufen und Flanieren. Sie wurde durch ein Turmpaar unterbrochen, die damals wohl höchsten Bauwerke Stockholms. Im obersten Stockwerk des einen der Türme befand sich ein Café, von dem aus man einen weiten Ausblick auf die für meine Begriffe schönstgelegene Hauptstadt Europas hatte.

Über das Häusermeer der dicht vor unseren Augen liegenden Straßen neuzeitlichen Handels und Wandels schweifte der Blick hinüber zu Stockholms Altstadt ("Gamla Sta'n", auch "Staden mellan broarna", "Stadt zwischen den Brücken" genannt). Dies war das eigentliche alte, "mittelalterliche" Stockholm, die ehemalige Hansestadt, eine Insel zwischen zwei Gewässern, einmal den bis zur Stadt und ihrem Hafen reichenden Ausläufern der Ostsee, speziell des Bottnischen Meerbusens ("Saltsjön" = Salzmeer), zum andern dem Mälarsee mit seinen mannigfaltigen Verzweigungen. Auf beiden Gewässern zahlreiche Inseln, "Schären" genannt, auf felsigem Granit - Sandstrände suchte man hier vergebens -, meist spärlich bebaut mit den rostbraunen "Stugas", den Ferienhäusern wohlhabender Familien. Das Wasser zu beiden Seiten sah man belebt von großen und kleinen Schiffen der verschiedensten Art. Die großen Überseedampfer wie die "Gripsholm" kamen nicht bis zum Hafen heran, die Reisenden mußten weiter draußen ausgebootet werden. Über die Altstadt hinaus blickte man hinüber zum hochgelegenen Stadtteil Södermalm, auf den ein Lift, der "Katharinahiss", hinaufführte. Dazu Wasserstraßen fast ringsum.

Dicht unter uns vom schmalen Turmcafé aus lag die schmale Döbelnsgatan, wo wir eine ganze Wohnung innehatten, die ihre in den Ferien (schwed.: "Semester") weilende Inhaberin an Herrn Muth vermietet hatte. Hier schlief ich, hatte ich mein "Büro" mit der Kartei und den Ankunftsbescheiden der deutschen Austauschkinder, deren manchmal eines unerwartet vor der Tür stand, das Hilfe oder Trost brauchte, weil es mit der Gastfamilie oder dem Partner nicht ganz klar kam.

Viel zu tun hatte ich nicht, so daß ich mich in Stadt und Umgebung umsehen konnte. Um die trockene Aufzählung von Sehenswürdigkeiten zu vermeiden, will ich hier nur ein paar Hauptpunkte erwähnen, die mich immer wieder anzogen. Da war in der Altstadt der alte Markt, wo 1520 das "Blutbad von Stockholm" stattgefunden hatte. Da waren die alten Geschäftsstraßen wie die Österlånggatan und die Stora Nygatan, dazu die etwas unheimlichen vom Strand und Hafen aufwärts führenden engen Gassen, die "Gränder". Ein Besuch der ältesten Gaststätte zum "Gyldenen Freden", tief im Kellergewölbe, war teuer. Selbstverständlich war die Besichtigung der beiden in Stil und Art völlig voneinander verschiedenen Altstadtkirchen, der "Tyska Kyrka" (vornehmlich 17. Jahrhundert, die Predigt war schwedisch, die Gewandung der Geistlichen erinnerte an die anglikanische Kirche) und der "Storkyrka" (Großkirche, im Grundbestand aus dem 13. Jahrhundert). Zugleich Hofkirche (in der auch die Trauung des jetzigen Königs mit Silvia Sommerlath stattfand), stand sie unmittelbar neben dem das gesamte Stadtbild mächtig beherrschenden Königsschloß aus dem 17. und 18. Jahrhundert, in dem zur Zeit unseres Aufenthaltes noch König Gustav V., als "Mr. G." bekannt auf den Tennisplätzen Europas, residierte und mit strenger Würde den Kabinettssitzungen vorsaß. Die Wachablösung vor dem Schloß, täglich 12 Uhr, sonntags besonders prächtig und mit klingendem Spiel, war ein Spektakel, das immer wieder viele Menschen anzog.

Eine Art Anhängsel an die Altstadt war die Insel Riddarholm mit dem barocken Ritterhaus und der uralten Riddarholmskirche, dem wohl ehrwürdigsten baulichen Kleinod Stockholms. Die nur noch musealen Zwecken dienende Kirche, aus deren Boden hier und da das granitene Urgestein hervorkam, war umgeben von einem Kranz von Kapellen in jeweils verschiedenem Zeitstil, in denen die schwedischen Könige von Gustav II. Adolf bis zu den Herrschern aus dem Hause Bernadotte bestattet sind. Das "Riddarhus", eine Art spätes Pendant zur Kirche, war das sichtbarste Zeichen dafür, daß die Könige keineswegs stets absolute Herrscher, sondern zum Zusammenwirken mit dem Adel, eben den "Rittern", verpflichtet waren.

In ein paar Minuten konnte man von hier aus mit dem Boot zum damals modernsten Gegenstück dieser ältesten Denkmale übersetzen, dem erst kürzlich vollendeten Stadthaus ("Stadshus"); für mich war und ist dies eins der schönsten Gebäude der Welt, in dem sich, wenn man so will, nördliche mit südlichen Stilelementen zu einer seltenen Einheit verbinden, herrliche Anlagen davor zum See hin. Hier in der "Blauen Halle" fand der Festball für alle kurz vor Ferienschluß in Stockholm versammelten Austauschpartner statt, den die schwedische Austauschleitung, die in Deutschland ja nicht nur für Thüringen zuständig war und daher einen gewissen Apparat zur Verfügung hatte, im Benehmen mit den zuständigen Behörden glanzvoll auszurichten verstand.

Die Kungsgatan weitete sich an einer Seite zu einem Platz, an dem das moderne Konzerthaus und das Kaufhaus PUB (Paul & Bergström) einander gegenüberstanden. Ungewohnt für mich die sich lässig und zahlreich auf den Stufen des Kunsttempels und denen des davor stehenden Brunnens sonnende Jugend, zum Teil mit den weißen Studentenmützen, fröhlich und friedlich - schwedischer Sommer. Hinter dem Platz erstreckte sich ein Viktualienmarkt, überdachte Gänge mit Reihen von Budenläden; hier holten wir uns unser "tyska bröd", da uns das schwedische, mit allerhand Gewürzen, u.a. Anis, nicht so recht mundete.

Aber auch die ältere Geschäftsstraße, parallel zur Kungsgatan, die lange, schmale Drottninggatan, im Grunde immer noch die frequentierteste Einkaufsstraße, wurde von uns oft aufgesucht. Hier lockte uns auch zu Mittag die Margaretha-Haushaltsschule. Gegen einen geringen Obolus (wohl 3 Kronen) konnte man sich in Selbstbedienung am großen Tisch in der Raummitte an Vor- und Hauptspeisen, die ständig ergänzt, auch durch neu Hinzugefügtes vervollständigt wurden, rundum satt essen. Sonst speisten wir in einem Lokal der Restaurantkette "Norma" (vergleichbar in etwa mit

Schweden

Aschinger in Berlin) recht gut und preisgünstig, z.B. Seezunge, hierzulande heute ein teures Vergnügen. Unweit der Klarakirche (wie alles Vorerwähnte noch auf Norrmalm) befand sich damals noch in einem sehr schlichten, hohen, schmalen Bürgerhaus in enger Umgebung, mit gewöhnlichen Treppenaufgängen und Wohnungstüren, die Gesandtschaft des Deutschen Reiches. Herr Muth und ich machten dort Besuch. Wie erwartet, empfing uns nicht der Gesandte Prinz zu Wied, sondern der Kanzler der Gesandtschaft. Mit seiner Hilfe erreichten wir, daß der Gesandte zu dem wirklich sehr festlichen deutsch-schwedischen Tanzabend in der Blauen Halle des Stadthauses ein Grußwort zu schicken (oder es gar selbst zu sprechen, hier versagt meine Erinnerung) versprach.

Die Gesandtschaftsunterbringung war 1929 wirklich dürftig. Das änderte sich bald. 1929 fand auf einem noch unbebauten Gelände nahe dem Zugang zum Djurgarden die sehr attraktive große schwedische Weltausstellung statt. An diesem Platz und in seiner Nähe erbaute man später prächtige Villen für die meisten Gesandtschaften, so auch die deutsche: "Diplomatstaden" (Diplomatenstadt) wurde dann der ganze Komplex genannt.

Nicht fern war der Zugang zum Djurgarden, Stockholms schönster und größter Naturparkanlage aus Wald und Wiesen, mit zahlreichen Gast-, Vergnügungs- und Bildungsstätten, von allen Seiten offen zum Meer hin. Etwas steil fuhr oder stieg man hier zu einer Sehenswürdigkeit ganz besonderer Art hinauf. "Wer Skansen nicht gesehen hat, hat Stockholm nicht gesehen," lautet ein Slogan. Es war das ein großes, etwas welliges Landschaftsareal, ausgestattet mit Häusern, Hütten, Höfen, sonstigen Siedlungen, Mühlen, Werkstätten aller Art aus sämtlichen schwedischen Provinzen. Die Wohnstätten waren großenteils bewohnt von Menschen in der Tracht ihrer Herkunftsgebiete, bis hinauf zum Lappenzelt. Die jeweils örtliche Folklore belebte den Eindruck. Erholung fand man im Lokal Solliden, wo man sowohl bescheiden mit Selbstbedienung (Själfservering) essen wie in festlicher Runde bei lecker bereitetem Mahle sitzen konnte, in jeweils streng getrennten Räumen, gleichsam nach "Klassen" sortiert.

So gab's auch sonst in den feinen Cafés, etwa in Vaxholm oder in dem berühmten Seebad Saltsjöbaden, wo einst nach der Revolution von 1917 russische Flüchtlinge hohen Standes ihre erste oder bleibende Zuflucht gefunden hatten, sowohl ein nobles Restaurant als auch eine "Terrasse für die Armen", auf die man verwiesen wurde, wenn man etwa nur Kaffee, Kuchen, "Wiener Bröd" oder ein "Smörgasbrod" genießen wollte.

Am entgegengesetzten (nordwestlichen) Ende der Stadt war Haga ein Anziehungspunkt. Das Schlößchen glich damals noch einem unbevölkerten Nest. Erst Jahre später hielten Prinz Gustav Adolf, ein Enkel des Königs Gustav V., und Prinzessin Sibylla von Sachsen-Coburg-Gotha hier Einzug. Die "Hagafamilie" vergrößerte sich schnell: auf drei Töchter ist endlich dann 1946 ein Prinz gefolgt; es ist der heutige König Carl XVI. Gustav. Im Wiesen- und Waldpark von Haga konnte man stundenlang spazierengehen und dann zwischen den Kupferzelten, die einst ein König für irgendwelche Theateraufführungen hatte errichten lassen, nett im Freien Kaffee trinken, wobei man freilich acht geben mußte, daß einem die in Massen vorhandenen frechen Spatzen nicht den Bissen aus dem Mund pickten.

Die Schweden waren ein gastfreundliches Volk. So war ich einmal allein in der feudalen Villa der Familie Bonthron, nahe Schloß Drottningholm, eingeladen, wo mir die reizende Tochter Ebba, ein schwedisches "Austauschkind", mit geübten Händen das sachgemäße Öffnen der Krebsschalen beizubringen versuchte. Ein besonders zünftiges Krebsessen fand für die am Austausch beteiligten schwedischen und deutschen Leiter im Haus der um den Austausch hochverdienten Familie Björk in Enskede (auch Johanneshov genannt, einem Vorort von Stockholm) statt. Dazu gehörte Schnaps. "Pro Schere einen Schnaps" lautete eine volkstümliche Regel; sie war praktisch undurchführbar, denn mindestens zehn Krebse (kräftor) mußte man schon essen, obwohl es reichlich Vorgerichte gab. Nun herrschte damals in Schweden eine halbe Prohibition: nur von einem bestimmten Alter ab bekam man eine Art Alkoholpaß ("Motbok" genannt), der zum Bezug einer bestimmten Monatsration berechtigte. Da ich mit meinen 23 Jahren noch zu jung war, aber doch das Meine beitragen wollte und sollte, begab ich mich, versehen mit einer Bescheinigung der Gesandtschaft, in das zuständige Amt, wo mir ein Ausweis zum Bezug einer Flasche Aquavit "zu Repräsentationszwecken" (als stellvertretenden Austauschleiter) bewilligt wurde.

Der Abend bei Björks - der Hausherr war übrigens selbst sein bester Gast, was die Getränke betraf - ist dann sehr vergnügt und feuchtfröhlich verlaufen. Beim Besuch des Nordischen Museums (auf Djurgarden) war ich aber am nächsten Tag so verkatert, daß mir von all dem Sehenswerten nur das ausgestopfte (oder nachgebildete?) Streitroß, auf dem sitzend König Gustav

Schweden 127

Adolf 1632 bei Lützen fiel, in Erinnerung blieb. Ich habe damals den Besuch dieses hochbedeutenden Museums nicht wiederholt.
Dagegen sah mich das Nationalmuseum öfters in seinen Sälen. Besonders Anders Zorns Bilder aus Dalarne, die die wunderschöne Landschaft mit ihren Seen und Blockhütten, mit ihren Frauen und Mädchen darstellen, hatten es mir angetan. Aber auch das wildromantische Gemälde, das die Heimbringung des bei Frederikshall gefallenen noch jungen Königs Karl XII. durch zerklüftetes Gebirge zeigt, beeindruckte mich damals sehr. Öfters kam ich bewundernd am Denkmal des Königs in den Parkanlagen gegenüber dem königlichen Schloß vorüber, das den König in kühner Pose, den Arm gen Osten ausstreckend, darstellt. Ich hatte gerade Verner von Heidenstams Buch "Karolinerna" (in deutscher Übersetzung: "Karl XII. und seine Krieger") gelesen.
Ein Tagesausflug, den Herr Muth, der sich in Schweden hervorragend auskannte, mit mir allein unternahm, bleibt mir wegen der gedrängten Dichte und Reichhaltigkeit des Erlebnisses in Erinnerung. Wir fuhren sehr früh morgens mit der Bahn nach Uppsala, wo wir vor dem Eintreffen einen Blick auf das hochgelegene Schloß tun konnten, von dessen ursprünglichem Geviert nur diese eine Schauseite erhalten geblieben (oder vollendet worden?) war. Vom Bahnhof ging es zu Fuß nach Gamla Uppsala (Alt-Uppsala), wo natürlich keiner der drei altgermanischen Königsgräberhügel ausgelassen, wohl aber auf den aus dem Horn zu trinkenden "Met" verzichtet wurde. Beim folgenden Gang durch Uppsala besuchten wir den mächtigen gotischen Dom, die Kathedrale des damals berühmten schwedischen Erzbischofs Nathan Söderblom. Mit der gebührenden Ehrfurcht standen wir dann in der Universitätsbibliothek vor dem Codex argenteus, wo auf purpurfarbenem Pergament die gotische Bibelübersetzung des Bischofs Ulfilas mit silbernen, zum Teil gar goldenen Lettern verewigt ist. (Es war uns natürlich klar, daß man nur *ein* Blatt des einmaligen Dokuments, das die Schweden einst im Dreißigjährigen Krieg aus der Abtei Werden an der Ruhr mitgenommen beziehungsweise nach offizieller Lesart "sichergestellt" hatten, aufgelegt auf einen buchartigen Block, ausgestellt hatte.)
Mit der Straßenbahn fuhren wir zum Vorort Ultuna, wo, an einem Abzweig des Mälarsees, ein älteres Boot bereitstand, ausgestattet recht luxuriös mit roten Plüschgarnituren und Portieren. Die Küche dieses "Staatsschiffes" versorgte uns - Herrn Muths Sparsamkeit und asketische Natur hatte tagsüber

für den nötigen Hunger gesorgt - mit einem "Dinner", dessen Vorzüglichkeit mir in Erinnerung geblieben ist: zartestes durchgebratenes Rindersteak mit Zwiebeln. Die interessante Fahrt führte an traditionsreichen Punkten vorüber: das große weiße Schloß Skokloster, wo Gustav Adolfs Jugendliebe Ebba Brahe aufgewachsen war; Schwedens älteste Hauptstadt Sigtuna mit ihren Kirchenruinen, Runensteinen - und hochmodernen Bildungsstätten, ein Ort, dem natürlich ein ganzer Tag zu widmen sein würde; Schloß und Park Drottningholm, heute Wohnsitz des Königspaares. Als wir abends in Stockholms Mälarhafen an Land gingen, hatten wir einen märchenhaft schönen Tag hinter uns.

Die größte und in die weiteste Ferne führende Unternehmung war aber meine Sache ganz allein. Meine Fahrkarte war bis zum entlegensten Ort ausgestellt, wo ein "Austauschkind" untergebracht war. Dieser Ort aber war Kiruna, jene Pionierstadt mit dem damals wohl größten abbaufähigen Erzvorkommen der Welt. So machte ich mit dem "Nordpfeil" ("Nordpilen") die schier endlos lange Reise dorthin, zuerst durch dichte Wälder und über reißende Ströme, in denen gefällte Baumstämme eilig zu den am Bottnischen Meerbusen gelegenen Hafenorten trieben, wo sie weiter verarbeitet oder verschifft wurden. Es gab auf der langen Strecke nur wenige Stationen, an denen der Zug hielt, fast ununterbrochen ging das gleichmäßige Rattern durch Tag und Nacht. Schon vor dem Polarkreis begann sich das Landschaftsbild zu ändern, der Baumwuchs ließ nach, wurde kümmerlich. Einmal sah ich vom Zugfenster aus einen Elch, der, offenbar unbeeindruckt vom Zuglärm, am Waldrand entlang lief.

Dem Polarkreis wurde Reverenz erwiesen. Der Zug hielt an der Station "Polcirkeln", hinter der sich keine richtige Ortschaft verbarg. Der Polarkreis war durch in den Boden eingelassene weißgestrichene Steine markiert. Von nun an baumlose Landschaft, Tundra, von Moosen, Flechten, Zwergsträuchern in allen Farben wunderbar sommerlich leuchtend.

Jenseits des Polarkreises folgte als erste und einzige Umsteigestation auf der langen Reise die Festungsstadt Boden, unmittelbar am oberen "Ende" des Bottnischen Meerbusens gelegen, also zugleich Hafen. Der am Austausch beteiligte Junge, der hier seine schwedische Ferienfamilie wohnen hatte, bedurfte wegen des Charakters des Ortes als Schwedens wohl wichtigster Festung einer speziellen, vom König selbst zu unterzeichnenden Aufenthaltsgenehmigung. Mein Versuch, während des längeren Aufenthalts ein wenig in die Stadt hineinzuspazieren, wurde schnell durch Militär gestoppt. Der neue Zug führte nun unmittelbar nach Lappland hinein, über Murjek und Gellivare nach Kiruna (auf lappländisch "Schneehuhn"), wo ich gegen Abend mitten im Ort in einer kleinen Pension Quartier, aber kein Abendessen fand. Ich mußte mich mit den trockenen Resten der aus Stockholm mitgebrachten Butterbrote begnügen. Zum ersten Mal erlebte ich die Verdunkelung des Fensters, zu friedlichem Zweck, zum Schutz nämlich gegen die Mitternachtssonne, die das Schlafen erschwerte: zehn Jahre später (ab 1939) gewann in Deutschland das Wort "Verdunkelung" seine böse, düstere Bedeutung, es begann der Zweite Weltkrieg. Überrascht bemerkte ich die neben dem Fenster hängende Strickleiter mit genauer Gebrauchsanwendung für den bei Brand etwa notwendig werdenden Ausstieg durchs Fenster. Es gab, soweit ich mich erinnere, in Kiruna damals ausschließlich Holzhäuser, wie überhaupt vieles einen mehr provisorischen Charakter hatte. Lappen (oder Lappländern; in ihrer eigenen Sprache nannten sie sich "Samen") begegnete man öfters, seltsam fremdartigen Erscheinungen in ihrer malerisch-bunten Tracht, meist älteren Personen mit gebräunt-zerfurchten Gesichtern, ausgedienten Rentierhaltern zumeist, die nunmehr "Multbeeren" oder Rentiergeweihe und -felle feilboten. Die Jüngeren waren bei ihren Herden im Gebirge, dessen höchste Erhebung, den schneebedeckten "Kebnekejse", man, wenn ich mich recht erinnere, von bestimmten Punkten aus sehen konnte. Man sah wenig Frauen in dieser abgelegenen Bergbaustadt, die, eingebettet in das umfangreichste Stadtgebiet Europas (das ganze Umland gehörte zur Stadt Kiruna) einen absonderlichen, fast abenteuerlichen Eindruck machte.

Ich besuchte "unseren" in Kiruna wohnenden, sich hier doch etwas vereinsamt fühlenden Jungen und erstieg mit ihm ungehindert, gleichsam spaziergangsweise, den "Kirunavaara", wo damals die Erzgewinnung ausschließlich im Tagebau erfolgte: der Berg wurde allmählich abgetragen. Man kam ziemlich nahe an die Arbeitenden heran. Ich hob einen dunklen Stein auf, staunte über sein Gewicht - fast reines Erz! Bei einem späteren Besuch (1950) wurden wir, als Touristen in Gruppen geordnet, mit einem Bähnchen (gegen Eintritt) zu einem bestimmten Aussichtspunkt hinaufbefördert, von dem aus man weit in der Tiefe das ameisengleiche Gewimmel der Bergleute beim Abbau sehen konnte. Wann wird der einst beachtliche Magneteisenberg ganz verschwunden sein?

Einmal in Kiruna, entschloß ich mich, den Weg des Eisens bis zu dem in Norwegen liegenden Verladehafen Narvik weiterzuverfolgen. An den Erzzug, der langsam durchs Gebirge fuhr, waren ein paar Personenwagen angekoppelt, und es gab die Haltepunkte Abisko, Björkliden, Vassijaure, Lapplandia, Riksgränsen. Vom Zug aus gab es interessante Ausblicke längs der wilden, kargen Hochlandnatur. Man sah den ganzen Torneträsk, einen kalten vom Torneåfluß gebildeten Bergsee, und die "Lapporten" (Lappenpforte), eine ungewöhnliche halbkreisförmige Gebirgsformation, durch die die Lappen ihre Rentierherden trieben. Von Riksgränsen ab ging die Fahrt in zahlreichen Windungen und durch mehrere Tunnel steil bergab, bis plötzlich in der Tiefe der letzte Ausläufer des Rombaksfjordes auftauchte, der sich allmählich mit der Fahrt verbreiterte und an dessen Ufer unversehens Parzellen saftigen Wiesengrüns sichtbar wurden, eine Erholung fürs Auge nach der zwar imposanten, aber rauhen Norrbottenfahrt mit ihrer Gebirgs- und Gewässerwelt.

In Narvik war zwar alles ähnlich wie in Nordschweden, aber doch manches anders, so der noch herbere Menschenschlag, sogar die Sprache; ein kleines Beispiel: was in Schweden "Brevloda" (Briefkasten) war, hieß hier "Postkassa". Auch in Narvik brachte ich die Nacht in einer einfachen Pension zu. Am Tag verfolgte ich am Erzhafen das Verladen des wertvollen Materials in die großen Schiffe, deren Hauptziele Rotterdam und Duisburg waren, saß dann stundenlang in der Sonne auf einem Stein an der Spitze einer Landzunge und blickte hinaus aufs Meer in der Richtung, in der ich nach Karte und Sonnenstand die Lofoten vermutete. Trotz der Einmaligkeit des Ausblicks überfiel mich plötzlich ein Gefühl grenzenloser Einsamkeit, das mich fast bis zu Tränen anrührte. Ich sehnte mich zu den Menschen zurück, mit denen ich mich verständigen konnte und verstand.

Nach der langen, langen Rückfahrt wieder in Stockholm angelangt, war ich froh, am Bahnhof von einem Freund empfangen und "nach Hause" in die Döbelnsgatan begleitet zu werden. Unser dortiges Quartier war eine Art Anlaufstelle für Thüringer, die eine Schwedenreise machten. Der Schüleraustausch zog so seine Kreise. So besuchte uns auch mein Weimarer Chef, Direktor Siefert. Ich begleitete ihn auf einer Taxifahrt zu einigen Stockholmer Sehenswürdigkeiten. Als ich dem Fahrer auf Schwedisch gewisse Anweisungen gab, schmeichelte mir Siefert mit dem erstaunten Ausruf: "Sie sprechen ja Schwedisch wie ein junger Gott". Ich hatte vor der Reise gelernt;

Schweden

die beständige Übung "vor Ort" machte zwar nicht gerade aus mir den Meister, aber ich konnte mich, zumal ich die Zahlen beherrschte, in dem leicht singenden Stockholmer Tonfall ganz gut verständlich machen. Mitunter allerdings mußte ich es erleben, daß mir auf in meinem schönsten Schwedisch gestellte Fragen in deutscher Sprache geantwortet wurde!
Auch im folgenden Jahr (1930) nahm ich in gleicher Funktion am Deutsch-Schwedischen Schüleraustausch teil. Es erübrigt sich, wieder auf Einzelheiten einzugehen, zumal sich vieles wiederholte und da mir sicherlich in der Erinnerung manches an den Erlebnissen beider Reisen zu einer Einheit verschmolzen ist. Aber *ein* neuer Inhalt - in gewisser Hinsicht wichtig für mein weiteres Leben - kam diesmal hinzu.
Ich hatte meine Absicht, auch im Schuldienst wissenschaftlich zu arbeiten - wohl mit dem geheimen Fernziel, später doch noch in irgendeiner Form Anschluß an die Universität zu finden -, nie aufgegeben. Die durch Anschauung erworbene beziehungsweise vertiefte Kenntnis der schwedischen Geschichte und ihre mannigfachen Verbindungen mit der deutschen hatte mich noch in dieser Absicht bestärkt und in eine vorläufige Richtung gewiesen. Mein Weimarer Archivfreund, Assessor Dr. Wilhelm Engel, hatte mich auf die reichen, großenteils noch unausgeschöpften Bestände des Schwedischen Reichsarchivs, auch und besonders zur deutschen Geschichte, hingewiesen und mir Empfehlungen an den Direktor des "Riksarkivs", Dr. Brulin, mitgegeben. Ihn suchte ich in seinem Dienstzimmer in dem alten Archivgebäude, in unmittelbarer Nähe der Einfahrt der aus dem Süden kommenden Züge in den Stockholmer Hauptbahnhof, auf. Er vertraute mich einem Archivar an, der mir beim Aufsuchen geeigneten Materials half. So begann ich im Stockholmer Reichsarchiv mit jener Art unmittelbarster historischer Quellenforschung, die mir, in vielen weiteren Archiven ausgeführt, bis in die älteren Jahre ein Daseinselement werden sollte.
In Stockholm war es die "Stegeborgs Samling", zu der es ein gedrucktes Inventar gab, aus deren unermeßlichen Schätzen ich das mir als Thüringer zunächst interessant Erscheinende vorlegen ließ. Bei diesem Bestand handelte es sich um das Archiv der seit längerem in Schweden ansässigen Linie der wittelsbachischen Pfalzgrafen bei Rhein, welcher der Nachfolger der Königin Christine, König Karl X. Gustav, entstammte, dessen Bild man im Ritterhaus zu Stockholm, dessen Reiterstandbild man auf dem Marktplatz in Malmö bewundern konnte - und dessen knebelbärtiges Konterfei mich zu-

erst aus einem Gemälde im Saal des Schlosses Putzar (vgl. oben S. 62) angeblickt hatte. Durch die in späteren Jahren (von Essen aus) fortgeführte Ausbeutung der "Stegeborgs Samling", die auch sein persönliches Archiv barg, ist mir Karl X. Gustav zu einer wichtigen Figur meiner Forschungen geworden.

Aus Weimar kommend, wählte ich mir ein Faszikel, das bisher unbekannte Briefe des in der Historie wohlbekannten Herzogs Bernhard von Weimar enthielt, zur Abschrift und Kommentierung aus. Nach dem Tode Gustav Adolfs bei Lützen (1632) war Bernhard der militärische Führer der Schweden in Deutschland, ein großer Heerführer mit staatsmännischen Ambitionen. Es waren das in erster Linie elf Briefe an einige der bedeutendsten Persönlichkeiten seiner Zeit, den König Gustav Adolf, die Königin Christine, den in Schweden (Stockholm beziehungsweise Schloß Stegeborg) residierenden Pfalzgrafen Johann Casimir bei Rhein, Schwager Gustav Adolfs und Vater des nachmaligen Schwedenkönigs Karl X. Gustav, den Feldmarschall Gustav Horn und andere, samt und sonders bisher unbekannte Originale. Kriegs- und politisches Geschehen kommen in diesen Briefen gleichermaßen zu Wort und vervollständigen in wichtigen Details unser Wissen. Die Zeitschrift des Vereins für thüringische Geschichte brachte die Schriftstücke, versehen mit meinen Kommentaren, 1931 (Bd. 29 der Neuen Folge) zum Druck.

Ich wußte damals noch nicht, daß Goethe den Plan hatte, eine Biographie Bernhards von Weimar zu schreiben, aber dieses Vorhaben nach Einblick in die ihm z.T. aus Gotha zugesandten Akten fallen ließ. Johann Gustav Droysen unterzog sich dann dieser Mühe. 1958 haben meine Frau und ich im Dom zu Breisach bewundernd vor dem höchst kunstvoll gearbeiteten prächtigen Grabmal des großen Weimarers gestanden, der 1634 in der Schlacht bei Nördlingen fiel, wonach die in Deutschland kämpfenden schwedischen Truppen, der strengen Disziplin entwöhnt, zur wüsten Soldateska entartet waren.

Diese meine damals vielbeachtete Briefveröffentlichung war der Anfang einer ganzen Reihe kleinerer Arbeiten, dabei weitere Funde aus dem Schwedischen Reichsarchiv, speziell der "Stegeborgs Samling". Es handelte sich nunmehr um Briefe zahlreicher deutscher Städte, Behörden und Personen an den erwähnten Karl Gustav, der, damals noch nicht König von Schweden, als schwedischer General jener Nürnberger Exekutivbehörde vorstand, wel-

Schweden

che schwedischerseits den Vollzug der im Westfälischen Frieden (1648) ausgehandelten Bedingungen zu überwachen, man würde heute wohl sagen: die "Reparationen" für Schweden einzutreiben hatte. Bis zur Erledigung seiner Amtsgeschäfte blieben noch schwedische Besatzungen im Land. "Der Schwed' im Land", das war auch nach dem offiziellen Friedensschluß ein vielgehörter Stoßseufzer in Deutschland, und jene Briefe, deren mehrere Gruppen (aus Thüringen, auch von der Essener Fürstäbtissin Anna Salome) ich herausgab, waren fast durchweg de- und wehmütige Zeugnisse von Elend und Not. So ist es nun eben: wenn der Krieg zu Ende ist, herrscht oft noch lange kein Frieden.

Aber diese Bemerkungen können in keiner Weise den positiven Eindruck meiner damaligen Schwedenaufenthalte verdüstern. Schweden war seit 1815 neutral, die Schweden waren gastfreundliche, liebenswerte Menschen, die mehrfach dort (auch von Essen aus) im Land verbrachten Wochen waren für mich Zeiten fast ungetrübten Glücks.

14. MEINE ERSTEN FÜNF JAHRE IN ESSEN (1931-1936)

Vor meinem Amtsantritt in Essen war noch eine unerwartete Hürde zu nehmen. Von Koblenz kam die Anfrage, ob ich denn ein Preuße sei, ohne diese Vorbedingung könne die Übernahme an eine stattlich anerkannte Schule des Landes zur Zeit nicht erfolgen. Beim Nachforschen erwies sich, daß mein Vater (und mit ihm seine Familie) als Bahnbeamter neben der thüringischen auch die preußische Staatsangehörigkeit besaß; sie war ihm einst bei der Übernahme der "Werrabahn" in die preußischen Staatseisenbahnen ausdrücklich verliehen worden. Welche seltsame Spätblüten trieb noch immer die alte deutsche Kleinstaaterei!

Bei der Bahnfahrt von Thüringen, dem "Grünen Herzen Deutschlands", ins Ruhrgebiet wurde mir spätestens hinter Hagen an den allbekannten äußeren Merkmalen (Hochöfen, Fördertürmen, Halden, Fabriken usw.) und dem zersiedelten Landschaftsbild, fast ohne ersichtliche Stadtgrenzen, deutlich, daß ich mich der geballtesten Industrielandschaft Deutschlands, wo nicht gar Europas näherte. Kraß sprang dann in Essen selbst in den äußeren Wahrzeichen wie im gesamten Stadtgefüge und Lebenszuschnitt der gewaltige Unterschied ins Auge: nichts von der akademisch-musischen Höhenluft, die im heimatlichen Jena, trotz Zeiss und Schott, vorgeherrscht hatte, oder gar vom Späthauch der Weimarer Klassik. Stattdessen der vielzitierte "herbe Charme" der industriellen Großwirtschaft, befremdend zunächst, aber doch eindrucksvoll. Daß hier neben dem lebhaften Handel Kohle und Eisen noch tonangebend und allenthalben sichtbar waren, war mit Händen, ja mit allen Sinnen zu greifen. Es war ja das Jahr 1931, nicht das Jahr 1992 mit seinem grundlegend veränderten wirtschaftlichen und auch baulichen Charakter.

Dabei unterschied sich, wie mir schien, der Kruppsche Arbeiter erheblich vom Jenenser "Zeissianer". Jener wirkte härter, derber. War doch seine Arbeit im allgemeinen auch weit härter und gefährlicher als die des optischen Feinmechanikers bei Zeiss. Auch der "gesellschaftliche" Zuschnitt war anders. "Krupp" war noch immer ein, wenn auch etwas anders firmiertes, gigantisches Familienunternehmen. So wurde der Kruppianer - imponierend für jene Zeit - patriarchalisch betreut, wovon u.a. die eigenen Konsumanstalten und Bildungseinrichtungen, das Kranken- und Erholungshaus, nicht zuletzt die Arbeiter- und Altensiedlungen zeugten. Meist wirkten diese recht wohnlich und anheimelnd mit ihren kleinen Gärten und dem Grünland in der nächsten Umgebung. Bei Zeiss in Jena war so ziemlich alles anders, nicht nur von der Art der Arbeit, auch von der gesamten Werksverfassung her. Die von Ernst Abbe 1889 errichtete "Carl-Zeiss-Stiftung" verschaffte dem Werksangehörigen so moderne Vorteile wie Gewinnbeteiligung und Arbeiter-Vertretung, setzte ihn zugleich von jeglicher Art von Bevormundung frei - alles das bei Krupp schon vom inneren Wesen her noch ziemlich unbekannte Dinge.

In der Stadt begegnete man dem Bergmann oder Kumpel beim Schichtwechsel, wenn er in der "Elektrischen", mit Thermosflasche und Stullenpaket versehen, zum Pütt oder müde und abgekämpft nach Hause fuhr. Natürlich konnte man ihn, genau wie den Kruppianer, auch in den Kneipen seinen begreiflichen, man möchte sagen wohlverdienten Durst löschen und dabei auch mal kräftig auf die Pauke hauen sehen. Wie viele "Pinten" blühten allein um den Viehofer Platz herum! Natürlich lockte es mich, einmal in ein Bergwerk einzufahren. Bergassessor Kratz verschaffte einigen Kollegen und mir die Möglichkeit dazu in der ihm unterstehenden mitten im Schellenberger Wald gelegenen Zeche Gottfried Wilhelm. Man erließ uns nichts, beförderte uns schließlich per Rutsche vor Ort bis in den letzten und niedrigsten Streb, wo man sich nur noch "robbend" bewegen konnte. Ich bekam eine riesige Hochachtung vor der Bergmannsarbeit, und der tiefe Sinn des sich drunten immer wiederholenden Grußes "Glückauf" wurde mir klar. Das danach mit verrußtem Gesicht aus schmutziger Hand vermittels eines großen Nagels zu vereinnahmende Butterbrot, dann das reinigende Bad, endlich der das Unternehmen abschließende, den Reststaub hinunterspülende intensive Umtrunk sind mir eine bleibende Erinnerung.

Bald wurde mir klar, daß hier in Essen andere Maßstäbe herrschten, auch andere Kräfte den Ton angaben als daheim. Einmal Krupp mit seinem Direktorium. Verblüfft, ja fast ein wenig erschrocken war ich, als ich von der Höhe der "Heimlichen Liebe" herab zum ersten Mal und völlig unerwartet den grauen Riesenbau der Villa Hügel, den Kruppschen Familienwohnsitz, erblickte, neben dem mir die vertrauten thüringischen Fürstenresidenzen relativ bescheiden, freilich stilvoller vorkamen. Zum andern war es das ziemlich exklusive Korps der Bergassessoren, die hier offensichtlich das Sagen - aber wie Krupp auch die Sorgen hatten. Denn die von Amerika herüberwirkende Weltwirtschaftskrise hatte den Export und damit den

Gewinn erheblich reduziert. Die Trupps von Arbeitslosen an den Straßenecken sprachen eine deutliche Sprache.

Auf diesem allgemeinen Hintergrund war aber mein Leben die Schule mit *allem*, was dazugehörte - einschließlich einer gleichzeitig mit mir in den Lehrkörper eingetretenen Studienassessorin ähnlicher Fachrichtung, die mir immer sympathischer wurde und dann 54 Jahre meine Frau war. Sie war wohl die einzige gebürtige Essenerin im Kollegium, in dem sich sonst Vertreter fast aller deutschen Landschaften zu vorteilhafter Mischung zusammenfanden: Rheinland, Schwaben, Pfalz, Braunschweig, Ostpreußen, Tschechoslowakei (Sudetenland), Schlesien u. a.; schon vom Idiom her wußte sich das bajuwarische Element kräftig zur Geltung zu bringen. Was gab es damals für eine Freizügigkeit in Deutschland! Den größten Anteil stellten akademisch gebildete Lehrkräfte, eine Minderheit bildeten Oberschullehrerinnen. Praktisch gab es aber im kollegialen Zusammenwirken - von der Verwendung in den verschiedenen Klassenstufen abgesehen - keine Unterschiede. Es herrschte ein guter, im ganzen fröhlicher Geist, was sich auch darin zeigte, daß man gern Feste feierte. So wurde z.B. unsere Verlobung 1933 - so etwas war ja an der Maria-Wächtler-Schule noch nie vorgekommen - sehr festlich und schwungvoll mit allerlei Anspielungen und netten Gedichten begangen. Etwas überspitzend, aber doch ziemlich treffend gab ein Kollege den Sachverhalt in den in einem längeren Poem enthaltenen Versen wieder:

Er kam von Goethe, *sie* von Krupp
Dem Schicksal ist das gänzlich schnupp',

was aber natürlich vom Landschaftlichen, nicht vom Geistigen her gemeint war.

Ein spezifisches Element bildeten mehrere Pfarrer ("Pastöre" sagte man damals), die bei dem Religionslehrermangel aushalfen. Zugleich kam darin der evangelische Charakter der Maria-Wächtler-Schule zum Ausdruck, wie natürlich auch in dem allwöchentlichen, für alle offiziellen Gottesdienst in der nahegelegenen Reformationskirche, die der Krieg zerstört hat.

Die Direktorin Frau Hedwig Prückner war eine kleine, überaus energische ältere Dame, hoch verdient , so vor allem auch um den äußerlich stattlichen, innen äußerste Sparsamkeit verratenden 1927 bezogenen Neubau der Schule in der Rosastraße. Für ihren Ausspruch: "Wenn man Direktorin wird, muß man mit dem Leben abgeschlossen haben" war sie freilich ein lebendiger Beweis.

Wenn man morgens am Schwarzen Brett im Lehrerzimmer bei dem Wort "zur Dir." sein eigenes Namenszeichen fand, beschlich einen meistens ein ungutes Gefühl, denn selten bekam man Angenehmes zu hören, und die Chefin, Stöpken genannt, konnte maliziös sein.

Meine Fächerzusammenstellung Deutsch, Geschichte, Latein verschaffte mir das Glück, auf allen drei Klassenstufen eingesetzt zu werden. Von den Primanerinnen trennten mich nur 8 Lebensjahre, was naturgemäß seinen eigenen Reiz hatte! Ich wurde Klassenlehrer einer Quarta, erteilte darin Deutsch und Geschichte. Ein eigenartiges Gefühl, zum ersten Mal für eine Klasse zuständig zu sein (was sich übrigens auch auf das allmonatliche Einsammeln des Schulgeldes, 20 Mark, erstreckte). Noch zwei Jahre zuvor Jenenser Student, dann während der Referendarzeit in Weimar doch ohne eigentliche Verantwortung, fand ich mich vor und von dieser großen Schülerinnenmenge der IV b eigentlich erstmals im Leben echt in die Pflicht genommen. Denn mit Erstaunen, fast mit einer Art Bestürzung, ja Rührung bemerkte ich, daß mir hier ein großer Vertrauensvorschuß entgegengebracht, daß von mir nicht nur Kenntnisvermittlung, sondern auch so etwas wie Führung erwartet wurde (so z.B. auch auf den Wanderungen und Ausflügen, wo ich munter mit "Räuber und Schanditz" zu spielen hatte). Das alles mochte zum Teil an dem beinahe noch etwas familiären Charakter der Schule liegen.

Dazu kam der gegenüber unseren Tagen doch ganz andere Zeitgeist. Noch wußte man nichts von den "herrlichen", von Obrigkeitsseite noch geförderten Erkenntnissen, die seit dem Ende der 60er Jahre nicht nur das schulische, sondern auch das häusliche Leben so oft erschweren, ja nicht selten vergiften. Man sprach damals noch nicht vom anders gearteten "Rollenverständnis", der verschiedenen "Interessenlage" von jung und alt, Schülern und Lehrern, hatte noch nicht den "Konflikt" als naturgegebene, selbstverständlich gültige Ausgangsbasis im Verhältnis der Generationen und damit jeglichen pädagogischen Tuns entdeckt und institutionalisiert. Natürlich gab es auch damals Konflikte, Ärgernisse aneinander, manchen schweren und ernsten Verdruß. Aber der Konflikt als Lebensnorm? Nein! Alles war partnerschaftlicher, menschlicher, es herrschte eine ziemlich freie Selbstverständlichkeit im Umgang, was "Streiche" von Schüler-, auch Fehler von Lehrerseite nicht ausschloß. In solcher Luft war auch Fortbildung für den Lehrer eine Selbstverständlichkeit. Dazu war in Essen reichlich Gelegenheit. Meine (spätere) Verlobte, die in der Parallelklasse IV a Deutsch gab, war in ihrer Seminarzeit durch die Schule berühmter Reformer gegangen, die zumal im Deutschunterricht nach neuen Wegen suchten und ihre Gedanken in einem vielbeachteten Buch niederlegten. Aber auch schon rein altersmäßig waren wir beide, was uns noch jetzt immer einmal wieder bescheinigt wird, die "modernsten" Lehrer der Schule. Jene beiden Quarten wurden später zusammengelegt, und es ist doch wohl kein schlechtes Zeichen für den damaligen Stil an der Schule, daß die "Mädchen" - heute sich langsam den "80" nähernd, viele von ihnen längst Großmütter -, soweit noch am Leben und erreichbar, sich auch jetzt noch alljährlich mehrmals treffen und auch wir als "Klasseneltern" oft mit von der äußerst munteren und angeregten Partie sein durften. Ich bedaure es lebhaft, daß die m.E. in einigen Teilen überzogene Schulreform unserer Tage den Klassenverband auf der (früher so genannten) Oberstufe der Gymnasien aufgelöst hat. Ist es nur nostalgische Sentimentalität, wenn ich meine, daß heutigen Primanern (natürlich heißen sie meist nicht mehr so) - ganz davon abgesehen, daß man manche Schulhürden im festen Verband im allgemeinen leichter nimmt - in der Zukunft einmal ein reicher gemeinsamer Erinnerungs- und Erlebnisschatz fehlen wird?

Im privaten wie im beruflichen Leben wirkte es sich im Herbst 1931 einschneidend aus, daß der durch die Weltwirtschaftskrise verursachte große Bankenkrach des Sommers die Regierung Brüning zu erneuten, durch "Notverordnung" verkündeten außerordentlichen Sparmaßnahmen veranlaßte. Um dem Schicksal, als noch nicht fest angestellte Lehrkräfte kurzerhand "abgebaut" zu werden, zu entgehen, mußten wir noch zusätzliche Belastungen auf uns nehmen. So schrumpfte z.B. zeitweilig mein Monatsgehalt von (netto) ca. 340 auf etwa 200 Mark. Auch mußte ich statt der amtlich vorgeschriebenen 27 Wochenstunden deren 30 und zur bisherigen Klassenleitung noch eine weitere übernehmen.

Im Sommer 1932 konnte ich mit Genehmigung des Provinzialschulkollegiums in Koblenz ein Unternehmen durchführen, das meinen beruflichen Wirkungsradius vorübergehend erweiterte. Ich konnte den deutsch-schwedischen Schüleraustausch, der in Thüringen und Sachsen schon Tradition war und an dem ich als Referendar von Weimar aus teilgenommen hatte, auf die Rheinprovinz übertragen. Zahlreiche Jungen und Mädchen aus dem ganzen Bezirk, die meisten freilich aus Essen und von meiner Schule, konnten damals in den Sommerferien, nachdem zuvor schwedische Jugendliche mehrere Wochen als Gäste in den entsprechenden deutschen Familien gelebt hatten, mit diesen als "Geschwistern auf Zeit" zu ihren schwedischen Gastfamilien reisen. Darüber wurde oben schon berichtet. Ich benutzte die Gelegenheit zu weiteren Studien im Schwedischen Reichsarchiv, deren Ergebnisse in Veröffentlichungen, meist in thüringischen Zeitschriften, Verwertung fanden. Für fast alle Teilnehmer mag es für lange Zeit der letzte "Blick aus dem Fenster" gewesen sein. 1933 scheiterte der Versuch der Wiederholung an den von der nationalsozialistischen Regierung erlassenen Devisenbestimmungen. Deutschland begann sich abzukapseln.

Der Nationalsozialismus hat sich uns in seiner ganzen Schrecklichkeit erst allmählich decouvriert. Hitlers Regierung, anfangs als "Regierung der nationalen Erhebung" firmierend, wirkte mit ihren nur drei Nationalsozialisten (Hitler, Göring, Frick) und weit mehr "bürgerlichen" Ministern zunächst eher bürgerlich-national. Den Auftakt zum Einzug des Neuen Regimes in die Schule bildete, soweit ich mich erinnere, die für die ganze "Belegschaft" angeordnete Rundfunkübertragung der feierlichen Reichstagseröffnung in der Garnisonkirche zu Potsdam am 21. März 1933. Vom Turm ertönte zuvor das Glockenspiel "Üb immer Treu und Redlichkeit". Der Staatsakt selbst mit Reichspräsident von Hindenburg als eindrucksvollem, von dem in Zivil erschienenen Reichskanzler Hitler verehrungsvoll begrüßtem Mittelpunkt (in Wirklichkeit fast nur noch eine Galionsfigur), im Hintergrund die Särge der großen Preußenkönige, machte auf die große Zahl derer, die auf ihre Weise an eine Verbindung guter alter und besserer neuer Werte glaubten, Eindruck. Daß wenige Tage zuvor die wichtigsten Grundrechte außer Kraft gesetzt worden waren, bedachten die wenigsten. Schon hob sich auch in unserer Aula zögernd mancher Arm zum "deutschen Gruß".

Allmählich drang der Nationalsozialismus, unter völliger Entmachtung, ja teilweise Vernichtung sozialistischer und unter zielstrebiger Zurückdrängung alt-bürgerlicher Kräfte, in die Institutionen ein. An die Stelle früher bestehender Einrichtungen traten die "Gliederungen und angeschlossenen Verbände" der Partei. So wurde z.B. die Organisation der Lehrer an höheren Schulen, der Philologenverband, gleichsam auf kaltem Wege eliminiert bzw. in den Nationalsozialistischen Lehrerbund (NSLB) übergeleitet. Ich war bisher "Vertrauensmann" des Philologenverbandes an unserer Schule gewesen,

ein Amt, das sich im wesentlichen im Einsammeln der Mitgliedsbeiträge erschöpft hatte. Nun baten mich die Kollegen, von denen nur wenige den Übertritt in den Lehrerbund nicht mitvollzogen, die gleiche Sammelarbeit auch im NSLB zu übernehmen. So konnte man sich unversehens als kleiner Funktionär wiederfinden, und von da zur Partei oder SA-Mitgliedschaft war es oft kein großer Schritt. Aus der letzteren hat man mich später, da ich mich zu oft beurlauben ließ, "unbesternt" wieder entlassen.
Natürlich hat im allgemeinen nicht nur der Zufall bei der Parteibeziehung Pate gestanden. Das Geflecht der Motivationen - fehlgeleiteter und mißbrauchter Idealismus, verschwommenes Sozialempfinden (marschierte nicht in der SA "der Staatsanwalt Seite an Seite mit dem Kumpel"?), Ehrgeiz, Existenzangst, Konformismus (die "anderen", darunter so viele hochangesehene Bürger, hielten sich ja auch nicht abseits), Unbedachtheit, Geltungsbedürfnis, simples Mitläufertum, auch wohl echte vaterländische Überzeugung, Staatsfrömmigkeit u.a.m. - ist schwer zu entwirren. Auch die Abnahme der Arbeitslosigkeit, dazu Hitlers wiederholte Friedensbeteuerungen, nicht zuletzt zustimmende Äußerungen aus dem Ausland, das beim Abschluß des Nichtangriffspaktes mit Polen Hitler zum ersten Mal als "Staatsmann" bezeichnete, wirkten vordergründig beruhigend. Glücklich aber, wer ziemlich weit unten blieb und seine menschliche Anständigkeit einigermaßen bewahren konnte. Ganz heil in ihrer Seele blieben die wenigsten. Doch genug! Jeder irgendwie "Betroffene" hat da wohl einiges mit sich selbst abzumachen, trägt seine Last.
In der Schule fand die "neue Zeit" mehr in gewissen Äußerlichkeiten wie Flaggenhissungen zu Wochenanfang und Hitlergruß zu Beginn der Unterrichtsstunde Ausdruck, als daß sie sich in Sinn und Gestaltung des Unterrichts selbst sogleich besonders ausgewirkt hätte. Wohl gab es gewisse gezielte Einzelerlasse und -verfügungen, wonach dieses oder jenes Ereignisses speziell zu gedenken sei. Aber im ganzen basierte das höhere Bildungswesen noch immer auf den "Richertschen Richtlinien" der Weimarer Jahre, und an unserer evangelischen Schule hielt man auch an Gottesdienst und Schulandacht fest. Die Grundstruktur wurde, so meine ich mich zu erinnern, nicht radikal verändert, die Atmosphäre blieb die einer "Höheren Töchterschule", in die von dem Bösen und Schrecklichen, das sich auch in Essen zutrug, kaum etwas hineindrang.

Das zeigte sich sogar auch bei den sogenannten "Nationalpolitischen Lehrgängen". Bestimmte Klassen, so die Untersekunden, sollten fern vom Schulort einige Wochen in einer Jugendherberge zubringen und hier in einer Art Sonderlehrgang mit dem nationalen "Gedankengut" vertraut gemacht werden. Nun waren jene beiden Quarten inzwischen zu Untersekunden herangereift, so daß sie 1934 zu diesem Kurs heranstanden. Studienrätin Ilgen und ich waren die Klassen- und somit Kursleiter. Meine Frau, die nach den damaligen Bestimmungen bei der kurz zuvor erfolgten Eheschließung aus dem Schuldienst hatte ausscheiden müssen, wurde zum Mitkommen aufgefordert und konnte bei der Betreuung der jungen Mädchen gute Dienste leisten - andernfalls hätte eine zweite weibliche Lehrkraft teilnehmen und dem Unterricht entzogen werden müssen. Rückblickend stehe ich nicht an zu sagen: es waren eigentlich (abgesehen von der schauderhaften Verpflegung) drei schöne und interessante April- und Maiwochen, die wir in der Jugendherberge Niedermendig-Maria Laach verbrachten. Glücklicherweise schlossen die Richtlinien für jene Lehrgänge auch das Erleben der Umwelt, das Kennenlernen von Land und Leuten mit ein, und wir zögerten nicht, diesen Teil des Programms, den wir für sehr "nationalpolitisch" hielten, in den Vordergrund zu stellen. So haben wir diese wundervolle Vordereifelgegend nach allen Richtungen durchstreift und kennengelernt: Mayen und die Genovevaburg, Schloß Bürresheim im Nettetal, die Basaltgruben und -werke in und bei Niedermendig, die römischen Brunnenreste unweit Vossenach, das Brohltal mit seinen Tuffsteinfelsen und -brüchen.

Den Hauptanziehungspunkt aber bildeten immer wieder der nahegelegene Laacher See und das Kloster Maria Laach mit seiner einzigartig schönen, in seltener Stilreinheit erhaltenen romanischen Kirche. Ob es ganz im Sinne der Lehrgangszwecke war, daß uns die gelehrten Patres in gehaltvollem Vortrag über ihr benediktinisches Klosterleben unterrichteten, daß die Mädchen mit Vorliebe die Maiandachten in der Kirche mit dem prächtigen weißen Fliederschmuck und den eindrucksvollen Gesängen der Mönche, auch die nach den liturgischen Gesetzen des Abts Ildefons Herwegen gefeierten Messen besuchten? Ich selbst wurde für einen ganzen Tag ins Kloster eingeladen, bekam sogar Einblick in die "Klausur" und saß mit den frommen Brüdern und einigen weiteren Gästen an der schweigenden Mittagstafel, nicht ahnend, daß noch wenige Monate zuvor (bis Januar 1934) Konrad Adenauer als Flüchtling an dem gleichen Tisch gesessen hatte. Seltsame Wi-

Meine ersten fünf Jahre in Essen (1931-1936) 143

dersprüche! Denn andererseits erfüllten wir natürlich unser Soll mit Flaggenehrung, Teilnahme am Maiumzug (die Schülerinnen fast sämtlich in BDM-Kluft) und der Lektüre einiger m. E. noch relativ erträglicher Bücher - nicht Hitlers "Mein Kampf", was vielleicht sogar richtiger gewesen wäre. Ich erinnere mich noch sehr gut daran, daß wir nach Abschluß des Lehrgangs bei der Abfassung des obligaten Berichts für die Behörde einige Schwierigkeit damit hatten, das spezifisch "Nationalpolitische" hinreichend herauszustellen.

Außerschulische Erziehungsmächte griffen zunehmend stärker ins Schulleben ein. Eine Zeitlang entzog allsamstäglich der sogenannte "Staatsjugendtag", der von der HJ sportlich und politisch aufgezogen wurde, die Jungen und Mädchen den Schulen. An diesem Tag galt der Primat der politischen Überzeugungsschulung. Wir Lehrer waren nicht beteiligt. Der stundenplanmäßigen Verlegenheit, in welche die Schulen mit ihren Lehrplanverpflichtungen hierdurch versetzt wurden, versuchte der "Reichs- und Preußische Minister für Wissenschaft, Erziehung und Volksbildung", Berhard Rust, durch die Einführung des sogenannten "gleitenden Stundenplans" abzuhelfen. Der auf sechs Wochentage festgelegte Stundenplan galt also von Montag bis Montag (der Samstagsplan wurde auf den Montag verlegt). Am Dienstag begann dann, mit der Stundentafel des Montags, der neue Wochenplan usf. Die Folge waren Verwirrung und heilloses Durcheinander, so daß das Experiment bald wieder aufgegeben wurde. Überhaupt jagten sich förmlich die häufig sehr kurzlebigen Ministerialerlasse, denen man die Entstehung am Grünen Tisch deutlich ansah. Aber man trug das mit einer Art von galligem Humor. Wie einst die großen Namen Volt(a), Watt und Ampère zu elektrischen Maßeinheiten geworden waren, so erfand man jetzt ein "Rust" als freilich höchst unberechenbare neue "Zeiteinheit", als den Zeitraum nämlich zwischen der Verkündigung eines Ministerialerlasses und seiner Wiederaufhebung.

Noch haben wir gegen Ende dieser unserer ersten Essener Zeit die Wiederverkündung der allgemeinen Wehrpflicht (16.III.1935) und das Einrücken deutscher Bataillone in das entmilitarisierte Rheinland (7.III.1936) erlebt, Ereignisse, die wohl manchen mit Freude und Genugtuung erfüllt haben, aber für die Zukunft doch trotz der damit verbundenen Friedensversprechungen Hitlers eine gefährliche Entwicklung signalisierten. Im übrigen war es ein ziemlich stilles, scheinbar geruhsames Leben, das wir noch führten.

Daß wir Ostern 1936 Essen verließen, wo wir uns an sich sehr wohl fühlten und wo ich an der Schule, nun festangestellt, eine angenehme Position und zu meinen Klassen ein zumeist erfreuliches Verhältnis hatte, das hatte seinen Hauptgrund doch wohl in meinen wissenschaftlichen "Ambitionen". Von Thüringen her war neben allgemeiner Geschichte die Landesgeschichte mein Hauptgebiet, dessen wissenschaftliche Methoden ich nun an "westlichen" Themen anzuwenden wünschte. Allein - ich konnte damals (im Unterschied zu heute) zur Geschichte Essens, auch des weiteren rheinisch-westfälischen Umlandes kein rechtes Verhältnis finden. Ein langes Gespräch mit Dr. Theodor Höderath, einem der zu jener Zeit besten lokalen Sachkenner, hatte eher eine abschreckende Wirkung. So setzte ich auch in Essen, gestützt auf Quellenmaterial aus dem Staatsarchiv Weimar, meine vorwiegend der thüringischen Geschichte gewidmeten Studien fort, deren Ergebnisse in verschiedenen thüringischen Fachzeitschriften veröffentlicht wurden. Auf ein "Echo" hierzulande mußte ich natürlich verzichten. Ich sah hier keine rechte Möglichkeit zur Verwirklichung meiner wissenschaftlichen Pläne - daher der schwere, ja gewissermaßen schmerzliche Entschluß, einen Ruf an die Hochschule für Lehrerbildung in Frankfurt an der Oder anzunehmen, wo ich mir ein anderes wissenschaftliches Klima als an der Ruhr und bessere Arbeitsmöglichkeiten im Sinne meiner nie aufgegebenen akademischen Träume erhoffte.

15. FRANKFURT AN DER ODER 1936/37

Schon bei der Bahnfahrt von Berlin nach Frankfurt bemerkte man an den Ortsnamen und der Landschaftsgestaltung, daß man sich dem deutschen Osten näherte: ein geographischer Begriff mit zunehmend politischem Akzent. In der Stadt Frankfurt selbst, wo wir eine große, aber sehr alte Wohnung in günstiger Lage fanden - die Schlafstätte für das (gedachte) Dienstmädchen war vom Bad aus über eine Leiter zu erklimmen -, gab es so manchen Punkt, der beeindruckte. Da war vor allem die breit und ruhig durchs ebene Land dahinfließende Oder, im Winter zugefroren oder mit sich stoßenden Eisschollen dahintreibend. Besondere Erinnerungspunkte in der Stadt: der übergroße Markt mit dem etwa in seiner Mitte stehenden schönen backsteingotischen Rathaus, benachbart dazu die stilverwandte große Marienkirche, deren einer Turm für mich "archivische" Bedeutung erlangen sollte. An Markttagen fielen Büdchen (den provisorischen Toilettenhäuschen an Baustellen ähnelnd) auf, in denen die "Fischweiber" saßen, sich vor dem Wind schützend, vor sich einen großen Bottich mit lebenden Fischen. Der einstige Charakter der Oderstadt als Umschlag- und Handelsplatz war besonders in der Großen Oderstraße und anderen Hauptstraßen erkennbar, wo große Toreinfahrten in bemerkenswerte, öfters galerie-umgebene Höfe führten, wo die Ware verladen oder in Nebengebäuden gelagert worden war. An der "Halben Stadt" lockten an der Stelle früherer Befestigungsgräben schöne Parkanlagen; da gab es noch ein durch besondere Bauweise bemerkenswertes, ja berühmtes Stück Stadtmauer, daran angebaut das Café Pyritz, eine gern frequentierte kleine Oase für uns. In der Nähe das beste Hotel der Stadt, der "Prinz von Preußen". Unweit davon das Geburtshaus Heinrich von Kleists. Etwas fernab, nahe der früheren Franziskanerkirche, lag der nicht sonderlich gepflegte Bau der "Viadrina", der früher hochangesehenen Frankfurter Universität, die, von Breslau und Berlin überholt, zu Beginn des 19. Jahrhunderts aufgelöst worden war. Nun saßen Behörden darin, auch eine Volksschule, in der ich für die Lehrerstudenten ein Stadtschulpraktikum abzuhalten hatte.

Zum anderen Ufer, der Krossener Vorstadt, führte die große Oderbrücke, die heute gesperrt ist und zwei Welten mehr trennt als verbindet. Wo man damals den Kleistturm, gewidmet dem in der Schlacht bei Kunersdorf gefallenen preußischen Offizier und Dichter Ewald Christian von Kleist, mit gefallenen preußischen Offizier und Dichter Ewald Christian von Kleist, mit seiner durch einen gewaltigen Eisenofen beheizten Kaffeewirtschaft besuchte, ist heute polnisches Gebiet.

Das Gebiet um Kunersdorf lernte ich ziemlich genau, ja erdnah kennen. Denn marschierend, laufend, "robbend" absolvierte ich dort ein Teilstück jener Bedingungen, die man zur Erlangung des "SA-Sportabzeichens" zu erfüllen hatte, welches zu erwerben man mir mangels eines SA-Sterns dringend empfohlen hatte. Gestehen muß ich wohl, daß ich dann beim 3000 m-Lauf erst einmal durchfiel, bis man mir bei der Wiederholung eher "ehrenhalber" als verdientermaßen nach kollegialer Absprache das Gelingen freundlich bestätigte. Klüngeleien dieser Art hat es wohl immer gegeben, unter jedem "System". Aber nun hatte ich doch etwas "Zeitgemäßes" auf der Brust. Sit venia verbo!

Auf dem jenseitigen Oderufer führte flußabwärts der Oderdamm in einem wunderschönen Spaziergang zu einem Punkt, wo man "Hol über" rufen und sich zur alten Bischofsstadt Lebus (mit Betonung auf der zweiten Silbe) übersetzen lassen konnte, von deren großer früherer Bedeutung wir kein sicheres Zeichen fanden. Es war ein elendes kleines Nest.

Meine Arbeitsstätte, die etwas außerhalb liegende Hochschule, wies jenen Baustil auf, der sich von Gropius' Bauhaus herleitete. (Das gleiche galt übrigens für die Pädagogische Akademie in Bonn, die später den Parlamentarischen Rat und den Deutschen Bundestag beherbergen sollte.)

Mein Fach war nach Vorlesungsverzeichnis "Geschichte und Methodik des Geschichtsunterrichts". Ich hielt wöchentlich eine vierstündige Vorlesung im Großen Hörsaal, vollbesetzt, da Pflichtveranstaltung für alle Studenten. Ich hatte Spaß an der Sache, übte mich an Hand eines "Spickzettels" in freier Rede und hatte, um Objektivität bemüht, Beifall. Dazu hielt ich Pflichtübungen (2 Stunden), an deren Themen ich mich nicht erinnere: es mag sich um preußische Geschichte gehandelt haben. Sehr viel Arbeit hatte ich mit den Prüfungsarbeiten und den mündlichen Prüfungen, bei denen ich auf Wünsche der Kandidaten, soweit zulässig, einzugehen suchte. Zusätzlich lud ich zu einer Art Privatseminar ein, zu dem sich etwa 10 Teilnehmer einfanden. Meine Absicht war, einen kleinen Kreis für eigene spätere heimatkundliche Studien zu gewinnen: die früher seminaristisch ausgebildeten Lehrer hatten sich oft durch orts- und regionalgeschichtliche Arbeiten verdient gemacht. Dieses - wohl nur teilweise glückende - Unternehmen führte mich auf den einen Turm der Marienkirche, wo hoch droben das Stadtarchiv untergebracht war. Der Archivar Dr. Binder, im Hauptamt Studienrat, empfahl mir die Zeit der französischen Besetzung (1806-1813) zur Bearbeitung, für die, noch unerschlossen, reiches Aktenmaterial vorlag. Großzügig gab er mir sogar ausgewählte Originale mit, die ich mit meiner kleinen Arbeitsgruppe entzifferte und interpretierte. Ich selbst fand an dem Thema ein so großes Interesse, daß ich ein kleines Buch "Aus der Franzosenzeit der Stadt Frankfurt an der Oder (1806-1808)" veröffentlichte, das als Habilitationsschrift auszuarbeiten und zeitlich zu erweitern mir der Rektor der Universität Berlin, Professor für Landesgeschichte Dr. Willy Hoppe, den ich aufsuchte, dringend anriet. Daraus ist nichts geworden. Natürlich las ich damals Fontanes großen Roman "Vor dem Sturm", der ja zur Zeit der Befreiungskriege, und zwar in und um Frankfurt, spielt. Bewundernd stellte ich fest, wie der Dichter die Atmosphäre jener Zeit traf, ohne doch die mir zugänglichen Akten zu kennen.

Unter den Kollegen war eigentlich - abgesehen von Direktor Professor Dr. Albrecht Burchard, der, mir vom Burgkeller her bekannt, als einziger habilitiert war und bald die Hochschule verließ, um in Jena der Nachfolger seines Lehrers, des Geographen Gustav von Zahn, zu werden - keiner, der echte wissenschaftliche Ambitionen hatte. In der Erwartung, in Frankfurt einem Kreis von Forschern anzugehören, fand ich mich also enttäuscht. Ich paßte auch sonst nicht so recht dahin: im Unterschied zu Gleichaltrigen, aber wohl auf anderem Gebiet Regeren, wurde ich dort nicht zum Professor, sondern nur zum Dozenten ernannt, worüber ich heute froh bin. Ich verwahre noch die von Hitler (als nominellem Reichsstatthalter von Preußen) und vom Preußischen Ministerpräsidenten Göring unterzeichnete Ernennungsurkunde, in der mich der Führer und Reichskanzler seines besonderen Schutzes versichert!

Einige Unternehmungen dienstlicher und sonstiger Art führten mich über Frankfurt hinaus noch weiter ostwärts. Zusammen mit einem Kollegen leitete ich während der Semesterferien einen Landschulübungskurs im Kreis Züllichau-Schwiebus, ca. 60 km jenseits der Oder. Wir wohnten in einem preiswerten Gasthof in der Nähe des Bahnhofs, der uns sehr früh morgens in einer der zwei möglichen Richtungen abfahren sah nach Stationen, von denen aus per Fußmarsch - die Pflaumen waren reif! - auf Feldwegen die Dörfer zu erwandern waren, in deren Schulen sich die jungen Leute im Un-

terrichten übten. Nachmittags prüften wir in unseren Zimmern die Berichte und Stundenentwürfe unserer uns zugeteilten Gruppen.
Unter den Dörfern fiel ein echter, wohlerhaltener Rundling (Dornach) auf, rings umgeben von dichten Befestigungshecken, inmitten des Ortes ein Platz und ein runder Teich mit Hühnern, Gänsen, Enten und anderem Getier, Reste der alten "Almende". Am weitesten östlich lag Trebschen mit dem großen Schloß eines Prinzen Reuß (Nachkommen des mit einer Tochter Carl Alexanders von Weimar verheirateten berühmten deutschen Botschafters in Wien Prinz Heinrich VII.) und einer von Schinkel entworfenen Kirche. Die Dorfschullehrer empfingen mich meist freundlich. In Unterweinberge - ziemlich nördlichste Weinbaugegend Deutschlands, nahe Tschicherzig (umgetauft in Odereck), wo die Obra in die Oder mündet - gab man mir eine große Tüte köstlicher Weintrauben mit, die dort am Lehrerhaus rankten.
Ich bekam Hochachtung vor der Leistung einiger dieser gewissermaßen in partibus infidelium wirkenden Lehrer. Besonders bewunderte ich die pädagogische Geschicklichkeit eines von ihnen, der in einem besonders kleinen Ort an einer einklassigen Landschule unterrichtete: die Art, wie er in den Altersstufen abwechselte und die übrigen Gruppen zu Eigenbeschäftigung beziehungsweise zur selbständigen Unterrichtstätigkeit mit den Jüngeren anhielt, das war schon eine Kunst. Daß ich "Schule" von der Dorfschule in allen ihren Formen bis zum Oberseminar der Universität kennenlernte und zum Teil selbst praktizieren durfte, rechne ich mir zu einem Gewinn meines Lebens.
Züllichau selbst wäre ein recht langweiliger Aufenthaltsort gewesen, wenn es nicht das große Areal des alten Pädagogiums, eines vorwiegend altsprachlichen stiftischen Gymnasiums mit zwei großen Schulhäusern, einer unter Denkmalschutz stehenden Kirche und einem Lehrerfriedhof (die Grabmäler boten eine Stilkunde vom Barock bis zur Neuzeit) gehabt hätte. Zwei Güter von je 5000 Morgen, eins im Kreise Soldin, das andere mehr in der Nähe, gehörten dem altehrwürdigen und doch modernen Methoden aufgeschlossenen Institut, das sich wegen seiner Exklusivität - unter den Schülern gab es viel Landadel; z.B. besuchte auch Prinz Bernhard zur Lippe-Biesterfeld aus dem etwas weiter östlich gelegenen Woynowo (eingedeutscht in Reckenwalde), später Prinzgemahl der Niederlande, zeitweilig diese Schule - nicht recht zum kulturellen Mittelpunkt der kleinen, längst ihres feudalen Kavalleriebataillons beraubten Stadt entfaltete.

Der Direktor Dr. Arthur Krause - vor ihm hatte fast ein Jahrhundert lang eine ganze Dynastie Hanow hier das Regiment geführt - war wie der letzte Hanow ein Bundesbruder von mir (vgl. oben S. 27), so daß ich den ganzen Komplex genauer kennenlernen, im parkartigen Garten des Direktors Kaffee trinken, auch im großen Festraum der Chefvilla zu Abend essen konnte. Das Ganze war einem kleinen Fürstentum vergleichbar. Laut Stiftungsurkunde hatte der Direktor das Recht, dem Minister seinen Nachfolger vorzuschlagen (daher die langlebige Dynastie Hanow), was in aller Regel angenommen wurde, sofern die beruflichen Voraussetzungen und die Zeugnisse und Berichte gut waren. Nachdem das Sudetenland ans Reich gefallen war (1938), übernahm Krause als Regierungsdirektor die Leitung des deutschen Schulwesens in Nordböhmen mit Sitz in Karlsbad. Da erreichte mich in Erfurt Krauses Anfrage, ob er mich dem Ministerium in Berlin zu seinem Nachfolger in Züllichau vorschlagen dürfe. Ich habe abgelehnt: meine Frau fühlte sich schon in Frankfurt nicht wohl, wie wenig wäre das in dem kleinen, noch östlicheren Züllichau der Fall gewesen; ich selbst mochte mir die vielseitige Aufgabe (selbst für die Verwaltung der Güter trug der Direktor letztlich die Verantwortung) nicht zumuten; schließlich aber: man schrieb das Jahr 1938, und ich traute dem Frieden schon nicht mehr so recht.

Von Frankfurt aus machte ich, da ich noch nie Soldat gewesen war, als 31-jähriger im nahegelegenen Küstrin eine achtwöchige Übung im Ersatz-Infanterie-Regiment 50 mit. Wir waren, in Stuben zu je 14 Mann, provisorisch in Baracken untergebracht, die wir selber heizen mußten; auch die "sanitären Anlagen", wenn man das hochgreifende Wort verwenden will, mußten wir umschichtig sauber halten. Alles für mich verwöhnten Zivilisten sehr schwer. Beim ersten Ausgang in Uniform führte uns unser junger Unteroffizier - wir selbst hatten ja noch nicht "gehen" gelernt - ins Küstriner Schloß am Oderufer, und wir traten an jenes Fenster, von dem aus einst der junge Friedrich der Hinrichtung seines Freundes Katte hatte zusehen müssen.

Unser Dienst führte uns, mit viel "Robben", Hinlegen/Aufstehen, simulierten und echten Schießübungen, öfter auf ein anderes friderizianisches Schlachtfeld, das von Zorndorf, wo der König ebenso wie bei Kunersdorf unterlag. Die Zorndorfer Erde wurde uns außerordentlich vertraut. Friedrich hätte an mir als Soldaten keine Freude gehabt. Ich war zwar als Kamerad geschätzt, aber vom rein Militärischen her ein schlechter Soldat. Bald zog ich mir, dazu öfters an Herzrhythmusstörungen leidend, einen Meniskusriß zu und lag längere Zeit im Revier, wo man, um etwaige Regreßansprüche zu vermeiden, die Sache verharmlosend als "Schleimbeutelentzündung" behandelte. Danach mußte man beim Laufen und Marschieren, überhaupt in jeder Hinsicht Rücksicht auf mich nehmen. Ich erreichte nicht das von den meisten Teilnehmern erstrebte Fädchen am Schulterstück, das den Träger als "Unterführeranwärter" auswies. An einige Kameradschaftsabende, auch an gemütliche Abendstunden im "Halben Mond" erinnere ich mich gern. Mein Lieblingslied war "Reserve hat Ruh", welches absingend wir den Komplex verließen. Kaum nötig zu sagen, daß Küstrin, da auf dem rechten Oderufer liegend, heute polnisch ist.

An *einer* großen Unternehmung konnte meine Frau teilnehmen. Mit einer Gruppe von Studenten meines Seminars machten wir auf Staatskosten eine Ostpreußenfahrt. Erster Aufenthaltsort nach der Reise durch den "Korridor" (im verschlossenen Wagen) war Marienburg. Nach Besichtigung der alten Ordensburg, sicherlich der schönsten der Welt, versuchten wir nach Überschreiten der Nogat nach Danzig hineinzukommen. Vergeblich. Die vom Völkerbund verwaltete Freie Stadt schloß sich ab: sie war ja zu jener Zeit schon längst ein Politicum ersten und gefährlichsten Ranges. Ich konnte nicht ahnen, daß ich in viel späteren Jahren den Völkerbundskommissar Professor Dr. Carl Jacob Burckhardt selbst kennenlernen sollte.

Von Marienburg aus führte man uns an jenen Punkt unweit Marienwerder (bei Kurzebrack), wo sich die Weichsel in besonders hohem Grad versandet zeigte: für die Polen sei der Strom mit seinem Hafen Danzig als Transportweg gewissermaßen verzichtbar, da sie ja die große Kohlenbahnlinie von ihren oberschlesischen Bergwerken nach Gdingen gebaut hätten, um den alten Schiffahrtsweg lahmzulegen. Dies wurde als eine Schikane gegenüber der alten deutschen Stadt Danzig empfunden. So kriselte es politisch in dieser Gegend schon allenthalben. Haben wir uns sehr darum gekümmert? Ich weiß es nicht mehr.

In Elbing, wo wir in der Jugendherberge übernachtet hatten, ereignete sich am Morgen auf unserem Weg zur Haffuferbahn etwas Drolliges. Aus zwei Fenstern zweier niedriger benachbarter Häuser erblickten zwei Frauen unseren seltsamen Zug, und die eine rief der anderen im breitesten Ostpreußisch zu "*Ein Weib* ist dabei" (schriftlich schwer wiederzugeben). Das wurde nun zum Schlachtruf unserer muntern Knaben. An jedem Schalter, wo wir unseren Sammelfahrschein mit dem Vermerk "Zwei Führer" vorweisen mußten und der Schalterbeamte nach dem zweiten Führer fragte, tönte es unisono aus der Corona: "Ein Weib ist dabei".

Von Elbing fuhren wir mit der Haffuferbahn nach Heilsberg, nicht ohne in Frauenburg die Reise zu unterbrechen, den Hügel mit der alten Residenz der Bischöfe von Ermland zu erklimmen und im ausgedehnten Stiftsgelände die Wohn- und Wirkstätte des einstigen Domkapitulars Copernicus zu besuchen, dessen Nationalität damals zwischen Polen und Deutschland strittig war, wie ja fast alles. Selbst in Kleinigkeiten wie diesen zeigte sich ein fernes Wetterleuchten.

Für Königsberg blieb leider nur kurze Zeit für eine Rundfahrt, wobei mich die hohen Lagerhäuser am Pregel besonders beeindruckten. Einen rundum vergnüglichen Abschiedsabend veranstalteten wir beim Wein im "Blutgericht", jenem berühmten Lokal mit dem makabren Namen im Schloß. Da wurde uns beiden von den Studenten ein mehrstrophiges Lied mit dem Refrain "Und laut tönt unser Feldgeschrei / Es ist ein Weib, ein Weib dabei" als Dank gewidmet. Ob der Gesang die übrigen Gäste so sehr erfreute, wage ich nicht zu behaupten, aber Königsberg war ja eine Studentenstadt. Als meine Frau und ich mit der Straßenbahn zur Jugendherberge fuhren, begleitete die junge Schar die ganze Fahrt mit dem Absingen des Liedes, wodurch wir beide zum Mittelpunkt des Interesses der Mitfahrenden wurden, das sich natürlich besonders auf das "Weib" richtete.

Am nächsten Tag ging es von Pillau aus zu Schiff zur Odermündung. In Swinemünde trennten wir uns; meine Frau und ich blieben hier noch ein paar Tage zur Erholung. Nach Frankfurt zurückgekehrt, rüsteten wir uns zum Umzug. Denn ich hatte eine mich sehr verlockende Anfrage erhalten, ob ich den Ausbau eines in Erfurt bestehenden Lyceums zu einer Vollanstalt (mit Abitur) übernehmen wolle. Die Arbeit in der alten Heimat reizte mich doch sehr, zumal meine Frau, aus dem Rheinland stammend, das Leben in Deutschlands Osten, speziell Frankfurt, leid war. In Erfurt war ich durch das Thema meiner Doktorarbeit, die ja von dem in und um Erfurt beheimateten Dynastengeschlechte der Grafen von Gleichen gehandelt hatte, sowie durch eine Anzahl anderer Veröffentlichungen zur Erfurter Geschichte (u.a. aus dem Stockholmer Reichsarchiv) kein Unbekannter mehr. Hinzu kam, das sei nicht verschwiegen, daß mein oben (S. 117) erwähnter Bundesbruder Dr. Ehrlicher, inzwischen im Berliner Kultusministerium als Ministerialrat für das höhere Schulwesen Preußens zuständig, der meine Laufbahn genau verfolgte, die leitenden Behörden in Erfurt auf mich hingewiesen hatte. Ich kann nicht sagen, daß uns der Abschied von Frankfurt an der Oder, wo ich mir ein echtes, d.h. wissenschaftlich geprägtes Hochschulleben erträumt hatte, sehr schwer gefallen wäre. Die neue Aufgabe in der alten Heimat übte ihren Reiz aus.

16. UNSERE ERFURTER JAHRE (1937-1948)

In Erfurt haben wir von 1937 bis 1948 altersmäßig unsere sogenannten "besten Jahre" verlebt. Daß es für unser Volk und für große Teile der Welt die schlimmsten, in ihren unwiderruflichen Wirkungen die katastrophalsten werden würden, ahnten wir anfangs nicht. Da ist eine Dauerlast zu tragen von dem, der, wenn auch in Grenzen, sich von Goethe sagen lassen muß: "Und ihr seid dabei gewesen".
Ich leitete die Goetheschule, eine "Mädchenoberschule hauswirtschaftlicher Form", also etwas ganz anderes als alles Bisherige. Beim Abitur - im Volksmund zu Unrecht abschätzig "Plätzchenabitur" genannt - und bei den Abschlußprüfungen an dem mit der Anstalt verbundenen Seminar für Kindergärtnerinnen führte ich all die Jahre bis 1945 den Vorsitz. Daß ich, um den Prüflingen gerecht zu werden, viel mir bisher Unbekanntes wie Salzmanns "Ameisenbüchlein" und die Schriften Fröbels, dessen aussagekräftiges Denkmal (Kugel, Walze, Würfel) in Schweina/Altenstein wir besichtigten, lesen mußte, hat mir schließlich nicht geschadet. Meine Oberbehörde, das preußische Provinzialschulkollegium in Magdeburg, ließ mich nach dem Willen eines verständnisvollen Oberschulrates (Dr. Walter Hohmann) recht selbständig mit dem vornehmlich aus weiblichen Mitgliedern bestehenden Kollegium arbeiten. Einmal bekam ich "allerhöchsten Besuch". Der Oberpräsident der Provinz Sachsen persönlich, SA-Obergruppenführer General a.D. von Ulrich, ein älterer Herr ohne spezielle Sachkenntnis, aber von freundlicher Wesensart, hospitierte mich an, was aber die von mir gewünschte Bestätigung als Studiendirektor nicht beschleunigte. Im Gegenteil, ich mußte, dem Erfurter Schuldezernenten Dr. Mund offenbar nicht ganz geheuer, ziemlich lange warten, bis ein politisch ganz unverfänglicher, aber alkoholisch wirkkräftiger Dämmerschoppen mit dem Herrn SA-Standartenführer den Bann soweit brach, daß auf die kommissarische Tätigkeit endlich die Bestätigung im Amt folgte.
Bei der Auswahl der Lektüre im Deutschunterricht, auch bei gewissen Aspekten des Geschichtsunterrichts konnte man sich natürlich den "braunen" Lehrplänen nicht entziehen. Aber ich war zu sehr Wissenschaftler, um diese Bestimmung nicht weitherzig auszulegen, was auffiel. Es war im übrigen ein sehr angenehmes Arbeiten mit den Erfurter Mädchen, zu denen sich, da die Anstalt einen guten Ruf genoß, auch viele Auswärtige, so

aus Arnstadt, gesellten. Daß viel Praktisches gelehrt wurde, kam indirekt auch der Freude an den wissenschaftlichen Fächern zustatten: gute Leistungen auf einem Gebiet förderten den Leistungswillen auf dem anderen. Um aber doch den Mädchen mehr Berufsmöglichkeiten zu eröffnen, führte ich mit behördlicher Genehmigung fakultativen Lateinunterricht ein, den ich selbst erteilte. Mein Bestreben war es im übrigen, einen geordneten Unterricht durchzuführen, fremden Einsatz der Schülerinnen zu parteilichen, später auch manchen kriegsbedingten Aufgaben, soweit wie möglich, zu verhindern, was mir später ausdrücklich attestiert wurde. Wir waren eine richtige Schule, wofür ich noch heute Dank ernte.

Als ein "Bilderbuch der deutschen Geschichte" hat Arnold Zweig, dem 1925 Erfurt zum Erlebnis wurde, die Stadt bezeichnet. Ehemals kurmainzisch, gehörte Erfurt seit 1815 zu Preußen; es war Sitz einer Regierung. Es leuchtete von Geschichte. Ich habe in meinem Buch "Erfurt, so wie es war" (Verlag Droste, Düsseldorf, 1978) darüber ausführlich und an Hand zahlreicher Bilder berichtet. Hier nur ein paar Streiflichter. Allem voran am Domplatz der grandiose Akkord von St. Mariendom und St. Severikirche, jenes in Deutschland einmalige hochgelegene gotische Kirchenpaar über den breiten Domstufen, den "Graden" - ein Bild, das um die Welt geht. Nicht allzu weit davon entfernt der gotische Bau des Collegium majus der alten, 1392 gegründeten Universität, in dem einst Martin Luther das Examen als Magister artium abgelegt hatte und das nun der Stadtbibliothek mit ihren zum Teil einmaligen Schätzen diente. Wieder ein kleines Stück Weges, und man gelangte zu dem umfangreichen Komplex des früheren Augustiner-Eremitenklosters, in dem Bruder Martinus gelebt und schwere innere Kämpfe ausgetragen hatte. Ganz in der Nähe eine der größten Sehenswürdigkeiten unseres Landes, die ebenfalls in der Gotik wurzelnde, beiderseits dicht mit Häusern bebaute Krämerbrücke, unter der die vom Thüringer Wald kommende Gera, die Stadt gleichsam zweiteilend, nunmehr gemächlich dahinfloß. Glanz und Duft der zur Samenzucht bestimmten Blumenfelder umkränzten die alte Stadt an mehreren Punkten. Wie hätte sich nicht ein vernünftiger Unterricht dieser noch lebenden Bilder alter und wahrer deutscher Geschichte bemächtigen sollen!

Zum Flanieren und Einkaufen lud der Anger ein mit seinen zum Teil äußerst reizvollen wohlerhaltenen Barockbauten. Gleich am Anfang der prunkvolle kurmainzische Packhof, nunmehr Stadtmuseum; am anderen Ende das Barock- und Renaissancepalais der einstigen kurmainzischen Statthalterei, zeitweilig (1808) Napoleons Residenz, nun Dienstsitz und Wohnung des preußischen Regierungspräsidenten; schräg gegenüber das herrliche Renaissancehaus der Familie von Dacheröden, wo Caroline aufwuchs, die Frau Wilhelm von Humboldts, und wo heute die 1990 wiedereröffnete Akademie der Wissenschaften ihre festlichen Sitzungen abhält. Abseits am Stadtrand das hübsche Theater, das Klassisches bot, Modernes auf höheren Befehl uns vorenthalten mußte. Dafür blühten Wiener Komödien.

Mehr und mehr kündigte sich jedoch Schlimmes an. Bei der Einverleibung Österreichs 1938 konnte man aus den Begeisterungsstürmen vor allem der Wiener noch den Schluß ziehen, daß hier die Geschichte ihr gültiges Wort gesprochen hatte. Auch die Art der "Heimkehr" des Sudetenlandes ins Reich mochte noch einigermaßen das Bangen zerstreuen, war sie doch mit vertraglicher Zustimmung Englands, Frankreichs und Italiens zustande gekommen. Nur allzu gern vernahm man Mister Chamberlains Wort bei der Landung in London: "Peace for our time". Einigermaßen beruhigt, auch noch ahnungslos über die insgeheim schon beginnende Schreckensgeschichte der Konzentrationslager, nahm ich 1938 an einer Historikertagung in Eger teil, die mich auf der Burg und im Pachelbelhaus die letzten Tage Wallensteins und der Seinen im Geist nacherleben und bei einer Omnibusfahrt über Ellnbogen nach Karlsbad und Marienbad wenigstens mit ein paar raschen Blikken den Wegen Goethes folgen ließ. Hier also waren die großen Kaisergedichte entstanden, hatte vor allem die Marienbader Elegie ihren erlebnismäßigen Ursprung.

Großen Schrecken aber hat mir wenig später, 1939, die Einverleibung der Tschechei als "Protektorat Böhmen und Mähren", verbunden mit der schamlosen Behandlung des Präsidenten Hacha in der Reichskanzlei, eingejagt. War das bisher Erfolgte noch einigermaßen damit zu rechtfertigen gewesen, daß man deutsche Volksgruppen "heim ins Reich" geholt und Versailler Fehlleistungen berichtigt hatte, so handelte es sich jetzt so gut wie ausschließlich um fremdes, auch fremdsprachiges Volk, die Tschechen. Wieder war man mit Begründungen rasch bei der Hand. War nicht Böhmen früher (bis 1806) ein wichtiger Teil des Heiligen Römischen Reiches und noch bis 1918 des Habsburgerreiches gewesen? "Das Reich als europäische Ordnungsmacht", das war nicht nur der Titel einer weitverbreiteten Schrift Karl Richard Ganzers: es kündigten sich hier, von "oben" werbekräftig unterstützt, auch noch ausschweifendere Ziele der deutschen Führung an. Das Ausland, das doch die Erhaltung der Tschechoslowakei garantiert hatte, begnügte sich mit ohnmächtigem Protest. Gewisse Historiker erinnerten daran, daß droben auf der Prager Burg einst der deutsche Kaiser Karl IV. aus dem Hause Luxemburg machtvoll geherrscht hatte. War es da nicht ein Akt später Wiedergutmachung, daß nun - bei formalem Fortbestehen der Präsidentschaft Hachas - ein deutscher Reichsprotektor (es war der damals im Aus- und Inland hochangesehene, noch von Hindenburg in sein Amt berufene frühere Außenminister Konstantin Freiherr von Neurath) droben auf dem Hradschin prächtig residierte? Die Tage eines Heydrich lagen da noch fern.

Ich selbst begann damals mit meiner großen wissenschaftlichen Lebensarbeit - "in einer Nische" könnte man sagen, fern vom Tagesgeschehen. Mein Studienfreund Dr. Willy Flach, Direktor der Thüringischen Staatsarchive, fragte mich, ob ich den Politischen Briefwechsel Carl Augusts von Weimar, des Goethefreundes, herausgeben wolle. Es konnte mir nichts Schöneres geschehen. Das Unternehmen war ein Bestandteil des schon 1912 von Großherzog Wilhelm Ernst von Sachsen-Weimar-Eisenach als Jubiläumsbeitrag zum hundertjährigen Bestehen des Großherzogtums (gegründet 1815) auf mehrere Bände angelegten "Carl-August-Werkes". Die Arbeit am Politischen Briefwechsel, die nach dem Ende der deutschen Monarchien weitergeführt wurde, drohte durch das Ausscheiden eines Mitarbeiters zum Stillstand zu kommen. Bisher waren innerhalb dieser Reihe schon mehrere Werke, am bedeutendsten wohl Carl Augusts Briefwechsel mit Goethe (3 Bände, bearbeitet von Hans Wahl) und Fritz Hartungs noch unüberholte Darstellung "Das Großherzogtum Sachsen unter Carl August", herausgekommen. Anfangs unter der Leitung von Erich Marcks, stand das gelehrte Großunternehmen, das vom Staat finanziert wurde, jetzt unter der Leitung von Professor Willy Andreas in Heidelberg, einem der damals in Deutschland führenden Historiker, der noch über erheblichen Einfluß in der gelehrten Welt verfügte. Mit ihm hatte ich aufs engste zusammenzuarbeiten. Nach einem ersten persönlichen Kennenlernen in Weimar kam es naturgemäß in der Folge zu zahlreichen Begegnungen und einem lebhaften Briefwechsel, der allmählich freundschaftliche Formen annahm. Eigene Archivarbeit führte mich immer wieder nach Weimar, einmal zusammen mit meiner Frau für eine ergiebige Woche nach Berlin-Dahlem ins Preußische noch Zerbst, Gotha und Meiningen. Die Sammlung wuchs. Die nicht immer einfache Kommentierung erschloß bisher kaum bekannte Zusammenhänge der deutschen Geschichte gegen Ende des 18. Jahrhunderts und ließ u.a. auch den Lebens- und Wirkensbereich Goethes, des "Politikers" (wenn man so will), erstmals recht erkennen. Auf dem Weg über die Geschichte fand ich auch zum Dichter Goethe näheren Zugang. Da der kurmainzische Statthalter von Erfurt, Dalberg, eine Mittelpunktfigur im ersten Teil des Werkes war, fand die Arbeit auch in Erfurt lebhaftes Interesse, zumal ich einige Ergebnisse schon vorab in den entsprechenden Erfurter Zeitschriften bekannt gab.

So fand ich allmählich in Erfurt jenes geistig-kulturelle Klima, das ich in den knappen zwei Frankfurter Jahren vergeblich gesucht hatte. Ich wurde stellvertretender Vorsitzender des von Professor Dr. Martin Waehler geleiteten Vereins für Erfurter Geschichte, hielt hier einige Vorträge. Auch wurde ich bald in die Erfurter (einst Königliche) Akademie gemeinnütziger Wissenschaften (später sogar in deren Senat) berufen, die, einstmals vom Statthalter Dalberg zu einer der glorreichsten Akademien Deutschlands ausgebaut, zu deren Mitgliedern Schiller, Humboldt und Goethe gehört hatten, zwar zu meiner Zeit nicht mehr mit den großen deutschen Akademien wie Göttingen, Berlin, Leipzig, München und anderen konkurrieren konnte, aber unter ihrem Präsidenten, Geheimrat Professor D. Dr. Johannes Biereye, gegliedert in eine "Philosophisch-Historische" und eine "Naturwissenschaftlich-Mathematische Klasse", doch noch so geachtet war, daß Gelehrte wie Kerschensteiner, Spranger, Litt, Andreas und zahlreiche andere es sich zur Ehre anrechneten, ihr anzugehören. Das Jahrbuch brachte wissenschaftliche Beiträge von Bedeutung und berichtete über die allmonatlichen Sitzungen. Diese fanden im Prachtbau der einstigen mainzischen Statthalterei, wo jetzt die Regierung ihren Sitz hatte, in dem gleichen Raum statt, in dem während des Erfurter Fürstentages 1808 Napoleon auch Goethe empfangen hatte. Schließlich wurde ich noch Mitglied des Vorstands des Vereins für Thüringische Geschichte und Altertumskunde, hielt in dieser Eigenschaft Vorträge in Jena, Neudietendorf, Gotha und Eisenach. Kurz: ich war im Thüringer kulturellen Leben, vor allem soweit es die Geschichte betraf, ganz zu Hause. Die Kehrseite: der Nationalsozialistische Lehrerbund machte sich das zunutze, indem er mich zum "Gausachbearbeiter für Landesgeschichte" ernannte.

Ganz besonders freute es mich, daß mich die (staatliche) Thüringische Historische Kommission, deren Vorsitz Willy Flach führte, zu ihrem Mitglied machte. Es war schon etwas für einen noch relativ jüngeren Mann, mit so alten und bedeutenden Forschern wie Rudolf Kötzschke und Edmund E. Stengel alljährlich im kleinen Kreis zusammenzukommen. Diese und mancherlei sonstige Beziehungen gaben dem Alltag Würze und ließen mich meinen akademischen Traum nicht aus den Augen verlieren.

Aber der Himmel, längst schwer getrübt, entlud sich 1939 in der Wahnsinnskatastrophe des von Hitler entfesselten Krieges. Der Polenfeldzug 1939, die Niederwerfung Frankreichs 1940, die zeitweilige Zurückhaltung Englands, nährten bei einigen, ja vielen noch gewisse Hoffnungen. Der Angriff Hitlers auf Rußland zerstörte das alles. Mich packte das blanke Entsetzen.

Zunächst lief in der Schule das meiste noch den gewohnten Gang. Da ich in Küstrin "gedient" hatte, war ich sogleich bei Kriegsbeginn einberufen, aber nach der Musterung wieder nach Hause geschickt worden. Ich litt schwer an Gelenkrheumatismus, konnte nur mühsam gehen. Eine Kur im Radiumbad Oberschlema im Erzgebirge im Sommer 1939 hatte nichts genützt, und ein Gleiches gilt von weiteren Kuren in Bad Salzschlirf, Bad Füssen-Faulenbach und Bad Liebenstein während des Krieges; nur Wildbad (1943) brachte eine vorübergehende Erleichterung. Trotzdem blieb ich, da das Leiden chronisch wurde und ich bei wiederholten späteren Einberufungen immer wieder "av" (arbeitsverwendungsfähig) geschrieben wurde, in der Heimat, wo ich an der sogenannten "Heimatfront" tat, was mir oblag.

Da wir keine Kinder hatten, wurde Edith, meine Frau, kriegsdienstverpflichtet. Die Behörde genehmigte, daß sie an der von mir geleiteten Goetheschule tätig war, wo sie sich bald größter Beliebtheit erfreute, was ich bis zu einem gewissen Grade, soweit es die natürliche Distanz vom "Chef" zuließ, wohl auch von mir behaupten darf und sich bis heute in zahlreichen erhalten gebliebenen Beziehungen, ja echter Freundschaft, erfreulich auswirkt. Ich ernte gerade aus jenen schwierigen Jahren echten Dank. So manches Üble konnte ich von den Schülerinnen fernhalten.

Im Frühjahr 1944 aber wurde eine Oberklasse mit Genehmigung der Behörde von der Hitler-Jugend im "Protektorat Böhmen und Mähren" eingesetzt, wo sie, in relativ wohnliche Häuser in verschiedenen Gegenden des Landes verteilt, den "Lagerleiterinnen" zur Hand gehen mußten. Erinnere ich mich recht, wurden dort "volksdeutsche" Kinder erzogen und auf ihr zukünftiges "Deutschtum" vorbereitet. Zusammen mit meiner Frau besuchte ich die Mädchen in ihren Bestimmungsorten. Dabei lernten wir Prag kennen, wo uns neben dem Wenzelsplatz die "Kleinseite" und besonders natürlich der Hradschin mit dem Veitsdom und den zahlreichen historisch wie künstlerisch bedeutsamen Palästen bezauberte. In diese Tage fiel der 6.Juni 1944: die Landung der Westalliierten in Frankreich, die - nach der schon 1943 erfolgten Kapitulation unserer 6. Armee in Stalingrad - die endgültige Katastrophe einleitete. Das Ende war vorauszusehen. Aber hätte ich jetzt noch aus "der Partei" austreten können? Wäre das nicht tödlich gewesen, nachdem ich schon den mir von der Kreisleitung geradezu anbefohlenen Austritt aus der Kirche strikt abgelehnt und zwei Mädchen ("jüdische Mischlinge", schreckliches Wort!) ohne Verständigung des Kollegiums in meine Schule aufgenommen hatte? Ein Stück weit von Prag lernten wir die alte Hussitenfeste Tabor kennen, wo auch zwei Schülerinnen ihrer Tätigkeit nachgingen. Ich sehe noch vor mir die hochgelegene Burg, den Marktplatz und das Denkmal des einäugigen Hussitenführers Ziska. Durch Zufall wurden wir Zeugen einer hussitischen Beerdigung. Es war ein großer Zug. Hinter dem Sarg der jungen Frau schritten zwei Jungfrauen, die eine ganz in bräutlichem Weiß, die andere tief schwarz gekleidet und verschleiert; sie sollten wohl die blühend Lebende und die früh Dahingegangene noch einmal im Irdischen verkörpern.

Daß gegen Ende hin unser Schulhaus in Erfurt für andere Zwecke beschlagnahmt wurde und wir uns teils mit Schichtunterricht in einer anderen Schule, dann mit verschiedenen Ausweichmöglichkeiten behelfen mußten, um einen nur einigermaßen geordneten Lehrbetrieb aufrechtzuerhalten, sei hier nur am Rande erwähnt.

Erfurt war bekannt als Lutherstadt. Schon vor dem Krieg war auf Veranlassung der Stadtverwaltung damit begonnen worden, die Stätten, in denen Luther als Student und als Mönch gelebt hatte, genau zu identifizieren und nach Möglichkeit in ihrer ursrpünglichen Gestalt wiederherzustellen. Hierfür war der bedeutende Architekt Theo Kellner (der übrigens nach dem Krieg das zerstörte Frankfurter Goethehaus stilgerecht wiederaufgebaut hat) gewonnen. Um dem Unternehmen eine breite Resonanz zu sichern, wurde der Erfurter Lutherverein gegründet, dessen Vorsitzender ich wurde. Das Theologische trat in den Hintergrund, es ging um Leben und Wohnen des künftigen Reformators. Das Augustiner-Eremitenkloster, ein umfangreicher Gebäudekomplex mit Kirche, Konvent, Kreuzgang, Kapitelsaal, Refektorium, Bibliothek, Gästehaus und Eingangspforte - alles erhalten, aber vielfach verbaut, ja verfälscht -, fand unser besonderes Interesse, weckte unsere Tatkraft. Besonders die als Sehenswürdigkeit mit nachgestellter Einrichtung vorgezeigte Lutherzelle warf Probleme auf: Kellners Absicht war, das Dormitorium der Mönche in seiner ursprünglichen Gestalt neu zu schaffen. Ich verbrachte dort zusammen mit dem zuständigen Gemeindepfarrer Mundle und mit Kellner viel Zeit, und es gelang uns, zahlreiche Mitglieder zu gewinnen, wozu die von Kellners Künstlerhand gezeichneten Mitgliedsausweise einiges beitrugen. Andere und ich unterstützten das Vorhaben durch Vorträge: an einem nahmen der in Erfurt kommendierende General Graf Stillfried und Oberschulrat Edert aus Magdeburg teil. Thematisch bezog ich dabei die sogenannte Humanistenklause, Teil eines ziemlich verfallenen Gehöfts, mit ein, in dem einst der Besitzer, der Arzt Sturz, Männer wie Ulrich von Hütten, Eobanus Hessus, Mutianus Rufus und andere zu Diskussionen und Trinkgelagen eingeladen hatte, die hier Teile der berühmt-berüchtigten Dunkelmännerbriefe ("libri obscurorum virorum") verfaßten, die größtes Aufsehen erregten und das Mönchtum, besonders die Dominikaner, lächerlich machten.

Der Krieg verhinderte die großgedachten baulichen Pläne. Um sie wenigstens dem Gedächtnis zu erhalten und sie breiteren Kreisen, vornehmlich im Ausland, als Beweis friedlichen Kulturhandelns bekanntzumachen, gab ich ein Bild- und Textwerk "Luther und Erfurt" heraus. Für die Bebilderung wurde ein schon namhafter noch junger Fotograf aus Freiburg im Breisgau, Jonny Lüsing, gewonnen, den Kellner und ich - weiträumig über den engeren Lutherbezirk hinaus - berieten und der Hervorragendes schuf.

Sehr schwierig war die Beschaffung des für die Fotos (und überhaupt für das Ganze) unerläßlichen Hochglanzpapiers der besten Sorte. Ich besuchte daher den Kulturreferenten im Auswärtigen Amt zu Berlin, Legationsrat Dr. Adam von Trott zu Solz, in dem ich - mit einer gewissen Ehrfurcht in den alten Gängen der "Wilhelmstraße" wandelnd, durch die einst Bismarck, Bülow, Holstein, Kiderlen-Wächter und Rathenau geschritten waren - einen mit mir etwa gleichaltrigen weltläufigen (er war als Cecil-Rhodes-Stipendiat in England gewesen) Diplomaten von blendendem Äußeren, eigenem Stil, starker Eindruckskraft kennenlernte. Wir verstanden uns gut. Er besorgte das wertvolle Papier für das Buch, das nur für das Ausland bestimmt war und besonders in den skandinavischen Ländern freundliche Beachtung fand, zumal es von den sonst in Deutschland üblichen literarischen Erzeugnissen abwich. Dennoch - im Text würde ich heute einiges anders formulieren; der damalige Zeitgeist läßt sich nicht ganz verleugnen. Von Trotts Auslandsbeziehungen wußte ich wohl; von welcher Art sie letztlich waren, blieb mir unbekannt. Daß Adam von Trott, dem Kreisauer Kreis nahestehend, als bedeutendes Mitglied des Widerstandes im Zusammenhang mit den Ereignissen um den 20. Juli 1944 hingerichtet (ermordet!) wurde, hat mich sehr tief getroffen. Welch ungeheures Geschehen! Trott ist mir als ein Mann von edelster Gesinnung, der aber bei seinem patriotischen Tun zu Schleichwegen genötigt war, in bleibender Erinnerung.

Rückblickend kann ich es kaum noch begreifen, was ich trotz allem in jenen Jahren zustandebrachte beziehungsweise in die Wege leitete. In meiner Freizeit vergrub ich mich in meine wissenschaftliche Arbeit. Es gelang mir, den ersten Band des Politischen Briefwechsels Carl Augusts von Weimar, zu dem bereits ein paar Vorarbeiten vorlagen, fertigzustellen. Er umfaßte eine Hauptperiode Carl Augusts, die Fürstenbundzeit, reichte im ganzen von 1778 bis 1790. Eine sehr ausführliche Einleitung, genaue Textgestaltung und Kommentierung, ein ausführlicher "Apparat", dazu die Fülle wirklich neuer, über Leopold von Rankes einschlägiges Buch meist hinausführender Erkenntnisse zur Spätzeit des Heiligen Römischen Reiches ermutigten mich, das Manuskript bei der Philosophischen Fakultät der Universität Halle als Habilitationsschrift einzureichen. Sie wurde angenommen. Die einem bestimmten Thema gewidmete Diskussion vor den Ordinarien der Philosophischen Fakultät, dann die an drei aufeinanderfolgenden Tagen vor Studenten, viele Verwundete darunter, zu haltenden Probevorlesungen gingen glatt über die Bühne. Ich erhielt die vom Dekan unterzeichnete Urkunde als Dr. phil. habil.

Wir, d.h. Professor Andreas als Leiter des Carl-August-Werkes, Professor Flach als Vorsitzender der Thüringischen Historischen Kommission und ich gewannen den hochangesehenen Verlag Koehler und Amelang in Leipzig für die Herausgabe des von der Kommission zu finanzierenden Werkes. Mit dem Druck ging es ziemlich rasch. Dann aber zerstörte eine Bombe das Haus der Haag-Drugulin-Druckerei, wo die Bücher lagerten: das Ganze war dahin. Ich ließ mir von Andreas das Zweitexemplar des Manuskripts schikken, das freilich in wichtigen Stücken der Überarbeitung und Vervollständigung bedurfte. Ich gewann meinen Freund, den Erfurter Verleger und Drukkereibesitzer Kurt Stenger, dem ich durch die gemeinsame Zugehörigkeit zum Herrenkreis der "Zwölf Apostel" verbunden war, dafür, das Werk in Erfurt erneut zu drucken. Alles ging schnell, aber noch schneller war in einer Bombennacht das Schicksal auch dieser Ausgabe besiegelt. Bestürzt standen wir anderen Tages vor dem verkohlten Bücherhaufen in Stengers Lager. Diesmal konnten daraus wenigstens ein paar nur leicht beschädigte Exemplare gerettet werden, um - in ganz ungewisser Zukunft - vielleicht später einmal als Grundlage für eine dritte, nun hoffentlich endgültige Drucklegung dienen zu können. Vorläufig mußte ich die Dinge ruhen lassen.

Anderes wurde wichtiger. Wir hatten, da Erfurt ziemlich sicher schien, die Eltern meiner Frau aus dem zunehmend der Zerstörung preisgegebenen Essen zu uns geholt und zu diesem Zweck eine größere Wohnung in guter Lage genommen. Doch war zunehmend auch Erfurt den Luftangriffen ausgesetzt. Notdürftig zum Luftschutzdienst ausgebildet, teilte ich Lehrer und größere Schülerinnen zur Nachtwache in der Schule ein und übernahm selbst viele Wachen.

Man war seit etwa Anfang 1944 kaum noch vor nächtlichen Angriffen sicher: immer wieder hieß es, beim Sirenenton den bereitgestellten Koffer mit dem Allernötigsten zu ergreifen und in dem sogenannten Luftschutzkeller, d.h. dem oberflächlich dazu hergerichteten Keller des Hauses, Schutz zu suchen. Dies war die Situation, als Ende März oder Anfang April 1945 Erfurt von dem einzigen auch im Wehrmachtsbericht so bezeichneten "Terrorangriff" schwer getroffen wurde, an mehreren Stellen zugleich. Besonders hart traf es unsere reine Wohngegend. Wir hockten im Keller: Einschläge über Einschläge in unmittelbarer Nähe. Die Decke über uns senkte sich bedenklich, Kalk und Mörtel fielen von den Wänden. Wir erwarteten das Ende, doch blieb ich merkwürdig ruhig. Ein Volltreffer vernichtete das Nebenhaus. Endlich Nachlassen der Angriffswucht, Entwarnung. Am Morgen lagen Reihen von Toten vor den Trümmern des Nachbarhauses und auch noch weiter umher. Unsere Wohnung war in dem Zustand, in dem sie sich befand, unbewohnbar, die Fenster sämtlich entzwei, die Rahmen teilweise zersplittert, überall Spuren der Verwüstung, die durch bloßes Aufräumen nicht zu beheben waren.

Unsere guten Freunde, Diplom-Ingenieur Erich Rasch und Frau Ellen, waren sofort bereit, uns in ihrem kinderreichen Haushalt aufzunehmen, wo wir, acht Personen zusammen, sehr eng zusammenrücken mußten. Ich schlief am Boden auf einer Matratze. Später konnten wir es ihnen vergelten, als ihr Haus von Amerikanern zeitweilig beschlagnahmt wurde.

Im Hause Rasch, vielmehr in einem naheliegenden, zum Massenbunker ausgebauten Felsenkeller einer Brauerei haben wir den letzten schweren Artilleriebeschuß und den Einzug der Amerikaner erlebt. Meine Frau diente als Dolmetscherin. Für uns in Erfurt war der Krieg zu Ende. Wir waren einerseits erleichtert, andererseits natürlich wie fast alle anderen besorgt um unsere und unseres Vaterlandes Zukunft. Bald konnten wir in unsere Wohnung wieder einziehen, die Freund Rasch mit größter handwerklicher Geschicklichkeit für uns und (vgl. weiter oben) die Seinen wieder einigermaßen bewohnbar gemacht hatte.

Es war eine furchtbare Zeit, zumal nach einigen Wochen gemäß den Abmachungen von Jalta die Russen die Amerikaner ablösten. Rundum erlebten wir, wie Bekannte sich umbrachten, andere von russischen Greiferkommandos abgeholt wurden, meistens auf Niewiederkehr. Angst ergriff auch uns. Über die sonstigen Übel dieser Zeit - Hunger, Kälte infolge Ausfalls der Elektrizität, wechselnde Einquartierungen, gefährliche Razzien und anderes - will ich mich hier nicht weiter auslassen, da viele andere Ähnliches zu erdulden hatten. Dem Hellsichtigen wurde bald klar, daß die russische Besatzung darauf abzielte, die sowjetische Ideologie mit allen Mitteln in ihrer Zone durchzusetzen. Für mich war da in meiner alten Stellung kein Platz. Ich wurde, als nominelles Mitglied und in gehobener beruflicher Stellung stehend, entlassen.

Zu meinen Eltern, die jetzt in Meiningen wohnten, auch zu meiner Schwester, die ihren Mann bei den Kämpfen in Rußland verloren hatte und nun mit ihrem kleinen Sohn eine eigene Wohnung, gleichfalls in Meiningen, hatte, nahmen wir, sobald es ging, die Beziehung auf. Die Eltern meiner Frau waren beide kurz vor beziehungsweise nach Kriegsende gestorben.

In allem Elend hatten wir beide noch eine gute Portion Glück. Mir selbst widerfuhr nichts Ernstliches. Meine Frau, die sich aus allem Politischen herausgehalten hatte, wurde in die Schule zurückgeholt, wo ihr u.a. die schwere, aber lohnende Aufgabe übertragen wurde, eine gemischte Klasse - bei den Jungen handelte es sich um heimgekehrte Soldaten - in den Fächern

Deutsch und Englisch zum Abitur zu führen. Sie empfing noch lange von einigen besonders Getreuen sowie von den häufigen Klassentreffen Zeugnisse einer geradezu rührenden Dankbarkeit, die sie jetzt leider nicht mehr erreichen.

Ich war zunächst zusammen mit Ministerialrat Friedrich Stier, der bis zum Kriegsende die Geschäfte des Kurators der Universität Jena geführt hatte und nun seines Amtes enthoben war, mit dem Wiederaufbau des Archivs der Universität Jena beschäftigt, wofür ich Honorar erhielt. Der ältere, noch ungeordnete Teil der Akten lag schmutzbedeckt im Keller; wir mußten sie säubern und hinauf in unseren Arbeitsraum bringen. Regale mußten beschafft beziehungsweise zusammengezimmert werden; so war viel körperliche Arbeit dabei. Ich erkannte, daß ich für die im Grunde selbstlose Arbeit des Archivars nicht geschaffen war. Mich lockten die Inhalte dieser noch gänzlich unbenutzten Akten, so der Tumult- und der Fakultätsakten des 18. Jahrhunderts. Immer wieder las ich darin: ein Ergebnis war ein vielbeachteter Aufsatz über die Umtriebe der Fakultät gegen den jungen Professor Friedrich Schiller 1789. Meine eigentliche Tätigkeit vernachlässigte ich aber darüber nicht.

Nach einiger Zeit gab ich dieses Amt, das zudem mit den häufigen Jena-Aufenthalten und völlig unzureichenden Verkehrsverhältnissen einige Mühsal mit sich brachte, auf und wandte mich der Weiterarbeit am Politischen Briefwechsel Carl Augusts, der Sammel- und Kommentierungstätigkeit für den zweiten Band (1790-1807) zu. Die Thüringische Historische Kommission bestand noch, auch leitete Flach, obwohl auch er "Pg." gewesen war, nach wie vor die Thüringischen Staatsarchive. Er war als Fachmann unentbehrlich (ein "nützlicher Idiot" nach der sowjetischen Nomenklatur), so daß man ihm sogar noch neue Aufgaben, so die Lehrtätigkeit an der Potsdamer Archivschule (und später nach Hans Wahls frühem Tod 1949 die Leitung des Goethe- und Schiller-Archivs) übertrug. "Er is ja ne Kapazität", so der Ausspruch eines hohen thüringischen Funktionärs, "aber er versaut uns de Schtruktur".

Im Staatsarchiv Weimar brachte ich sehr viel Material für den zweiten Carl-August-Band zusammen, das ich vorerst "auf Eis" legen mußte. Denn Bemühungen, das Werk (Bd. 1 und 2) verlegerisch wieder flottzumachen, scheiterten am neuen System, war doch Carl August ein Fürst gewesen, somit selbstverständlich ein Ausbeuter und Leuteschinder! Es hat damals nicht viel daran gefehlt, daß man sein in imperatorischem Stil gehaltenes Reiterdenkmal vor dem Fürstenhaus vernichtete.

Die Arbeit am Carl-August-Werk führte mich öfters ins Goethe- und Schiller-Archiv, wo mir der Direktor, Professor Dr. Hans Wahl, eines Tages mehrere Faszikel der "Eingegangenen Briefe" Goethes vorlegte. Darin und an anderen Stellen fand ich ungemein zahlreiche Briefe des Ministerkollegen und engen Freundes Goethes, Christian Gottlob Voigt, an diesen. Die Schrift des Ministers Voigt war schwer zu entziffern - wahrscheinlch der Grund dafür, daß dieser reiche und vielseitige (amtlich, persönlich usw.) Bestand bisher vollkommen ungenutzt geblieben war. Nur Briefe Goethes *an* Voigt waren 1869 von dem Altphilologen Otto Jahn in einem Band veröffentlicht worden.

Ich entschloß mich, den gesamten Briefwechsel, der für Goethes Leben, Wirken und Umwelt, überhaupt für das klassische Weimar und Jena wesentliche neue Aufschlüsse versprach und der, wie sich zeigen sollte, im gesamten Briefwerk Goethes den umfangreichsten Teil bildete, zu veröffentlichen. Ich gewann den Vorstand der Goethe-Gesellschaft (Präsident war Anton Kippenberg, Vizepräsident war Eduard Spranger) mit Wahls Hilfe für den Plan. Im Staatsarchiv fand ich zahlreiche unbekannte Briefe Goethes (78!) an Voigt in amtlichen Papieren, so daß auch in dieser Hinsicht Jahn weit überholt werden konnte. Überhaupt gewinnt ein Briefwechsel ja erst seine große Form, wenn eben beide Partner zu Wort kommen. Erst durch den Briefwechsel rückte die bisher fast übersehene Person Voigts als der eigentliche Minister des klassischen Weimar ins helle Licht der Geschichte. Die Kommentierung war schwierig, forderte viel Archivarbeit und umfangreiche literarische Studien. Aber das lohnte sich.

Als wir uns 1948 entschlossen, Erfurt zu verlassen und nach Essen zurückzukehren, wo mir meine alte Stelle an der Maria-Wächtler-Schule sicher war, hatte ich das Werk so weit gefördert, daß das Manuskript für einen ersten Band fertig vorlag und auch für den zweiten große Teile vorbereitet waren.

So hatte ich in den letzten für mich bösen, ja in mancher Hinsicht demütigenden Erfurter Jahren wissenschaftlich Fuß gefaßt und meine Richtung genommen, die lebenslang vorherrschend bleiben sollte: Landesgeschichte, Klassik, Goetheforschung im weitesten Sinn. 1949 sollte die Wiederkehr des 200. Geburtstags Goethes festlich begangen werden. Mein Ehrgeiz war es, zu diesem Anlaß Band 1 des Goethe-Voigt-Briefwechsels im traditionsreichen Verlag Hermann Böhlaus Nachfolger in Weimar herauszubringen, bei dessen Leiterin, Frau Dr. Leiva Petersen, alles in den besten Händen lag. Das ist mir gelungen. Auch für den Fortgang des editorischen Großunternehmens, das schließlich mit seinen vier Bänden den größten Block in der Reihe der "Schriften" der Goethe-Gesellschaft ausmachen sollte, war durch Vereinbarungen mit Staatsarchivrat Dr. Wolfgang Huschke, der heute als Staatsarchivdirektor a. D. in Freiburg lebt, aufs beste gesorgt. Da alle Mitglieder der Goethe-Gesellschaft und zahlreiche andere Personen die "Schriften" der Gesellschaft erhielten, machte mich das Werk über Deutschland hinaus bekannt. In meinem gesamten Oeuvre (um das hochtrabende Wort einmal zu gebrauchen) hat der Goethe-Voigt-Briefwechsel vielleicht die beständigste Wirkung gehabt. Aus schwierigster Situation erwuchs mir so als Wissenschaftler ein unverdientes Glück.

17. EIN TAG WIE JEDER ANDERE? - VON ERFURT NACH ESSEN 1948

Am 1. September 1948 unternahmen wir das große Abenteuer der Flucht "schwarz über die grüne Grenze in den goldenen Westen", wie man damals sagte. Legal war ein Weggang nicht möglich. Auch der vorher und später von manchen begangene Weg - nach Berlin-Ost, von dort nach Westberlin und mit dem Flugzeug nach Westdeutschland - war - jedenfalls für uns - damals versperrt.

Vorher hatten wir in über 700 Einzelpäckchen unsere Bücher, eingewickelt z.T. in Tapetenteile, an die wir durch Beziehungen gelangten - Papier zum Verpacken gab es ja nicht - an verschiedene Essener Adressen geschickt. Zur Verschnürung dienten, mangels Kordel, aus Hemden und anderen Materialien zurechtgeschnittene Stoffstreifen. Der Schalterbeamte an der Post bat warnend, wir möchten doch die Päckchenaufgabe auf mehrere Postämter verteilen, wir seien schon als fluchtverdächtig aufgefallen. Für den Versand des teuersten Hausrats (Porzellan, Gläser u.a.) sowie der wertvollen Antiquitäten aus dem Wernshäuser "Stammhaus" (vgl. oben S. 9) konnten wir ein Eisenacher Unternehmen gewinnen, das 12 neue Kisten lieferte und deren illegalen Transport für einen Wucherpreis übernahm. Aber - was hätte uns die östliche Reichsmark sonst noch genützt, nachdem am 21. Juni 1948 in den drei westlich besetzten Zonen der große Währungsschnitt, die Umstellung auf eine ganz neue Währung, schon erfolgt war? Auf die Ankunft besagter Kisten haben wir dann in Essen ziemlich lang und bang warten müssen. Die Erfurter Wohnung selbst mitsamt Möbeln, Gardinen usw. mußten wir zurücklassen, wie sie war. Einen Teil des Inventars übernahmen Untermieter, die wir natürlich in unsere Pläne einweihen mußten. Das Übrige ging an einen sehr guten jungen Freund, der, schwer verwundet aus dem Krieg zurückgekehrt, uns in vieler Hinsicht behilflich war und mit dem wir dann eng verbunden blieben. Sonst hielten wir unsere Absicht, so gut es ging, geheim: wäre sie zu maßgeblichen Stellen gelangt, hätte das bei der sich von Tag zu Tag verschärfenden sowjetischen Herrschaft schlimme Folgen für uns beide haben können. Selbst meine Mutter - der Vater war Anfang 1948 gestorben - und meine Schwester wurden nicht informiert, damit sie nicht in Sorge versetzt wurden: denn solch ein Weggang war zu dieser Zeit mit erheblichen Gefahren verbunden.

Der unsrige entbehrte nicht einer gewissen Paradoxie. Es war ausgerechnet ein russischer Dienstwagen, mit dem wir von einem bei dem russisch gelenkten Kalikombinat, das seinen Verwaltungssitz in Erfurt hatte, beschäftigten Bekannten frühmorgens abgeholt wurden. Die meisten von hier aus verwalteten Kalibergwerke lagen in der nördlichen Rhöngegend unweit Vacha, wo unser genannter Fluchthelfer, der dafür meine Briefmarkensammlung erhielt, öfters dienstlich zu tun hatte. Unser Schlupfloch lag neben einem dieser Kaliorte, Unterbreizbach. Als böses Omen erschien es uns, als uns kurz vor diesem Ort ein von bewaffneten Russen eskortierter Zug Gefangener begegnete - offensichtlich Leute, die wie wir dem russischen Machtbereich hatten entfliehen wollen und "geschnappt" worden waren. Aber wir hatten Glück. Im Gasthof in Unterbreizbach wies man uns auf die günstigste Zeit zum Zonenübertritt, nämlich während der mittäglichen Wachablösung, hin. Wir warteten also diesen Zeitpunkt ab, gingen dann mit leichtem Gepäck, das hauptsächlich in Abschriften für den Goethe-Voigt-Briefwechsel bestand, geleitet von dem Bekannten, bergan. Unbehelligt gelangten wir an einen Punkt, von dem aus wir nicht weit vor uns ein großes Schild "Ende der Sowjetischen Zone" erblickten. Im Lauf nahmen wir die letzten Meter und noch einige darüber hinaus und fielen uns dann lachend und weinend in die Arme. Es war geschafft.

Über das bereits im Hessischen gelegene Dorf Ransbach gelangten wir mit dem Zug nach Bad Hersfeld, wo wir in einem bestimmten Geschäft einen geringen Betrag in Westgeld für uns hinterlegt fanden, wovon wir uns u.a. nach ca. fünf Jahren die erste Flasche Wein kauften. Von Hersfeld aus schickte meine Frau ein Telegramm mit ihrer Kündigung an den Direktor ihrer Schule, die einst "meine" Schule gewesen war. Es war der erste Schultag nach den großen Ferien, für die Schule ein schwerer Schlag. Ein Nachtquartier fanden wir in Hersfeld nicht. So fuhren wir noch bis Bebra, wo wir ein hinter einem Tanzsaal - und nur von diesem aus zugänglich - gelegenes überaus dürftiges (etwa nur zur stundenweisen Benutzung bestimmtes?) Zweibettzimmer erhielten. Ein Zahnputzglas war vorhanden, so konnten wir in gelöster Stimmung jener ersten Flasche Wein den Garaus machen.

Anderntags fuhren wir mit dem Zug nach Essen, wo uns der erste Weg in das Bettengeschäft unserer Freunde Pröbsting (damals am Kurienplatz) führte. Hilde Pröbsting, Ediths Schulfreundin, konnte uns mit einer guten Nachricht begrüßen. Ihre Untermieter in ihrem Haus in Essen-Bredeney

Ein Tag wie jeder andere? - Von Erfurt nach Essen 1948 169

(Am Brunnen 3) waren eben in eine eigene Wohnung umgezogen. So hatte sie zwei Räume frei, in die wir sogleich einziehen konnten - und auch sollten, bevor ihr vom Wohnungsamt neue, ihr vielleicht weniger willkommene Untermieter zugewiesen wurden. Der Coup gelang. Da ich sogleich als dringend gebrauchter Lateinlehrer an der Maria-Wächtler-Schule beschäftigt wurde und Herbert Pröbsting, Hildes Bruder, gute Beziehungen zur Stadt hatte, erhielten wir ziemlich schnell die Wohnberechtigung und - da im Besitz von Wohnung und Stellung - auch die noch immer nicht abgeschafften Lebensmittelkarten und Textilpunkte. Es war freilich ein seltsames Wohnen. Das Wohnzimmer, eine ausgebaute und verglaste Veranda, mit Zugang nur durchs Bad, lag im ersten Stockwerk, der andere Raum, der dem Doppelzweck als Schlafzimmer und Küche zu dienen hatte, im zweiten. Fürs erste war uns diese Unterbringung hochwillkommen. Doch konnte es sich nur um ein Provisorium handeln. Meine Direktorin, Frau Else Erdnüß, die nur selten die "Chefin" herauskehrte (was mir ungewohnt war), hat sich rührend darum bemüht, uns zu einer richtigen Wohnung zu verhelfen: sie begleitete mich mehrmals ins Wohnungsamt, auch zu wichtigen Ratsherren; gemeinsam gingen wir mit der damals sehr bekannten Zentrumspolitikerin Frau Mathilde Kaiser zu den zuständigen Behörden. Bei dem hohen Grad der Zerstörung Essens war das alles vergeblich. Es dauerte schließlich mehr als vier Jahre, bis wir, in der Hauptsache durch beständiges eigenes Bemühen, in angenehmer Wohnlage eine kleine eigene Wohnung bekamen. Überhaupt - gar so "golden" war der Westen hier nicht. Es gab manche Schwierigkeiten. So war ich z.B. an der Schule zunächst nur als Aushilfslehrkraft zugelassen, bis ich Ende 1949, nicht zuletzt mit Unterstützung der Chefin, vom Schulkollegium Düsseldorf und der Stadt Essen wieder ins Beamtenverhältnis übernommen wurde: zum ersten Mal in meinem Leben war ich Studienrat; denn 1938 war ich von meinem Posten als Dozent im preußischen Landesdienst sogleich zur Stellung des kommissarischen Studiendirektors in Erfurt erhoben worden (vgl. oben S. 151).

18. IN ESSEN 1948 - 1952:

Schule, Forschung, Schüleraustausch

Im Kollegium fand ich noch viele der alten Gesichter. Aber der rechtliche Status hatte sich verändert. Die Maria-Wächtler-Schule war keine Privatschule mehr, sie war jetzt ein konfessionell gemischtes städtisches Mädchengymnasium mit Frauenoberschule. Mit den katholischen Kolleg(inn)en und Schülerinnen kam ich gut zurecht. In meine persönliche Situation, die natürlich von der Erfurter Stellung stark abwich, wußte ich mich, gleichsam ins Glied zurücktretend, zu schicken. Demokratie lag meinem Wesenszuschnitt. Bald wurde ich auch wieder Vertrauensmann des Philologenvereins, der inzwischen natürlich wieder an die Stelle des nationalsozialistischen Lehrerbundes getreten war.

Da ich als einziges Mitglied des Kollegiums die volle Lateinfakultas hatte, wurde mir hauptsächlich Lateinunterricht übertragen, so daß ich kaum noch in die unteren Klassen und nur selten mit meinen übrigen Fächern Deutsch und Geschichte zu Wort kam. Die Schülerinnen waren meist aufgeschlossen und wißbegierig, sie hatten eine Art Nachholbedarf. Was ich an Lateinkenntnissen vorfand, war meist so gering, daß ich fast neu anfangen mußte. Aber es ging gut, man holte rasch auf. Ich war trotz der Schwierigkeiten, die der Schichtunterricht - die halb zerstörte Maria-Wächtler-Schule mußte ihr Haus mit der Helmholtz-Schule teilen - bereitete, glücklich, wieder vor einer Klasse stehen, mit jungen Menschen arbeiten zu dürfen.

Es war gewiß von der Direktorin wohl überlegt, daß sie mir schon nach einem halben Jahr, Ostern 1949, die Klassenleitung einer gymnasialen Obersekunda übertrug, die ich in den Fächern Latein und Geschichte zum Abitur zu führen hatte. Eigenartig, daß ich zu dieser, freilich allgemein als schwierig geltenden, Klasse kein sehr gutes Verhältnis fand. Die Mädchen hingen sehr an ihrer bisherigen Klassenleiterin, Studienrätin Schumacher, die wegen ihrer Fächerkombination die Klassenleitung nicht gut länger behalten konnte, aber nun den naturwissenschaftlichen Unterricht in ihr weiterführte. Sie hatte ein paar Jahre zuvor die Mädchen, damals ja noch Kinder, in der Kinderlandverschickung betreut, gleichsam Mutterstelle an ihnen vertreten. So mochten sie jetzt mich als ihnen mehr oder weniger aufgezwungen ansehen. Jedenfalls: zum ersten Mal hatte ich Schwierigkeiten. Ich empfand mitunter das Verhalten der Klasse als eine Art Obstruktion, worauf ich vielleicht nicht immer ganz geschickt, herber und autoritärer, als es sonst meine Art war, reagierte.

Im Obersekundajahr verbrachte ich mit der Klasse drei Wochen in der Eifel, im festungsartig über der Rur mit ihren bizarren Felsgebilden gelegenen Städtchen Nideggen, von wo wir zahlreiche Ausflüge machten. Auf der Omnibusfahrt nach Monschau kamen wir durch den von der Ardennenoffensive 1944/45 her völlig zerstörten, noch arg verminten, daher außerhalb der Straße ganz abgesperrten Hürtgenwald: die sonst immer schwatzenden, lauten, gern lachenden Mädchen wurden still und blaß vor Betroffenheit. Erst im Dorf Schmidt löste sich die Spannung wieder. Hier hatte der Kaffeeschmuggel der ersten Nachkriegsjahre für schnellen Wiederaufbau und Wohlstand gesorgt: die stattliche neue katholische Kirche hatte im Volksmund den bezeichnenden Namen St. Mokka!. Beeindruckend die hohen, dichten Baumhecken vor den Bauernhöfen im Hohen Venn, die einen Schutz vor dem hier oben mitunter sehr heftig wehenden Westwind gewährten. In bleibender Erinnerung das Städtchen Monschau selbst, wie eingekerkert im engen Flußtal, nur durch einen belgischen Grenzstreifen zu erreichen.

Meine Frau nahm an diesem Landheimaufenthalt teil - auch Fräulein Schumacher, so daß ich mit der Klasse nicht vertrauter werden konnte. Etwas besser war es, als ich zwei Jahre später, diesmal begleitet von meiner Frau und einer hilfreichen Referendarin, die inzwischen längst Direktorin i.R. ist, mit einer Klasse in das mir von früher (vgl. oben S. 140) wohlbekannte Niedermendig fuhr. Das Kloster Maria Laach, wo uns ein sehr sachkundiger Benediktiner wegen unserer geringen Kenntnisse der Details des romanischen Baustils in einer heißen Mittagsstunde regelrecht ausschimpfte, der Laacher See und die weitere Umgebung verfehlten ihren Eindruck nicht. Aber auch diese Wochen hatten ihre Schatten.

Zu späteren Jubiläumstreffen (15, 20, 25, 30, 40 Jahre nach dem Abitur) lud uns die Klasse - Anna Dorothee v. den Brincken, jetzt Professorin für Geschichte in Köln war meist die Gastgeberin im Essener Haus ihrer Mutter - ein. Seltsam, wie sich da das Klima verändert hatte. Wir wurden nicht nur aufs höflichste, sondern mit echter Herzlichkeit empfangen und verbrachten mit den jetzt auf die "65" zugehenden Damen wirklich nette Stunden. Jene Schülerin, die mir damals am meisten zu schaffen gemacht hatte - jetzt selbst Oberstudienrätin a.D. -, bekundet mir, wie die anderen größtenteils auch, in meinen hohen Jahren Dankbarkeit und Verehrung. Öfters bekommt der Lehrer erst im Alter und Ruhestand jene Kränze geflochten, die ihm während der Amtszeit versagt waren.

Lateinunterricht fordert, wenn man es einmal kann, nicht allzuviel Vorbereitung. So konnte ich meine beiden großen Editionen so weit fördern, daß der erste Goethe-Voigt-Band (vgl. oben S. 163 ff.) 1949, also im Goethejahr, der zweite 1951 erscheinen konnte, beide, wie betont, in den "Schriften der Goethe-Gesellschaft" im Weimarer Verlag Hermann Böhlaus Nachfolger, leider auf schlechtem Nachkriegspapier. Schon dadurch blieb auch von Essen aus die Verbindung mit Weimar gewahrt. Schon 1949 berief mich Professor Dr. Walther Däbritz in den Vorstand der Essener Goethe-Gesellschaft, in welcher Eigenschaft ich an der Vorbereitung und Gestaltung jener großen, von Mitgliedern aus ganz Deutschland besuchten Essener Goethe-Tagung 1952 beteiligt war, die in ihren Folgen ganz wesentlich dazu beitrug, die Goethe-Gesellschaft, d.h. die Muttergesellschaft mit Sitz in Weimar, unter dem Präsidenten Dr. Andreas Bruno Wachsmuth wieder erstehen zu lassen. Mit Wachsmuth stand ich in lebhafter Verbindung.

Das Verdienst von Professor Dr. Willy Andreas war es, daß er die damals von Franz Schnabel geleitete Historische Kommission bei der Bayerischen Akademie der Wissenschaften, eine Gründung Rankes, dafür gewann, das große Quellenwerk des Politischen Briefwechsels Carl Augusts in die Reihe ihrer Veröffentlichungen aufzunehmen. Band 1 (1778-1790) konnte in bester Aufmachung, lexikonformatig, 1954 herauskommen. Alle genannten drei Bände fanden viel Beachtung; sie gehörten zu den ersten umfangreichen und bedeutenden Editionen, die nach dem Krieg ans Licht traten und nicht nur in Fachzeitschriften, sondern auch in großen Tageszeitungen wie der Frankfurter Allgemeinen und der Neuen Zürcher Zeitung positive Besprechungen erfuhren. Dadurch wurde mein Name bekannt, ja ich darf sagen: mein wissenschaftlicher Ruf begründet. Auch im Kultusministerium in Düsseldorf wurde man auf mich aufmerksam, und es setzten Bemühungen ein, meine berufliche Stellung zu verbessern. Man wußte wohl auch die Art meines Erfurter Wirkens zu schätzen.

Hierzu mochte auch der Umstand beitragen, daß ich alles daransetzte, mit Hilfe meiner unmittelbar vorgesetzten Behörde, des Schulkollegiums in Düsseldorf, den Deutsch-Schwedischen Schüleraustausch, der durch Nationalsozialismus und Krieg unterbrochen war, wieder in Gang zu setzen. Ich tat mich zu diesem Zweck mit einem in Rheinland-Pfalz wirkenden Studienrat, Herrn Euler, zusammen, der gute schwedische Sprachkenntnisse hatte und die Leitung übernahm. Im Sommer 1950 konnten wir zum ersten Mal mit dem eigentlich zu kleinen Schiff Laboe von Kiel aus die Ostsee überqueren und dann von Malmö aus die Kinder, viele Essener darunter, zu ihren Zielorten auf den Weg bringen. Unter der Überschrift "Blick durch das Fenster" beschrieb eine der größten deutschen Tageszeitungen das aufsehenerregende Unternehmen, wohl das erste dieser Art nach dem Zweiten Weltkrieg.

Endlich konnte auch meine Frau mitkommen, der 18 Jahre zuvor, 1932, als meiner erst "heimlichen" Verlobten die Teilnahme versagt geblieben war. In der Folge haben wir dann noch zweimal an der Fahrt (und Betreuung der Kinder) teilgenommen, um später weiteren Essener Kollegen den Hochgewinn einer solchen Reise mit verhältnismäßig geringen eigenen Mitteln zu ermöglichen. Man vergißt heute leicht, wie schlecht die materiellen Verhältnisse in der ersten Nachkriegszeit waren.

Da ich weiter oben (vgl. S. 119 ff.) meine früheren Schwedenreisen (1929 bis 1932) ausführlicher beschrieben habe, sollen jetzt nur die wesentlichsten neuen Eindrücke gleichsam im Zeitraffer für alle drei neuen Reisen zusammengefaßt werden. Natürlich sollte meine Frau Kiruna kennenlernen - diesmal mit Übernachtung in Vännäs, wo sich die alte Erfahrung wiederholte, daß man im Hotel abends nichts mehr zu essen bekam. Für Norwegen, dessen Bevölkerung den deutschen Eroberern vom Krieg her tief mißtraute, hatten wir kein Visum bekommen, so daß diesmal Narvik ausfallen mußte, dessen Name durch den Krieg Berühmtheit erlangt hatte. Doch fuhren wir die Strecke bis zur Station Riksgränsen, tranken Kaffee im Hotel Lapplandia und genossen dann von einer hochgelegenen Gaststätte in Björkliden aus den einmaligen Ausblick auf den Torneträsk und die Lapporten, jenes oben beschriebene eigenartige Gebirgsgebilde.

Stockholm, wo wir meist unser Quartier hatten, fand ich durch die in die Granitklippen tief hineingebauten Hochhäuser sehr verändert. Die erste aus neuartiger Konzeption erstellte Wohnvorstadt, Vällingby, imponierte uns, ein köstliches, in die Landschaft gesetztes Wohn- und Freizeitparadies. Die Nachteile solcher "Suburbs" waren noch nicht erkannt. - Auf der Insel Lidingö standen wir bewundernd im "Millesgården", in dem hinter dem Wohnhaus des weltbekannten Bildhauers dessen schönste Werke auf weiter

Fläche zu eindrucksvollen Wirkungen versammelt waren. Eine Art Gegenstück dazu fanden wir in einer ins Meer ("Saltsjön") vorspringenden Spitze des Djurgardens: "Waldemarsudde", Wohnsitz des verstorbenen "Malerprinzen" Eugen, eines Bruders des vormaligen Königs Gustav V.: Bilder über Bilder in dem idyllisch gelegenen fürstlichen Landsitz; eine Mühle dahinter rundete das Ganze stimmungsvoll ab. Am nahegelegenen Steg holte uns eins der schnellen Boote in die Stadt zurück.

Schloß Haga lag nicht mehr so still verträumt im Park wie bei meinen früheren Besuchen. Hier lebte die "Haga-Familie": Prinzessin Sibylla, die Witwe des bei einem Flugzeugunglück umgekommenen Thronfolgers Prinz Gustav, mit ihren drei Töchtern und dem kleinen Sohn, dessen hübsches Kindergesicht einen aus vielen Schaufensterfotos anblickte. Es ist der jetzige König Karl XVI. Gustav, der vor ein paar Jahren mit seiner deutschen Gemahlin Silvia die deutsche Heimatstadt seiner Mutter, Coburg, und deren noch hier lebende Verwandte besuchte - ein Volksfest mit einem Hauch von Hofluft.

Ein Mälardampfer brachte uns zum imposant am Wasser gelegenen mächtigen Schloß Gripsholm, das uns durch Kurt Tucholskys amüsant-frivole Liebesgeschichte als literarischer Schauplatz bekannt war und mit seiner durch die Jahrhunderte hin wohlerhaltenen Inneneinrichtung, hinter der sich ein schreckliches Geschehen in der schwedischen Königsgeschichte verbarg, den Historiker in mir fast mehr als durch jene muntere Novelle interessierte. Aber auch ganz andere Gegenden des großen Landes lernten wir kennen. Das Beste an Hälsingborg, wo wir ein paar Wochen zubrachten (und zeitweise den "Ondulat", d.h. Wellensittich, unserer abwesenden Wirtsleute "hüteten"), war eigentlich die oft gebotene Möglichkeit zur raschen Überfahrt über den Sund zum reizenden dänischen Städtchen Helsingör. Hier führte uns ein Größerer als Tucholsky, nämlich der Geist Shakespeares zum Schloß Kronborg und ins naheliegende kleine Seebad Gillelaje, wo es das sogenannte Grab Hamlets, wirklich sehr altertümlich anzuschauen, mit geheimem Schauder zu betrachten gab. Ein Abstecher führte uns nach Kopenhagen, und hier ließ uns beim Kaffeetrinken oberhalb der Meerjungfrau die Bedienung merken, daß wir Deutsche waren: die Erbitterung vom Krieg her war noch keineswegs überwunden.

Eine sehr lange Reise, mit Übernachtung in Göteborg, brachte uns nordostwärts durch das Land zum schönsten Teil von Dalarna. Hier war Selma Lagerlöf (und mit ihr "Gösta Berling") einst zu Hause gewesen. Natürlich betrachteten wir Rättvik und Leksand mit seiner wunderschönen weißen Kirche. Damals sammelte noch das Kirchboot die Bewohner der einsam am Ufer gelegenen Höfe, um sie zum Gotteshaus zu fahren. Wir verlebten eine ruhige Woche in Grytnäs an einem Seitenarm des Sees in einem in eine Pension verwandelten ehemaligen Bauernhof, der Hof begrünt mit Gras, das Haus versehen mit dem bekannten rostbraunen Anstrich. Es ging einfach und patriarchalisch zu. Klein waren die Kammern, ziemlich groß dafür der Eßraum. In seiner Mitte stand nach altem Brauch der große Tisch mit den von flinker Hand immer wieder ergänzten Speisen. Man saß an Einzeltischen, an deren einem die Wirtsleute selbst ihren Platz hatten. Es gab da nicht viele Gäste, und alle sprachen nur schwedisch, so waren wir beide ganz für uns. Vor längeren Wanderungen warnte man uns mit der Begründung, es könnten sich vom Norden her noch Bären in diese dichten Wälder verirren. Am Rand der Waldwege gab es Preiselbeeren in einer Fülle und Reife, wie ich es noch nie erlebt hatte - nicht einmal in Wernshausen! Es waren sehr geruhsame, wenn man will sogar langweilige Tage. Aber sie waren erholsam. Dann ging es wieder nach Stockholm, die Kinder versammelten sich zur Rückfahrt, unser "Dienst" setzte wieder ein. In Essen empfing uns die Hektik eines beruflich veränderten Alltags.

Es mag etwas von "Nostalgie", wie man heute sagt, in diese Schilderung eingeflossen sein. Unsere letzte Schwedenreise liegt über dreißig Jahre zurück. Sehr vieles hat sich dort verändert. Ob es uns heute noch so gut gefallen würde?

19. ALS LEITER DES STAATLICHEN STUDIENSEMINARS 1954-1957

Seit 1952 Fachleiter für Geschichte am Staatlichen Studienseminar in Essen, wurde ich auf Vorschlag des gesamten Fachleiterkollegiums vom Kultusminister des Landes Nordrhein-Westfalen 1954 zum Oberstudiendirektor und Leiter des Studienseminars ernannt. Hier eröffnete sich mir ein ganz neues Betätigungsfeld, ja fast ein neuer Beruf. Da ich während des Studiums der Pädagogik als Fach nur das eben unerläßliche Maß an Beachtung geschenkt hatte, mußte ich dieses "Fach" jetzt im Selbststudium nachholen. Für mich war es ein glücklicher Umstand, daß die neue Ära der Pädagogik, wie sie etwa durch Georg Picht, Hartmut von Hentig und andere - heute ist diese Richtung fast schon wieder überholt - gekennzeichnet war, noch nicht (oder kaum) angebrochen war. Ich konnte, wie meine Kollegen an den sieben übrigen Seminaren des Landes auch, an die große Pädagogik der 20er Jahre anknüpfen.

Namen wie Georg Kerschensteiner, Eduard Spranger, Theodor Litt, auch wohl Friedrich Wilhelm Foerster standen im Vordergrund. Oetinger, Caselmann, Guyer waren neueren Datums. Die Arbeiten Bollnows, besonders aber Romano Guardinis sorgten für philosophisch-theologische Vertiefung. Mancher ganz moderne Ansatz wehte von den USA herüber, blieb aber am Rande. Dagegen habe ich mich mit Hermann Lietz' Schullandheimerziehungsidee, auch mit Maria Montessori, schließlich der Waldorfpädagogik eingehender befaßt. Da galt es ein riesiges Leseprogramm allmählich zu bewältigen, denn mir fiel als Seminarleiter selbstverständlich die Aufgabe zu, allwöchentlich die sogenannte "Allgemeine Sitzung" für alle Referendare abzuhalten, die neben Pädagogik auch Psychologie ("Pädagogische Jugendkunde") mit einbezog. Darüber hinaus mußte ich mich bemühen, bei den Assessorprüfungen auch die speziellen Wünsche der Kandidaten zu berücksichtigen. Ein solcher Wunsch verschaffte mir z.B. einige Kenntnis des Denkens von Jean Gebser. Alles Lesen wurde unterstützt durch die ziemlich umfangreiche Erfahrung, die ich in eigener Praxis hatte sammeln können.

Ich hatte die Freude, das Seminar, das mit dem schönen "Foyer" aus sieben Räumen bestand, im obersten Stockwerk des Gebäudekomplexes des neu erbauten Burggymnasiums weitgehend nach meinen Vorstellungen gestalten und einrichten zu können. Es war für 30 bis 40 Teilnehmer gedacht, doch zuletzt wuchs die Zahl auf fast 60 an, so daß nach meiner Zeit ein zweites Seminar gegründet werden mußte. Es war eine muntere, aber auch kritische Gruppe von fast frisch von der Universität kommenden jungen Damen und Herren, die ich hier vor mir hatte. Man verstand es, in unseren eigenen "Clubräumen" oder andernorts, besonders nach bestandener Assessorprüfung, fröhlich-geistvolle Feste zu feiern.

Als Prüfungsvorsitzende erschienen, jeweils im Wechsel, Oberschulräte aus Düsseldorf. Einige unter ihnen waren gefürchtet. Recht beliebt, auch meiner Frau und mir freundschaftlich verbunden und öfters bei uns zum Mittagessen, war Oberschulrätin Dr. Kogge. Unter ihrem Vorsitz durchzufallen, galt - so wenigstens ging die Sage - fast als ein Vergnügen: so freundlich-eindringlich wußte sie, indem sie ein späteres Gelingen mit besonders guter Note in Aussicht stellte, dem Unglücklichen die "Vorzüge" seines Schicksals klarzumachen. Während dieser Prüfungswochen war mein Leben besonders aufreibend und anstrengend: vormittags Prüfungslehrproben an den verschiedenen Gymnasien, auf die die Referendare von mir zur praktischen Tätigkeit verteilt waren, ganz kurze Mittagspause, nachmittags die mündlichen Prüfungen im Seminar.

Im ganzen war diese Tätigkeit, für die mir ein Studienassessor als Assistent und eine Schreibkraft zur Verfügung standen, für mich sehr abwechslungs- und lehrreich. Das Fachleiterkollegium, dem ich vorstand, ohne Vorgesetzter zu sein, bestand aus ausgesuchten Kräften, die hauptberuflich an den verschiedenen (damals 16) Essener Gymnasien tätig waren. Da meist noch Schichtunterricht herrschte, mußte ich mit der Straßenbahn so ziemlich alle Stadtteile Essens "bereisen", denn zum Alltag meiner Arbeit gehörte der Besuch von Übungsstunden (früher sagte man Probelektionen) der Referendare. Der betreffende Fachleiter, begleitet von seiner speziellen Gruppe, nahm hieran teil. Den Schülern waren wir bekannt, man nannte uns den Wanderzirkus. In der anschließenden Besprechung galt es, Lob und Tadel so gerecht wie möglich zu verteilen, so daß der Referendar wirkliche Einsichten erhielt und reale Hinweise bekam. Das war manchmal schwierig, war man selbst vor Fehlern gefeit? Oft überraschte ich außerhalb des eben beschriebenen Seminartags, an dem so ziemlich alle Fachleiter, dafür an dem Tag unterrichtsbefreit, ihrerseits ihre Hospitationen durchführten, in der angedeuteten Weise die Referendare auch allein - gewiß nicht immer zu ihrer besonderen Freude. Aber sie wußten ja von diesem Usus und mußten auf

Als Leiter des Staatlichen Studienseminars 1954-1957

den Überraschungseffekt gefaßt sein. Immerhin - die zwei Referendarjahre, von denen nur eins, das zweite, vom Studienseminar direkt ausgerichtet wurde, waren für viele gewiß kein Zuckerlecken; aber ich versuchte immer, unnötige Härten zu vermeiden, den jungen Kollegen allzu Ärgerliches zu ersparen, wofür mir bei den Schlußfesten öfters in netter Form gedankt wurde.

Meine Hospitationsfahrten hatten den Nebeneffekt, daß ich mich für Essens verschiedene Stadtteile - so Werden, Steele, Altenessen, Borbeck, Essen-West, Bredeney, Rellinghausen -, für ihre komplizierte Geschichte und verschiedenartige wirtschaftlich-soziale Struktur zu interessieren begann. Ganz Essen stellte sich mir jetzt als ein höchst eigenartiges, im Industriezeitalter aus mehreren Ortschaften zusammengefügtes Gemeinwesen dar, das näher zu erforschen und in seiner Einmaligkeit darzustellen mir als eine lohnende Aufgabe für die Zukunft erschien. So begannen bei mir Pläne zu reifen, die ich freilich erst später in zahlreichen Publikationen verwirklichen konnte.

Jedem Jahrgang des Seminars stellte das Ministerium einen Betrag für eine Studienreise, die unter der Firmierung "Wanderführerlehrgang" lief, zur Verfügung. Glücklicherweise vermochte unser Fachleiter für Erdkunde, mein Freund Adolf Münker, der auch Vorsitzender des Essener Geographenvereins war, dieser Forderung in Wort und Tat gerecht zu werden. Im Kern aber waren diese Reisen auf die Erkundung besonderer pädagogischer Institutionen angelegt. So besuchten wir in Amsterdam Montessorischulen und -kindergärten. Das "Hilf mir, es allein zu tun" und die "Übung der Stille" wurden uns eindrucksvoll vorgeführt. Natürlich versäumten wir es nicht, das "Rijksmuseum" (mit besonderem Blick auf Rembrandts "Nachtwache"), das Stedelijk Museum (mit Schwerpunkt van Gogh) und im nahen Haarlem das Frans-Hals-Museum zu besuchen. Unter den Referendaren befanden sich vier ausgezeichnete Kunsterzieher, von denen mindestens einer, Hermann Kresges, es als ausübender Künstler zu einem Namen brachte. Zum Abschied überraschte und erfreute mich der Jahrgang mit einer Mappe hervorragender Bilder dieser Künstler mit Amsterdamer Impressionen.

Ein anderes Mal ging die Fahrt nach Fulda, von wo aus das Lietz'sche Landerziehungsheim Schloß Bieberstein besucht wurde. Sonst überwogen diesmal die Sehenswürdigkeiten der Barockstadt Fulda. Ein Abstecher führte in die Rhön nach Gersfeld, Bischofsheim und hinauf zum Kloster

Kreuzberg. Wir waren eine recht gemischte Gesellschaft. Ein Salesianerpater war dabei. Besonders fiel Schwester M. Radegundis auf, die im wallenden schwarzen Nonnengewand des Ordens Beatae Mariae Virginis mitfahren, ja sogar an dem das Unternehmen abschließenden Tanzabend, freilich nicht aktiv, aber vergnügt zuschauend, teilnehmen durfte: sie hat diesen Abstecher ins Weltliche sichtlich genossen.

Eine dritte Reise führte an die Bergstraße. Das Pädagogische überwog hier durchaus. Wir verbrachten je einen Tag in der berühmten Odenwaldschule bei Oberhambach und im "Schuldorf" in der bewaldeten Rheinebene bei Jugenheim. Hier waren auf weiter Fläche wohl ziemlich alle Schularten vom Humanistischen Gymnasium bis zur Grundschule und zum Kindergarten in verschiedenen Gebäuden vereint, und die Übergänge von der einen zur anderen Schulform waren relativ leicht. Ausflüge führten unsere Gruppe in die herrliche Umgebung, so zu Fuß auf das hoch gelegene Auerbacher Schloß und zum "Fürstenlager". Eine Autobusfahrt ging über Amorbach, wo uns der Organist Freiherr Droste zu Vischering auf Bitte meines alten Freundes Domänendirektor Dr. Engelhardt mit seinem Spiel auf der Silbermannorgel in der Abteikirche erfreute, zum Neckar mit Abschluß in Heidelberg. Diesem Referendarjahrgang gehörte übrigens der besonders durch seine Glaskunstwerke und andere moderne künstlerische Hochleistungen bekannte jetzige Professor Heinz Mack an.

Auf all diesen Fahrten hat mich meine Frau, die ja vom Fach und zudem bei den Referendaren beliebt war, begleitet, eine wesentliche Erleichterung für mich.

Leider verschlechterten sich während dieser Seminarjahre - sie waren wohl die anstrengendsten in meinem ganzen Berufsleben - meine arthritischen Gehbeschwerden erheblich. Eine Kneippkur in Bad Berneck im Fichtelgebirge half mir nicht. Erst spätere Kuren in Badenweiler brachten zeitweilige Linderung. Wir fanden Gefallen an dieser paradiesischen Landschaft am Oberrhein mit seinen Seitentälern. Der Ort wurde, neben dem Tegernsee, unser bevorzugter Urlaubsplatz.

Die Tätigkeit als Seminarleiter, so vielseitig und interessant sie war, fand mehr im verborgenen statt: die Öffentlichkeit nahm von ihr wenig Notiz. Hinzu kam, daß der Seminarleiter zwar die Amtsbezeichnung Oberstudiendirektor führte, wodurch er den "wirklichen" Direktoren gleichgestellt erscheinen sollte (er nahm auch an den Direktorenkonferenzen teil); das Ge-

Als Leiter des Staatlichen Studienseminars 1954-1957

halt war aber nur das eines Oberstudienrats. So gingen - weniger eigentlich von mir als vom Kultusministerium - Bemühungen aus, mich in dieser Hinsicht besser zu "plazieren". Ich wurde in Bielefeld zum Direktor des neu gegründeten (1952) Max-Planck-Gymnasiums gewählt, lehnte aber ab, als ich feststellen mußte, daß man dort nicht bereit, vielleicht auch nicht in der Lage war, mich bei der Beschaffung einer Wohnung zu unterstützen. Als ich dann in Köln zum Leiter des Gymnasiums am Hansaring gewählt wurde, was natürlich wegen der Universitätsstadt verlockend war, habe ich schließlich auch das abgelehnt. Mir stand eine andere, m.E. bessere Lösung in Aussicht, die uns zudem die Möglichkeit gewährte, in Essen, wo wir inzwischen wieder ganz heimisch geworden waren, wohnen zu bleiben.

Bezeichnend für die berufliche Überlast dieser Jahre ist es, daß ich in dieser Epoche meines Lebens die wissenschaftliche Forschungsarbeit so gut wie gar nicht weiter fördern konnte. Daß Band 3 des Goethe-Voigt-Briefwechsels, diesmal unter Mitwirkung von Wolfgang Huschke (vgl. oben S. 164), 1955 erscheinen konnte, war dem Umstand zu verdanken, daß ich ihn noch *vor* der Seminarzeit im Manuskript hatte vollenden können. Trotz allem: ich möchte die paar Jahre in der "Erwachsenenbildung" nicht missen, sie haben mich menschlich und beruflich bereichert.

20. DIREKTOR DES BURGGYMNASIUMS 1957-1969

Ostern 1957 ging der Direktor des Burggymnasiums, Dr. Robert Müller, in Pension. Die Schule wurde einige Monate interimistisch von Studienrat Hans Nöller geleitet. Während dieses Zeitraums, ja schon vorher, fand die Frage der Nachfolge in der Öffentlichkeit einen lebhaften Widerhall. Die Zeitungen berichteten: "Einer geht, wer kommt?"
Es hatte mit dem Essener Burggymnasium, im Volksmund kurz "die Burg" genannt, eine besondere Bewandtnis. Sie war das einzige staatliche, dazu das einzige altsprachliche, d.h. humanistische Gymnasium der Stadt. Bis zum Zweiten Weltkrieg hatte sie als einzige Essener Schule die Bezeichnung Gymnasium geführt. Alle anderen höheren Schulen waren "Oberschulen". Erst die nivellierenden Tendenzen nach dem Krieg, mehr oder weniger berechtigt, hatten allmählich allen höheren Schulen den Titel Gymnasium eingeräumt. Dennoch nahm das mitten in der Stadt am Burgplatz gelegene Burggymnasium nach wie vor eine besondere Stellung ein: für viele blieb es "das" Gymnasium schlechthin. Dazu trug erheblich die Tatsache bei, daß es bei weitem Essens älteste Schule war. In seinen Wurzeln ging es zum einen auf die Stiftsschule der Essener Fürstabtei (9. Jahrhundert), zum anderen nachweislich auf eine während der Wirren des Reformationszeitalters des 16. Jahrhunderts gegründete evangelische Stadtschule, eine "Lateinschule", zurück. 1819 wurde aus den Restbeständen beider Schulen und auf gänzlich veränderter Basis, nunmehr für beide Konfessionen, das "Königliche Gymnasium" zu Essen gegründet, damals schon am Burgplatz in einer ehemaligen Domherrenkurie der Jesuitenresidenz, die, mehrmals umgebaut, im Bombenkrieg zerstört wurde. In den 50er Jahren erstand der repräsentative, ja für die damaligen Verhältnisse komfortable Neubau des Burggymnasiums an der gleichen Stelle, an der die alte "Burg" gestanden hatte.
Ende Juni 1957 ging das allgemeine Rätselraten um den neuen Direktor zu Ende. Eines Abends rief uns ein Jugendbekannter meiner Frau, ein namhafter Journalist, an mit der Mitteilung, er habe dem Kultusminister Professor Luchtenberg, der zur Eröffnung einer Ausstellung nach Hügel gekommen war, den Namen des neuen Burgdirektors entlockt: Dr. Hans Tümmler. Diesmal bedurfte es keiner Wahl durch den Rat der Stadt: da es sich um eine - damals! - staatliche Schule handelte, hatte der Minister das Ernennungs-

recht. Ich wurde nach 50 Jahren der erste evangelische Direktor der vornehmlich von katholischen Schülern besuchten Schule: eine im Ministerium vorhandene ältere Aktennotiz enthielt eine Bestimmung, daß die Leiterstelle am Burggymnasium "alternierend" zu besetzen sei. Diese Bestimmung war sehr lange nicht beachtet worden. Damals spielten aber Fragen des konfessionellen Proporzes noch eine erhebliche Rolle. Meine Ernennung erregte Aufsehen.

Ich muß gestehen, daß ich recht stolz auf diese Ernennung war, die mich zum Schluß gewissermaßen zu meinen eigenen schulischen Anfängen - hatte ich doch (vgl. oben S. 12) in Jena das humanistische Gymnasium besucht - zurückführte. Das Burggymnasium gehörte zudem neben dem Beethovengymnasium in Bonn, dem Dreikönigsgymnasium in Köln, dem Paulinum in Münster und dem Theodorianum in Paderborn zu den angesehensten Schulen des Landes: Männer hohen Ranges, darunter ein Kardinal und ein Bundesvizekanzler, waren aus ihm hervorgegangen. Die Schule verlieh ihrem Leiter, auch ohne dessen Dazutun, ein gewisses Relief und eröffnete ihm, wenn man so will, neue gesellschaftliche Möglichkeiten. Das bekam ich bald zu spüren, wie ich andererseits Mühe hatte, den Vorwurf, es handle sich um eine Standesschule, zu entkräften. Gewiß, die sogenannten ersten Familien pflegten ihre Söhne zur "Burg" zu schicken, wo sie dann freilich nicht immer reüssierten; andererseits kamen aber zu uns auch viele Kinder aus sogenannten einfachen Verhältnissen: der Herr Kaplan, so hörte ich es oft von den anmeldenden Eltern, habe zum Besuch des Burggymnasiums wegen der besonderen Begabung des Jungen dringend geraten; wenn es einmal Schwierigkeiten gab, fanden sie dann wohl kirchliche Unterstützung.

Im angedeuteten Sinne subjektiv beeindruckt, war ich jedoch objektiv nicht so töricht, den neusprachlichen und mathematisch-naturwissenschaftlichen Gymnasien einen geringeren Wert zuzumessen. Dazu hatte ich sie während der Studienseminarjahre zu gut kennengelernt, ich wußte, was sie zu leisten vermochten. Das habe ich auch immer zum Ausdruck gebracht, wenn ich, was öfters vorkam, als Vertreter des Vorsitzenden der Essener Direktorenkonferenz bei der Einführung oder Verabschiedung von Direktoren oder bei Jubiläen anderer Gymnasien sprechen mußte. Da zitierte ich gern die Verse aus Lessings "Nathan":

"Wohlan!
Es eifre jeder seiner unbestochnen
Von Vorurteilen freien Liebe nach!
Es strebe jeder von euch um die Wette,
Die Kraft des Steins in seinem Ring an Tag
Zu legen!"

Meine ersten zehn Jahre an der Burg waren die schönsten. Der politische Wellenschlag in der Bundesrepublik Deutschland ging verhältnismäßig ruhig. In der Stadt waren es Jahre des gemeinsamen Wiederaufbaus im wörtlichen wie im übertragenen Sinn. Mein eigener Lebensrhythmus war viel geregelter als in den Jahren am Studienseminar. So mancher Nachmittag stand mir für meine eigenen Arbeiten zu Verfügung. Nicht allzu oft fanden "Allgemeine Konferenzen" statt, die natürlich ich zu leiten hatte. Da kamen mir meine Pädagogik-Studien sehr zustatten. Ich konnte manche Einwände entkräften; andere, berechtigte, nahm ich gern auf. Das Klima war im ganzen gut, ein paar "Querköpfe" (wenn ich mich so ausdrücken darf) waren auszuhalten. Natürlich wurde demokratisch abgestimmt, falls das nötig war; bei Stimmengleichheit gab der Direktor den Ausschlag. Als Vertreter stand mir der menschlich hochachtbare Oberstudienrat Nöller zur Seite, dem zugleich die Verwaltung unseres Schullandheims in Stromberg oblag. Leider war er kränklich und mußte nach Schlaganfällen vorzeitig in Pension gehen, worauf Studienrat (später Studiendirektor) Hermann Schulkamp die Verwaltung und den weiteren Ausbau des sehr schön im waldreichen südlichen Hunsrück gelegenen Landheims übernahm. Zum besseren Kennenlernen der Kollegiumsmitglieder und ihrer Damen trugen die alljährlichen Betriebsausflüge bei, die u.a. zum Altenberger Dom, nach Münster, nach Soest, nach Großreken und Dülmen (zu den Wildpferden des Herzogs von Croy), auch einmal über die Grenze in den nahe Arnheim liegenden holländischen Nationalpark "Hoge Veluwe" (mit den Van-Gogh-Reichtümern des Kröller-Müller-Museums), schließlich ins Sauerland mit der berühmten Dechenhöhle führten und stets recht munter verliefen.

In meinen ersten Amtsmonaten fiel mir die unangenehme Pflicht zu, zwei nichtbeamtete Herren, die wegen des Lehrermangels eingesetzt waren, aber sich für uns als völlig ungeeignet, ja als arge Belastung erwiesen hatten, zu "entfernen". In Gesprächen mit meinen vorgesetzten Behörden - ich hatte über das Schulkollegium hinweg auch einen "direkten Draht" zum Kultusministerium - brachte ich das zustande: wir bekamen dafür gute neue Kräfte. Mit einem dieser Kollegen, Dr. Ludger Graf von Westphalen, der allerdings nur wenige Jahre blieb, um dann als Direktor nach Herne, schließlich nach Münster berufen zu werden, verband mich später eine lebenslange freundschaftliche Beziehung, auch auf dem Boden ähnlich gelagerter Forschungstätigkeit; leider hat ihn eine tückische Krankheit hinweggerafft.

Als Schulleiter hatte ich nur ein bestimmte Stundenzahl (wohl 8) pro Woche zu erteilen. Ich wählte mir dazu die drei Oberstufenklassen, und zwar in den Fächern Latein und Geschichte. Deutschunterricht zu übernehmen war ich nicht vermessen genug. Infolge der anderweitigen Belastungen der Vorjahre hatte ich die Entwicklung der modernen Literatur (etwa Brecht, Benn, Frisch, Dürrenmatt), auf die die Schüler vornehmlich erpicht waren, nicht hinlänglich verfolgen können. Grass, Böll, Lenz waren, mehr oder weniger, erst im Kommen. Eine Oberprima schenkte mir, damit ich mich "bilde", Grass' "Blechtrommel" - ein etwas deftiger Scherz.

Mein Verhältnis zu den Jungen, die ich allmählich mit den Vornamen anzureden mich gewöhnte, wie ich das von den Mädchen her gewohnt war und was ich mir von meinem Alter her recht wohl erlauben durfte, kann ich als durchaus gut bezeichnen. Ich verstand Spaß, es wurde viel gelacht, aber auch tüchtig gearbeitet in meinem Unterricht, die Schüler waren anspruchsvoll, man mußte sich gut vorbereiten. Von der älteren Geschichte wichen sie mit den fortschreitenden Zeitläuften gern in die aktuelle Politik aus. Ich griff dann wohl mitunter diesen Faden auf, kehrte aber fast unvermerkt von den Tagesproblemen, um diese vertiefend zu erklären, zu geschichtlicher, auch gelegentlich gemäßigt-soziologischer Betrachtung zurück. Die Schule war zweizügig. So kam es, daß ich immer nur eine der beiden Parallelklassen selbst unterrichtete, die andere also weniger gut kannte, was ich durch häufiges Hospitieren und durch Übernahme von Vertretungen einigermaßen auszugleichen suchte.

Beim Abitur übertrug mir das Schulkollegium in Düsseldorf regelmäßig den Vorsitz, und ich machte mir die nicht geringe Mühe, die deutschen Prüfungsaufsätze sowie die Latein- und Griechischarbeiten genau durchzusehen und sie in der die mündliche Prüfung einleitenden Konferenz gründlich, auch manchmal kritisch, zu besprechen. Dem Prüfungsvorsitzenden stand das Recht zu, nach ausführlicher Begründung eine vom Fachlehrer gegebene

Note abzuändern, wovon ich meines Erinnerns nur in einem Fall Gebrauch machte.

Die Abiturrede hielt ich in aller Regel selbst, bemüht, den jungen Menschen noch etwas Grundsätzliches mit auf den Weg zu geben, was sicherlich nicht immer ganz gelang. Eine von diesen Reden, betitelt "Akropolis - Kapitol - Golgatha", sei hier wieder abgedruckt. Sie wurde viel beachtet und zeigt wohl am deutlichsten, wie ich damals den geistigen Humusboden am altsprachlichen Gymnasium zu bestimmen und auch selbst zu bestellen versuchte.

Akropolis--Kapitol--Golgatha

Ansprache des Direktors bei der Entlassung der Abiturienten des Burggymnasiums am 7. März 1964

Meine lieben Abiturienten!

... Der verstorbene Altbundespräsident Professor Theodor Heuss hat einmal in seiner Heimatstadt Heilbronn ein Gymnasium eingeweiht und dabei folgendes ausgeführt: "Ich bin ein Verteidiger des humanistischen Gymnasiums, auch wenn mir jeder nachweisen kann, daß Griechisch und Lateinisch kein Mensch heute mehr redet, und meint, es wäre viel gescheiter, Englisch, Französisch, Russisch und Italienisch zu lernen - dagegen ist nichts zu sagen. - Warum aber auch das Humanistische? Weil, wenn wir darauf verzichten, wir den geistigen Zusammenhang mit unserer eigenen Volks- und Geistesgeschichte verlieren. Weil das ganze geistige Werden nun doch wesentlich davon bestimmt ist, auch im Gespräch mit den anderen Völkern. Es gibt drei Hügel, von denen das Abendland seinen Ausgang genommen hat: Golgatha, die Akropolis in Athen, das Kapitol in Rom. Aus allen ist das Abendland geistig gewirkt, und man darf alle drei, man muß sie als Einheit sehen."

So weit Heuss: die Akropolis in Athen, das Kapitol in Rom, Golgatha über Jerusalem, aus diesen drei Hügeln sieht Theodor Heuss das Abendland, sieht er die Welt, in der wir leben, geistig gewirkt. Gehen wir seiner Anregung ein wenig nach!

Die *Akropolis in Athen*, sie ist Gestalt und Symbol zugleich. Noch ihre Trümmer, der weiße Marmor ihrer Säulen gegen das Blau des südlichen Himmels gestellt, bilden einen unvergänglichen und nicht etwa nur stimmungsmäßig erfaßbaren Wert. Stellvertretend zugleich für andere Stätten großer hellenischer Kunst, wie Olympia oder Ägina oder Paestum, erweisen sich diese hohen Werke, Schöpfungen eines Phidias und anderer bekannter oder unbekannter Meister, als grundlegende Bausteine noch unserer heutigen westlichen Welt. Was man abendländische Kultur nennt, lebt bis in die kühnsten Abstraktionen der Moderne in einem letzten Sinn noch heute von den Urformen der antiken Kunst, wie sie die Akropolis verkörpert.

Aber als Symbol steht der festliche Hügel über Athen noch für einiges mehr. Er steht nicht nur für jene bekannten historischen Personen, die ihn gewiß immer wieder bestiegen haben zu kultischer Verrichtung an den Panathenäen oder sonst zu Besinnung und Betrachtung: ein Aristides und Themistokles, ein Perikles und Alkibiades, ein Sokrates und Platon. In einem weiteren, übertrageneren Sinn darf der Hügel mit der Akropolis zugleich auch stehen für die großen Figuren aus Mythos und Dichtung: für Achill etwa und Odysseus, Ödipus und Antigone. In diesen Gestalten sind Möglichkeiten menschlichen Daseins und menschlicher Daseinsbewältigung vor uns hingestellt, die in ihrer Idealtypik, auch wohl in ihrer Tragik, überzeitliche Erscheinungen von hohem Modellcharakter sind. Mit solchen Gestalten sind Sie im Unterricht immer wieder zusammengebracht worden. Nicht etwa deswegen, weil sie sämtlich höchste Vorbilder für uns sein könnten - die Geschichte hat uns auch die Nachtseiten ihrer Größe zur Genüge kennen gelehrt. Der einzige Sokrates mag sich vor fast jeder Norm behaupten können. Aber zweierlei lehren uns alle diese Gestalten. Einmal: es gibt wohl keine Grundfrage menschlichen Seins, die nicht von den Griechen schon gedacht und bedacht worden wäre. Wichtiger noch erscheint mir das Zweite. Das Hellenentum weiß von der sittlichen Freiheit des Menschen, mit der er sich immer wieder entscheiden kann und muß, und es kennt ebenso die ehrfürchtige, "letzthinnige" Abhängigkeit von den höheren Mächten, denen er sich immer wieder beugen muß. So können uns die edlen Maße der Akropolis die Sophrosyne verdeutlichen, die besonnene Beherrschtheit, und ein Alkibiades etwa, so oft er auch die Akropolis bestiegen haben mag, kann uns das Gegenstück dazu nahebringen, die Hybris, den überheblichen Frevelsinn, die eitle Anmaßung, welche die dem Menschen gezogenen Grenzen leichtfertig überschreiten möchte. Die griechische Antike besitzt also metaphysische Tiefe, sie sieht die außerweltliche Verwurzelung von Mensch und Welt. Und sie weiß daher auch um die großen menschlichen Versuchungen. Als deren berühmteste und beispielhafteste sei die Sophistik erwähnt, die in ihren charakteristischsten Vertretern den Menschen zum Maß der Dinge machen wollte. Das ist die große Versuchung auch für uns in unseren Tagen.

Schließlich und letztens stehe die Akropolis noch als Beispiel verantwortungsbewußten Bürgersinns. Wir sind gewiß weit davon entfernt, die tatsächlichen Verwirklichungen der Polisidee in ihren zeitlich verschiedenen Ausprägungen zu überschätzen. Oft genug war es mit der Polis praktisch herzlich schlecht bestellt. Aber daß es sie, diese Idee der Polis als eine erhabene Möglichkeit menschlichen Zusammenlebens überhaupt gibt, das verdanken wir doch den Athenern.

Um den *Mons Capitolinus in Rom* weht wohl eine andere, herbere Luft. Sie haben das Glück gehabt, diesen bedeutendsten der Hügel Roms selbst kennenzulernen. In seiner heutigen Gestalt ist der herrliche Platz oben über den breiten Treppen ganz vom Geiste Michelangelos durchweht. Einen Hauch vom alten römische Kapitol mag man am ehesten wohl noch verspüren können, wenn man vom Forum Romanum und der Via sacra her kommend auf dem noch erhaltenen alten Pflaster den Clivus Capitolinus hinansteigt. Das ist der gleiche Weg, den Horaz vor Augen hatte, als er die Dauer und die beständige Erneuerung seines Dichter- und Seherruhmes in den Versen verkündete:

usque ego postera
crescam laude recens, dum Capitolium
scandet cum tacita virgine pontifex -

und wir wissen, daß Horaz die wirkliche Dauer seines Nachruhmes damit noch viel zu kurz veranschlagt hat.

Aber wofür uns das Kapitol in Rom als prägende Grundkraft der abendländischen Welt sinnbildlich steht, das sind weniger ästhetische, dichterische, künstlerische Werte. Das sind vielmehr jene Momente, die sich auf das Staatsethos beziehen. Es geht um die Verantwortungsbereitschaft für die sittliche Begründung und Durchgestaltung von Recht, Gesellschaft und Staat. Auch hier werden wir uns freilich vor oberflächlicher und vorschneller Idealisierung hüten. Der Tarpejische Felsen mit den Schrecknissen eines archaischen Strafvollzugs bildet nicht nur äußerlich einen Teil des Kapitols, und das berüchtigte Tullianum im Mamertinischen Kerker liegt wohlerhalten unmittelbar zu seinen Füßen. An Unrecht und Grausamkeit, an Tränen und Blut hat es in der römischen Geschichte, der inneren wie der äußeren, wahrlich nicht gefehlt. Und doch wurden hier im Schatten des Tempels des Jupiter Capitolinus ewig gültige Normen rechtlichen und staatlichen Lebens entwickelt, sichere Maßstäbe, an denen die Wirklichkeit damals immer wieder gemessen wurde und an denen sie auch heute noch meßbar ist.

Dabei sind die aus recht verschiedener gesetzgeberischer Quelle stammenden faktischen Rechtssatzungen, wie sie später dann unter Justinian im Corpus Juris aufgezeichnet wurden, wohl nicht einmal das Allerwichtigste. Von grundsätzlicher Bedeutung will mir das an Platon geschulte Bemühen Ciceros erscheinen, das positive Recht, die bestehenden Gesetze also, am natürlichen Recht, an der Idee der Gerechtigkeit, am Rechte, das mit uns geboren ist, zu orientieren. Wenn wir in der neuzeitlichen Geschichte, anhebend etwa vom amerikanischen Unabhängigkeitskrieg, vom Siegeszug naturrechtlicher Vorstellungen sprechen, wenn heutige rechtsreformerische Bemühungen immer wieder um das schwierige Problem kreisen, wie absolutes Recht und praktikables Gesetz oder positives Recht in möglichst engen Einklang zu bringen sind, so stehen wir dabei auf Ciceros Schultern.

Aber noch stärker mag das Kapitol uns etwas anderes, wenngleich mit dem eben Gesagten nahe Verwandtes zum Bewußtsein bringen: ich meine das Wesen herrscherlicher Macht und Verantwortung. Vom Kapitol, von der zu seinen Füßen liegenden Curia, später dann vielleicht mehr vom benachbarten Palatin aus gingen die Fäden, mit denen das Römische Weltreich gelenkt wurde. Gewiß, auch hier fielen Ideal und Wirklichkeit niemals zusammen. Weder die virtus der alten res publica noch die pax Romana des Augustus stifteten stets nur Ordnung, Frieden und frohes Gedeihen in allen den weitverzweigten Gebieten des Imperium Romanum. So macht uns Rom die Doppelnatur im Wesen des Staates erkennbar. Der Staat ist eben nicht nur, wie es naturrechtliche Vorstellungsweise in erster Linie will, recht- und friedensstiftende Gewalt, er ist vielmehr, um eben dies sein zu können, auch kämpferische Gewalt, die sich nach innen und außen behaupten muß und dadurch teilhat an allen Fragwürdigkeiten, Unheimlichkeiten, ja selbst Bosheiten, die mit Machtausübung, Kampf und Streit nun einmal verknüpft sind. Der Staat hat teil an dem, was der Historiker Gerhard Ritter in einem bekannten Buchtitel nennt: die Dämonie der Macht. Das zeigt uns Rom. Aber das gleiche Rom richtet auch den hohen Maßstab vor uns auf, daß rechte staatliche Macht in Verantwortung zu gründen habe. Das ganze Werk Ciceros ist von diesem Gedanken durchtränkt, und Vergil gibt ihm den dichterisch wohl gültigsten und berühmtesten Ausdruck, wenn er im 6. Buche der Äneis den Anchises dem römischen Volk die Aufgabe zuweisen läßt:

Tu regere imperio populos, Romane,
memento.
Hae tibi erunt artes -
pacique imponere morem
Parcere subiectis et debellare superbos.

Zu deutsch etwa (nach Ed. Norden):

Du bist ein Römer: dein Beruf sei dies:
Die Welt regiere, denn du bist ihr Herr,
Dem Frieden gib Gesittung und Gesetze,
Begnad'ge, die sich dir gehorsam fügen,
Und brich in Kriegen der Rebellen Trotz.

Dieses "paci imponere morem" mag *uns* dabei *heute* als das Wichtigste erscheinen: kein diktatorischer, auch kein lahmer, fauler Friede, ein Friede vielmehr unter dem Sittengesetz, darauf kommt es an; wo so regiert wird, wird recht regiert.

Bei dem Anblick der drei Holzkreuze auf dem Hügel von Golgatha, dem des Herrn in der Mitte und denen der beiden Schächer ihm zur Seite, werden wir nun freilich fast befremdet mit Faust ausrufen müssen: "Wie anders wirkt dies Zeichen auf mich ein!" Steht doch das Kreuz des Herrn an der Pforte zu dem Reich, das nicht von dieser Welt ist. Es sagt uns, daß Gott durch das Opfer seines Sohnes dem sündigen Menschen, wenn er nur glaubt, die Gnade der Vergebung zuteil werden läßt, daß er ihn erlöst, ihn zu sich holt in sein ewiges Reich. Sünde - Gnade - Erlösung, das sind zutiefst unantike Vorstellungen und Begriffe, und so wird der

Christ, sofern er wirklich einer ist, es unangemessen finden, wenn hier bei Heuss und nun auch in meinen Ausführungen der Hügel von Golgatha gewissermaßen ranggleich eingeordnet wird. Selbstverständlich hat der Christ von seiner Religion her völlig recht mit dieser Einstellung. Der Hügel von Golgatha ist einmalig, unvergleichbar, er symbolisiert "*das* ganz andere" schlechthin. Aber unter einem anderen Gesichtswinkel, einem weltlicheren, rein geistesgeschichtlichen Aspekt, wenn wir nämlich an die 3000jährige Geschichte unserer westlich-abendländischen Völker und Kulturen denken, dürfen wir doch den Hügel von Golgatha als einen der drei bedeutsamen Hügel ansehen, von denen die Quellwasser unseres Daseins strömen. Das Erbe der Antike ist durch das Christentum vertieft, veredelt und verwandelt worden. Antike, Christentum und die beide Geistesmächte weitertragenden und beständig fortentwikkelnden Menschen und Völker des Abendlandes, das bleiben die großen tragenden Säulen auch noch unserer modernen technisierten Welt.

Wir bedenken oft gar nicht, wie sehr diese unsere Welt, so frei und säkularisiert sie sich auch gebärden mag, vom Christentum, vom Geist von Golgatha durchblutet ist. Goethe hat sich einmal - wie ich glaube, nicht ganz mit Recht - als einen "dezidierten Nichtchristen" bezeichnet. Wenn er aber seinen Dr. Faust, der bei allem Streben in dieser Welt frevelt bis zum Schluß und im Grunde als ein schuldhaft und tragisch Scheiternder endet, am Schluß des Zweiten Teils dennoch erlösen will, so kann er das nur tun, indem er die Liebe von oben wirksam werden und "Faustens Unsterbliches" in einen durchaus christlich-mittelalterlich vorgestellten Himmel emporgetragen werden läßt. Einer von Ihnen, meine lieben Abiturienten, bekam im mündlichen Abitur einen Nietzschetext vorgelegt, und wir mußten staunen, wie stark die bildhafte Sprache dieses großen Atheisten von der Bibel, genauer hier wohl von der Lutherbibel her beeinflußt ist. Und wenn Sie selbst die Lehre von Karl Marx ansehen und besonders an das von ihm vorausgesagte, aber nie genauer definierte Paradies der klassenlosen Gesellschaft denken, so werden Sie leicht feststellen, daß hier ein chiliastischer Heilsglaube, eine verweltlichte Form der Messias-Erwartung Gestalt gewonnen hat. Diese Beispiele haben, so meine ich, gezeigt, wie stark der Hügel von Golgatha und seine örtlichen und geistigen Umgebungen, auch über das Religiöse hinaus, als geschichtsträchtige Macht lebendig geblieben sind. Als Papst Paul VI. zu

Beginn dieses Jahres den Hügel von Golgatha und die anderen heiligen Stätten besuchte, da war dies ganz sicher in allererster Linie eine Pilgerfahrt zu den Ursprungsorten unseres Glaubens, aber wie lebhaft sind uns gerade angesichts dieser Reise und der Begegnungen, die sie mit sich brachte, die übergreifenden geistigen Zusammenhänge ins Bewußtsein getreten, die unser Abendland verbinden.

Die Akropolis, das Kapitol, Golgatha, das sind die drei Wiegen unserer Welt. In diesen Inkunabeln wollten wir Sie ein wenig lesen lehren während Ihrer Schulzeit hier am Burggymnasium. Auf diesen drei Hügeln sollten Sie recht heimisch werden. Von ihnen gehen dauernde Kraftströme aus, nicht etwa nur für denjenigen, der sich in Studium und Beruf geisteswissenschaftlichen Disziplinen widmet, nein, auch für den Ingenieur, den Kaufmann, für jeden, der, an welcher Stelle auch immer, der modernen Arbeitswelt mit ihren schweren Anforderungen verhaftet ist. Wir bedürfen solcher Kraftquellen, um im Kampf des Lebens bestehen zu können. So lassen Sie sich ein Wort noch von mir sagen, das von dem kürzlich verstorbenen bedeutenden Philosophen und Pädagogen Eduard Spranger stammt: "Wer nicht *mehr* Kräfte in sich entfaltet hat als die, die unmittelbar für den Verbrauch des Tages erforderlich sind, hat von vornherein zu wenig, um das Leben in unserer Welt zu meistern."

Solchen notwendigen Kräfteüberschuß werden Sie, meine lieben Abiturienten, ganz gewiß dann in sich zu entfalten vermögen, wenn Sie Ihr geistig-seelisches Heimatrecht wahrnehmen auf der Akropolis in Athen, auf dem Kapitol in Rom und auf dem Hügel von Golgatha.

Einiger Vorgänge während meiner Amtszeit ist hier besonders zu gedenken.

1958 wurde Essen Bistum. Der Amtssitz des "Ruhrbischofs" Dr. Franz Hengsbach lag am Burgplatz, meiner Schule gegenüber. So konnte ich nicht nur an der feierlichen Inthronisation des Bischofs in der alten Münster-, nunmehr Domkirche teilnehmen, sondern wenig später auch den nachbarlichen Besuch Seiner Exzellenz empfangen und dem hohen kirchlichen Würdenträger das Kollegium vorstellen. Kurz danach wurde ich von ihm zu einem festlichen Mittagessen eingeladen, an dem der damals sehr bekannte deutsche Kurienkardinal Augustin Bea und der evangelische Präses der Rheinlande Dr. Beckmann teilnahmen, ebenso als Vertreter des Hauses Krupp Alfrieds Onkel Thilo Freiherr von Wilmowski, den ich vom Rotary-Club (vgl. weiter unten) kannte.

Einiges Wesentliche, das "zu meiner Zeit" geschah, ja durch mich ins Werk gesetzt wurde, muß hier genannt werden, zumal nach meinem Abschied bei sich bietenden festlichen Ereignissen, z.B. der Hundertfünfzigjahrfeier 1974 - gewiß nicht aus bösem Willen - die Erwähnung verabsäumt wurde. Es ist der Historiker in mir, der diese Zusammenhänge, die mit meinem Namen verbunden sind, festgehalten wissen möchte, mag man da auch von Eitelkeit sprechen.

In einer Sitzung im Kultusministerium konnte ich es erreichen, daß uns Mittel für ein Gefallenenehrenmal zur Verfügung gestellt wurden. Im Vestibül vor dem Haupteingang der festlichen Aula fand sich ein geeigneter Platz für eine große, von Professor Hermann Schardt, dem Direktor der Essener Folkwangschulen, in geradezu klassisch-erhabener Form geschaffene Bronzetafel, die eine trauernde Gestalt darstellt und die Lebenden mit den Worten mahnt: "Mortui viventes obligant". Alljährlich versammelten sich die Überlebenden beider Weltkriege an einem Novembertag an dieser Stätte zu ehrendem Gedenken, und sie tun es noch heute - ein zusammenschrumpfendes Häuflein Getreuer. An eine völker- und rassenübergreifende Totenehrung haben wir damals wohl noch nicht gedacht.

Am Burggymnasium gab es eine von meinem Vorgänger Dr. Müller stetig geförderte erfolgreiche Ruderriege. Aber sie war mit ihren Booten auf die Gastfreundschaft anderer Bootshäuser am Baldeneysee angewiesen. Wir brauchten dringend ein eigenes Bootshaus. Ein kräftiger Vorstoß, den ich zusammen mit dem Protektor der Riege, Diplom-Sportlehrer Georg Borchardt, und dem Vorsitzenden der Schulpflegschaft, Herrn Hermann Friebe, im Ministerium bei dessen Schulfreund Ministerialdirigent Professor Dr. Schütte, dem späteren hessischen Kultusminister, unternahm, hatte Erfolg. Wir erhielten die Mittel für den Bau eines schönen Bootshauses, dessen Einweihung ich ein Jahr später festlich vornehmen konnte. Mit meiner Frau und einigen Kollegen habe ich dann an den alljährlichen Schülerruderregatten des Landes Nordrhein-Westfalen am Essener Baldeneysee teilgenommen, zu denen manchmal der Kultusminister persönlich erschien. Zwar ist

"Dabeisein alles", doch hatten wir öfters auch die Freude, daß unsre Achter oder Vierer als Sieger durchs Ziel gingen.

Ein anderer Mäzen, Herr Erich Brost, dem meine Antrittsrede 1957 gefallen hatte, machte uns ein ganz außergewöhnliches Geschenk, indem er, der als bedeutender Zeitungsverleger über eigene Druckereien verfügte, die Wiederherausgabe einer Schulzeitschrift, der "Akropolis", ermöglichte, die alle halbe Jahre erschien und in bunter Mischung Beiträge anspruchsvollen Charakters (z.B. die Abiturreden), besondere Schülerarbeiten, auch Geschichten der Jüngeren, eine Chronik sowie Nachrichten aus dem Kreis der Ehemaligen brachte. Diese wurden von Oberstudienrat Dr. Rudolf Steffens, einem hervorragenden Kollegen, der krankheitshalber frühzeitig in den Ruhestand treten mußte und dann ziemlich früh starb, mit viel Liebe und mustergültiger Akribie zusammengestellt. Es war immer ein besonderer Tag, wenn die neue "Akropolis" erschien. Die überwiegende Zahl zumal der älteren Schüler "verschlang" sie - umso trauriger, wenn der Hausmeister einige Exemplare im Papierkorb wiederfand! Mir als Herausgeber stand eine Redaktion aus wenigen Lehrern und einer Anzahl von Schülern aller Altersgruppen zur Seite. Es war eine Schul-, keine Schülerzeitung, aber jener großzügige Spender hätte die Mittel für eine Schülerzeitung wohl kaum zur Verfügung gestellt. Gerade als Schulzeitung hatte das sehr gut aufgemachte Blatt, das in der Presse und bei den Schulbehörden Beachtung fand, sein besonderes Relief. Manche witzelten, ich leite die Schule wie ein Chefredakteur seine Redaktion. Ein Stückchen Wahrheit mag daran gewesen sein. Jedenfalls gehören die "Redaktionskonferenzen" im Schülerkreis zu meinen angenehmsten Erinnerungen an die "Burg". So mag hier der letzte Schülerredaktionschef zu Wort kommen mit dem Artikel, den er nach meinem Abschied von der Schule 1970 über mich schrieb: die "Akropolis" hat dann übrigens meine Amtszeit nur um wenige Jahre überlebt. Im Zeichen des sogenannten "Konflikts" zwischen Lehrern und Schülern hatten sich die Zeiten geändert, und jener "Sponsor" (wie man heute sagt) war mir persönlich in besonderem Maße verbunden gewesen.

Wolfgang Hahn, U I b

Herrn Professor Tümmler zum Abschied

In den letzten Wochen war es uns allen nach manchen umlaufenden Gerüchten zur Gewißheit geworden, daß unser verehrter Herr Direktor, Prof. Dr. Tümmler, unsere Schule verlassen würde.
Es steht mir fern, einen Bericht über seinen Lebenslauf, seinen Werdegang und seinen Schuldienst zu liefern und in diesem Rahmen seine Leistungen und seine Person zu würdigen, wie es bei derartigen "Abschiedsartikeln" in der AKROPOLIS üblich ist; dazu fehlen mir die Berechtigung und auch die Informationen. Ich kann als Schüler und Akropolis-Mitarbeiter nur so schreiben, wie ich ihn als Mensch in der Klasse und der Redaktion kennengelernt habe.
Von der gesamten Schule wurde Prof. Tümmler mit einem Ausdruck, der Respekt und doch auch eine Art von Verbundenheit bezeugt, oft nur der "Chef" genannt. Darin ist eigentlich schon das Hauptsächliche und Wesentliche seiner Person ausgedrückt. Denn auf der einen Seite war er eine ganze Autorität, mit allem Positiven, was dieses Wort nur bedeuten kann. Er war für uns Schüler eine wirkliche Autorität, ohne daß er autoritär war, ein Mensch, vor dem man Respekt und Achtung besaß, ohne deswegen gleich strammzustehen.
Achtung mußte man vor allem vor seinen genauen geschichtlichen Kenntnissen und seinem hohen Allgemeinwissen haben. Wenn Prof. Tümmler Geschichte unterrichtete, so paukte er uns nicht im System der alten Lernschule Zahlen und Fakten ein, sondern gab uns den Überblick, den man nötig hat, um heutige Geschichte und Politik zu verstehen. Oft machte er mit uns auch "Ausflüge" in die jüngste und heutige Geschichte, die gar nicht im Lehrplan unserer Klasse enthalten waren, er las mit uns Zeitungsartikel und ließ uns gerne diskutieren. So lehrte er uns als einer Generation, die nicht recht weiß, wo sie hingehört, die nach neuen Idealen sucht und die vor allem aus der Vergangenheit lernen will, einen Standpunkt zu finden, und versuchte, uns alte Bestrebungen, die gerne mit einem Wink nur abgetan werden, zum Verständnis nahe zu bringen.

Auf der anderen Seite aber war er, was weit wichtiger als seine Lehrerfunktion ist, ein Mensch, der auch seine oft so autoritätsgebeugten Schüler ebenfalls als gleichwertige Menschen betrachtete und behandelte. Darauf beruhte das herzliche Verhältnis, das er zu seinen Schülern hatte und das besonders in der Zusammenarbeit innerhalb der Redaktion zu spüren war. Die Tür zu seinem Zimmer war für Schüler stets offen, und ein Lehrer bemerkte einmal, daß es für sie schwieriger als für Schüler sei, zum Chef zu gelangen.

In der Redaktionsarbeit und der Zusammenarbeit in der SMV, in unserer Schulpolitik, war Prof. Tümmler der liberalste Mitarbeiter, den man sich vorstellen kann, und der letzte, der sich gegen vernünftige Reformen sträubte. Hier war er für Schüler, die nach mehr Mitarbeit strebten und nach mehr Eigenverantwortung verlangten, wie ein Vater mit stets offenen Ohren. Dank Prof. Tümmler hat es in der AKROPOLIS nie eine Zensur gegeben, obwohl diese als Schulzeitung der Pressefreiheit, die durch die Schülerzeitungsstatuten garantiert ist, eigentlich nicht verpflichtet ist. Trotzdem hat es in der Redaktion nie Unstimmigkeiten gegeben, und Prof. Tümmler gab uns in der Gestaltung der Zeitung immer absolute Freiheit, während er selbst mit Gegenvorschlägen nie sparsam war.

Bei allem aber blieb er stets in einer Bescheidenheit und Zurückhaltung, die man bei Lehrern selten findet und die ihn uns so sehr sympathisch machten. So sagte er einmal, daß er für uns junge Leute ja eigentlich schon zu alt sei, und er merkte nicht, daß er gerade durch diese Äußerung jünger war als manch anderer Lehrer, der ihm an Jahren unterlegen ist.

Deshalb möchte ich, da Prof. Tümmler unsere Schule nun verlassen hat, hoffen, daß nicht alle Verbindungen zu ihm abreißen, und ich möchte ihm besonders im Namen der Redaktion, aber sicher auch im Namen der gesamten Schülerschaft für seine Arbeit, die er für uns und an uns getan hat, ganz herzlich und ehrlich danken.

Die Schule hatte natürlich viele "Ehemalige", die sich seit dem Erscheinen der "Akropolis" wieder mehr für ihre alte "Penne" interessierten. Ein pensionierter Landgerichtsdirektor, Dr. Reinhard Schmidt, pflegte einige der Älteren in einer Stammtischrunde um sich zu versammeln. Das war wohlgemeint, aber Stückwerk. Mein Amtsvorgänger Dr. Müller war nicht daran interessiert, hier Abhilfe zu schaffen. So ergriff ich die Initiative und lud ziemlich bald nach meinem Amtsantritt alle nur irgend erreichbaren Altschüler zu einer Versammlung in den Städtischen Saalbau ein. Meine Anregung, einen "Verein der Ehemaligen des Burggymnasiums" zu gründen, fiel auf fruchtbaren Boden, ja sie wurde begeistert aufgenommen. Landgerichtsdirektor Dr. Ludger Bögemann wurde zum Vorsitzenden gewählt. Er hat dann alljährlich, später in etwas größeren Abständen, gutbesuchte Treffen der Altschüler im Kaiserhof veranstaltet, an denen ich regelmäßig teilnahm. Der frühere Direktor Dr. Bernhard Kock, der eben genannte Dr. Schmidt, der außerordentlich beliebte pensionierte Religionslehrer Prälat Dr. theol. Heinrich Gaul, Ehrendomherr des Bistums, und ich wurden zu Ehrenmitgliedern ernannt. Der Verein hat sich ideell und materiell um die Schule verdient gemacht. Er wurde zu ihrem lebendigsten Traditionsträger.

Als den Getreuesten aller Ehemaligen möchte ich den einst in Wolfenbüttel als erfolgreicher Arzt tätigen, aber während des "Dritten Reiches" nach den USA ausgewanderten Dr. Siegfried Kirchheimer bezeichnen, dem seine zweite Heimat nicht den ihm zustehenden Platz, sondern nur den eines Pflegers im Krankenhaus einräumte. Er war von 1900 bis 1910 Schüler des Gymnasiums gewesen, hatte aber trotz schwerster persönlicher Prüfungen, denen er als Jude ausgesetzt war, seine alten Lehrer und Mitschüler keineswegs vergessen. Er stand mit vielen in brieflicher Verbindung, schrieb auch für die "Akropolis" mit bemerkenswerter Gelassenheit Berichte über seine so weit zurückliegende Essener Kindheit. Mit mir nahm er - gleichsam als sei ich, der so viel Jüngere, sein "Direktor" - sogleich die briefliche Verbindung auf. Anfang 1985 schrieb mir der über 90jährige einen letzten langen Brief, in dem er gleichsam Abschied nahm. Auf meine umgehende Antwort kam dann doch wieder ein Weihnachtsgruß. Mit Respekt, ja Beschämung steht man vor der Seelengröße eines alten Mannes, den sein Vaterland in den dunkelsten Jahren seiner Geschichte vertrieb. Während viele von uns sich mit dem Begriff "Heimat" noch immer schwer tun, ja einige ihn auf den Scherbenhaufen der Vergangenheit werfen wollen, legt hier ein Hartgeprüfter, ein emigrierter Jude, in bewegender Weise Zeugnis davon ab, was Heimattreue ist.

Eine Gruppe ehemaliger "Groeningianer", Altschüler also des Groeningianums, des altsprachlichen Gymnasiums der jetzt in polnischer

Hand befindlichen Stadt Stargard in Hinterpommern, suchte nach einer westdeutschen Patenschule. Mit ihr wollte sie sich verbunden fühlen dürfen, in ihr wollte sie ihre Archivalien und sonstigen Erinnerungsstücke verwahrt sehen und alljährlich am "Tag der Heimat" ihre Treffen veranstalten. Nach Behebung einiger Anfangsschwierigkeiten faßte unser Kollegium auf meinen Antrag den Beschluß, den Groeningianern eine Art Heimat in unseren Räumen zu verschaffen. Auch die "Akropolis" räumte ihnen einige Spalten für ihre Nachrichten ein. Es waren festliche Tage, wenn sich am 17. September die vorderen Reihen unserer Aula mit den Groeningianern und ihren Damen füllten, während die mittleren und höheren Klassen weiter hinten ihre Plätze einnahmen. Ich begrüßte die Versammelten, dann sprach einer der Groeningianer, und es konnte schon vorkommen, daß ostdeutsche Heimatliebe auch politisch hohe Wellen schlug, was einige Schüler in der Phase der sich vorbereitenden Entspannungspolitik zum Widerspruch reizte. Volles Einverständnis fand ich, wenn ich am "Tag der Heimat" des 70. beziehungsweise 75. Geburtstages des aus Züllichau stammenden, noch immer wegen des Lehrermangels Dienst tuenden Studienrats Dr. Gerhard Hantsche gedachte, der die besten preußischen Tugenden (es gibt deren auch weniger gute) in seiner Person ebenso schlicht wie eindrucksstark verkörperte.

Die letzten Jahre von etwa 1967/68 an waren schwer. Die studentische Bewegung der "Apo", d.h. der Außerparlamentarischen Opposition, die in den Jahren der "Großen Koalition" ihre große Zeit hatte, zuletzt noch die Diskussion über die Notstandsgesetze (heute fast schon ein "alter Hut") trugen auch in die Schülerschaft starke politische Unruhe. Ich lud meine letzte Oberprima zu nachmittäglichen Zusammenkünften - natürlich unverbindlich und außerhalb des Stundenplans - in die Schule ein, in denen wir die eben anstehenden politisch-gesellschaftlichen Zeitfragen erörterten. Diese Stunden waren gut besucht: nunmehr 63 Jahre alt, wurde ich von den überaus engagierten jungen Leuten als Gesprächspartner voll angenommen, und ich glaube, ich habe da manches klären und zurechtrücken, auch einiges lernen können.

Noch konnte ich im Sommer 1969 mein vierzigjähriges Dienstjubiläum mit einer "Hommage" des Kollegiums, ehrenden Worten des eigens aus Düsseldorf angereisten Dezernenten der Schule, Oberschulrat Schenk, und entsprechender Urkunde feiern. Doch stand mein Entschluß fest, mit dem Ende des

Jahres 1969, fast 64jährig, in Pension zu gehen, da mir meine Gesundheit zunehmend mehr zu schaffen machte, ich mehrere wissenschaftliche Vorhaben in Ruhe zu Ende bringen, auch meine Tätigkeit an der Universität Köln weiterführen wollte (vgl. weiter unten, S. 209 ff.). Es gelang dem Kollegium, das ich rechtzeitig informierte, und mir, unter Einschaltung bestimmter persönlicher Kontakte im politischen Bereich, bei den vorgesetzten Behörden durchzusetzen, daß mein verdienstvoller Vertreter, Dr. Wolfgang Zerwes, der soeben noch im Dezember auf meinen Antrag hin Studiendirektor geworden war, mein Nachfolger wurde, eine glückliche und in ihrer Art seltene Lösung, war es doch ganz unüblich, daß ein Mitglied des Kollegiums zum Nachfolger des scheidenden Schulleiters gemacht wurde. Er leitete die Schule in hervorragender Weise bis 1990 erfolgreich, bemüht, unter völlig veränderten Bedingungen noch etwas vom altsprachlich-humanistischen Charakter zu bewahren. Inzwischen ist auch er in Pension gegangen.

Nicht verschwiegen soll schließlich werden, daß mir mehrmals von den zuständigen Behörden die Beförderung zum Oberschulrat angetragen wurde; Kultusminister Professor Dr. Mikat suchte mich persönlich auf. Einmal war die Angelegenheit ohne mein Wissen so weit gediehen, daß ich eiligst ins Ministerium fahren mußte, um im letzten Augenblick diese an sich ehrenvolle Berufung zu verhindern. Warum? Ich traute mir an sich die Befähigung wohl zu, dieses Amt zu versehen. Aber ich kannte auch meine physischen Grenzen und wußte sehr wohl um die Bürden dieses Amtes, das zu bestimmten Stoßzeiten mit einer außergewöhnlichen Reisetätigkeit und anderen Mißhelligkeiten verbunden war. In meinem eigenen Umfeld gab es mehrere Kollegen, die das Amt geführt und nach einiger Zeit aus den angeführten Gründen um Rückversetzung in eine Direktorenstelle gebeten hatten. Auch liebte ich die Schule, scheute den Übergang in die kontaktärmere "Verwaltung". Und letztlich, ich hatte ja noch anderes im Sinn, wissenschaftliche Arbeit und akademisches Lehramt - der alte Traum, der so spät noch Wirklichkeit geworden war.

21. "WISSENSCHAFT, FORSCHUNG, ERZIEHUNG"

Anfang 1959 wurde ich gefragt, ob ich damit einverstanden sei, wenn man mich in den Rotary-Club Essen-Süd aufnehme. Ich machte mich mit den völkerverbindenden Zielen und Idealen des fast überall in der freien Welt verbreiteten Rotary-Clubs vertraut und sagte gern zu. Ich habe das nicht bereut. Es zeugte schon von großem Verständnis für meine spezifische Wesensart und ihre Tätigkeitsmerkmale, daß man mich mit dem Dreiklang "Wissenschaft, Forschung, Erziehung" in die Skala der Berufskennzeichnungen einordnete; man war "im Bilde".

Mir hat die Zugehörigkeit zu diesem Club, der damals etwa 35 Mitglieder zählte, viel gegeben. Der "Philologe" (im weitesten Wortsinn) ist immer ein wenig in der Gefahr, einseitig zu werden. Hier nun kam ich allwöchentlich mit Männern der für das Ruhrgebiet wichtigen Berufssparten zusammen: Kohlenbergbau, Maschinenbau, Energiewesen, Hoch-, Tief- und Wasserbau, fast allen Arten der Großindustrie, aber natürlich auch Medizin, Justiz, Architektur, Kunst, Einzelhandel usw. Sämtlich waren die Mitglieder Spitzenvertreter ihres Faches. Die Vorträge dieser Freunde, auch die Einzelgespräche am Tisch, dazu bestimmte Unternehmungen und Besichtigungen am jeweiligen Arbeitsplatz und an anderen Orten haben mir viel gegeben und meinen Horizont erheblich erweitert. Die äußere und innere Struktur des Ruhrgebiets, dieser vielleicht größten zusammenhängenden Industrielandschaft der Welt, und Essens als ihrer damals noch unbestrittenen Metropole wurde mir immer vertrauter, was meinen späteren einschlägigen Arbeiten zustatten kam.

Aber ich kam ja nicht mit leeren Händen. Mit meinen Vorträgen (Klassik, besonders Goethe; Bildungsfragen; Essens Vergangenheit; Verfassungs-, Verwaltungs- und allgemeine Geschichte, fast nur Ergebnisse eigener Forschung) füllte ich gewissermaßen eine geisteswissenschaftliche Lücke aus. Das fand Anerkennung. So wurde ich schon nach wenigen Jahren der Zugehörigkeit für das Jahr 1965/66 zum Präsidenten meines Clubs gewählt, den ich nach den Prinzipien des allgemein verehrten geistvollen, relativ früh verstorbenen Gründungspräsidenten Dr. Fritz Gummert "Rotary soll Freude machen" und "Haltet Rotary einfach" zu leiten bestrebt war. So ging es denn oft recht heiter zu während meiner Amtszeit. Ich fand Beifall und gewann - über das Rotarische hinaus - wirkliche Freunde.

Eine besondere Veranstaltung in meinem Jahr war der zweitägige Besuch zahlreicher Mitglieder unseres holländischen Kontaktclubs Zaandam mit ihren Damen, denen ich in einem Kurzvortrag und mit einer Stadtrundfahrt etwas von der Eigenart unserer Stadt zu vermitteln, auch unseren absoluten Friedenswillen und den ernsthaften Wunsch nach endgültiger Versöhnung zu bekräftigen suchte. Von einer Fahrt mit Schülern nach Amsterdam her, die vor allem der Kenntnis der holländischen reformierten Kirche gegolten hatte, wußte ich, daß es noch viel zu tun gab, um wieder ein normales, ja wahrhaft freundschaftliches Verhältnis zwischen beiden Völkern herzustellen. Meine Frau und ich haben unseren Club bei mehreren Kontakttreffen in den Niederlanden (so im Naturschutzpark Hoge Veluwe, ferner beim Bau des Westerscheldedammes u.a.m.) mitvertreten.

Zwei "Gebräuche" führte ich in unserem Club neu ein, die Kaminabende in den Häusern einzelner Freunde, die Gespräche im kleinen Kreis ermöglichten, und - bei meinem "Abschied" erstmals verwirklicht - die Teilnahme der Damen bei der Amtsübergabe, damals 1966 bei festlichem Abendessen im Ausflugslokal "Schwarze Lene" hoch über dem Baldeneysee.

Ich kann nun auf eine 34jährige Zugehörigkeit zu meinem Club zurückblicken und bin seit einiger Zeit "präsenzbefreit", was aber nicht heißt, daß ich die Zusammenkünfte nicht doch noch dann und wann besuchte, zumal wenn mich das Vortragsthema reizt. Bis jetzt habe ich auch alljährlich einen Vortrag (manchmal auch deren zwei) im Club gehalten und bin damit immer gut "angekommen". Im nun schrumpfenden Kreis der ganz Alten zu sitzen mag wohl wehmütig stimmen. Die Art der Aktivitäten hat sich seit "meiner Zeit" in dem erheblich gewachsenen Mitgliederbestand ein wenig verändert. Vor einiger Zeit hat man mich wie andere Freunde auch mit Rang und Würde eines "Paul Harris Fellow" ausgezeichnet.

Viel kleiner war der Herrenkreis des sogenannten "Zylinder", der, nunmehr seit 66 Jahren in Essen bestehend, sich bis heute durch Zuwahl ergänzt und ca. 15 Personen umfaßt. Der Vergleich mit der berühmten Berliner Mittwochsgesellschaft, über die es eine ganze Literatur gibt, liegt insofern nahe, als auch hier im "Zylinder" (der Name bedeutet einen Zylinder aus konzentrischen Kreisen) sich Herren verschiedener Berufssparten allmonatlich einmal, umschichtig in den Privatwohnungen, zu einem wissenschaftlichen Vortrag des jeweiligen Gastgebers mit anschließendem Abendessen, lebendiger Diskussion über den Vortrag und schließlich beim Wein zu lockerem

Gespräch versammeln. Ich wurde hinzugewählt und ahnte anfangs nicht, in was für eine erlauchte Runde ich hier geraten war. Politisch "querbeet", waren hier die Berufssparten Medizin, industrielle Großunternehmen, Zeitungswesen, Universität, Kunst, Architektur, Musik u.a. durch sachkundige Persönlichkeiten vertreten. Fast eine Akademie im Kleinformat.
Das Rechtswesen repräsentierte Rechtsanwalt Dr. Dr. Gustav Heinemann. Wenn die Rede, was denn doch immer wieder einmal geschah, auf Politisches kam, bekam er manchen Widerspruch, auch regelrechte Kritik aus anderer Windrichtung zu hören, was er gelassen hinnahm. Er ist, da er ein sehr treues Mitglied war, oft auch bei mir gewesen, und er hielt auch als Bundespräsident an den Pflichten der Zugehörigkeit eisern fest. Schon zum Großen Zapfenstreich aus Anlaß der Verabschiedung des Bundespräsidenten Heinrich Lübke (30. Juni 1969) und später zum Empfang der niederländischen Königin Juliana und des Prinzen Bernhard, beides im Schloß Augustusburg bei Brühl, wurden wir eingeladen. Wenn er im "Zylinder" an der Reihe war, lud Heinemann uns regelmäßig mit unseren Damen in die Villa Hammerschmidt ein, wo es zuerst den üblichen Fototermin auf der Terrassentreppe gab, worauf der Vortrag des Hausherrn, dann ein keineswegs übertrieben üppiges, aber schon durch die Umgebung und die livrierte Bedienung festlich wirkendes Mahl folgten. Heinemann fühlte sich sehr wohl in diesem privaten Kreis, in dem er abschalten, sich natürlich geben, Mensch unter Menschen sein durfte, auch wohl etwas von der "vox populi" zu vernehmen bekam. In den kurzen Ruhejahren, die er nach seiner Amtszeit noch erlebte, erwies sich der "unbequeme Präsident" (so der Titel eines Buches über ihn) als immer umgänglicher, ja herzlicher; meine Frau begrüßte er mit besonderer Liebenswürdigkeit. Seine ganze Art, sonst eher herb, ja mitunter abweisend, erinnerte jetzt an ein Wort, das Fontane über seinen Vater schrieb: "Wie er ganz zuletzt war, so war er eigentlich."
Die Zylinderabende waren sonst reine Herrenabende. Während des letzten Jahrzehnts aber haben es sich unser Senior, der Verleger der WAZ, Erich Brost, und seine Gattin zur schönen Gewohnheit gemacht, alle Mitglieder mit ihren Damen, auch die Damen der bereits Verstorbenen, zu einem vorweihnachtlichen Abend in ihr Haus einzuladen. Auch da stand (und steht noch) ein Vortrag am Beginn, worauf ein opulentes Mahl und lebhafte Unterhaltungen folgen.

Ich versuche der Überschrift dieses Kapitels gerecht zu werden, indem ich so knapp wie möglich die wissenschaftlichen Unternehmungen aufzähle, die zum Teil noch in die "Schulzeit" fallen, jedoch an bestimmten Punkten über sie hinausführen.

Dr. Aengeneyndt, mit mir noch vom Teubner-Verlag (Leipzig) und von jener Fahrt nach Eger (vgl. oben S. 153) bekannt, gewann mich dafür, zusammen mit meinem Göttinger Kollegen, Oberstudiendirektor Dr. Hermann Körner, einem namhaften Geschichtsdidaktiker, die im Schulbuchverlag Ernst Klett (Stuttgart) erscheinende Sammlung "Quellen zur Geschichte und Gemeinschaftskunde" - später "... zur Politik" - herauszugeben. Die Überlegungen zur Konzeption, die Korrespondenz mit dem Verlag und den Verfassern (Universitätslehrer und Schulhistoriker), das Lesen der Manuskripte, die Beratung der Autoren, die Korrekturen und was sonst noch so dazugehörte, das alles brachte viel Arbeit, natürlich auch manchen wertvollen und dauerhaften Kontakt mit sich. An Herrn Helmut Heuß vom Verlag fanden wir beiden Herausgeber einen hervorragenden Mitarbeiter und wirklichen Freund. Die Herausgeberschaft der noch jetzt unter etwas veränderter Gestalt erscheinenden Reihe wurde inzwischen von zwei jüngeren Kollegen übernommen, doch im Titel heißt es immer noch "unter Mitwirkung von Hermann Körner und Hans Tümmler". Herr Körner ist inzwischen gestorben. Es mögen annähernd 30 Titel sein, die in all den Jahren erschienen sind, für den Unterricht eine bisher an Zahl und Güte von kaum einem Verlag überbotene historisch-politische Materialsammlung, die auch an Hochschulen Eingang gefunden hat.

1962 konnte endlich der vierte (und letzte) Band des Goethe-Voigt-Briefwechsels erscheinen, ein dickes Buch, erstellt "unter Mitarbeit von Wolfgang Huschke" (vgl. oben S. 164, 179), dem auch das alle vier Bände erschließende ausgezeichnete Register zu verdanken ist. Welche Folgen dieses grundlegende Werk neuzeitlicher Goetheforschung für mich persönlich hatte, wird in dem Kapitel "Goethe-Gesellschaft" zu erzählen sein.

Aber noch war ich mit meiner ersten und nicht weniger bedeutenden Edition, dem Politischen Briefwechsel Carl Augusts, im Rückstand. Band 2 (1791-1807), 1956 im Manuskript fertiggestellt, hatte noch 1958 herauskommen können. Aber der dritte Band (1808-1828), der die letzten Jahre der napoleonischen Ära, die Befreiungskriege, den Wiener Kongreß, Weimars große frühliberale Epoche (Verfassung, Pressefreiheit, Burschenschaft usw.), schließlich Carl Augusts Altersjahre zu dokumentieren hatte - in gewisser Hinsicht das wichtigste Stück des gesamten Werkes - hat lange auf sich warten lassen müssen. Das Amt an der "Burg" ließ zunehmend weniger Freizeit und Muße übrig.

Immerhin haben wir, meine Frau und ich, während dieser Zeit zwei wichtige Archivreisen unternehmen können.

Die erste führte uns im Sommer 1958 in das wegen brütender Hitze und der Ferien verhältnismäßig menschenleere Paris. Vormittags arbeiteten wir gemeinsam im Archiv des französischen Außenministeriums am Quai d'Orsay. Im Benutzerraum hoch unterm Dach tropfte uns fast der Schweiß auf die Akten, die wir zum geringen Teil dort abschrieben, zum größeren uns dann in Gestalt von Mikrofilmen nach Essen schicken ließen. Es handelte sich meist um Originale oder Abschriften weimarischer Briefe, welche die französische Spionage in Erfurt abgefangen hatte!

Die Nachmittage verwandten wir zum Besuch von Stätten, die wir bei einem früheren Kurzaufenthalt nicht gesehen beziehungsweise weniger beachtet hatten. Die üblichen Pariser Touristenattraktionen brauche ich nicht zu erwähnen. Nachhaltigen Eindruck hinterließen bei uns aber wieder der Invalidendom mit Napoleons merkwürdiger Grabstätte, das Quartier Latin mit der Sorbonne, dem Pantheon und - etwas weiter entfernt - das weniger bekannte Cluny-Museum. Und wer kennt und beachtet wohl das uralte romanische Peterskirchlein im erdrückenden Schatten der über den Dächern von Paris hell leuchtenden, orientalisch wirkenden Kirche Sacré Coeur? Gern nahmen wir in kleinen Bistros, in denen die Arbeiter ihren Imbiß mit dem Glas Landwein verzehrten, eine Kleinigkeit zu uns - ungeachtet der unsäglichen "Lavabos" für die einfachsten menschlichen Bedürfnisse. Feiner saß man natürlich vor dem Café de la Paix, unweit der Kirche Madeleine und der Grande Opéra, wo wir ob der Hitze Unmengen von Perrier (einem bekannten Mineralwasser) in uns hineinschütteten. Den Bois de Boulogne kennt jeder Parisreisende. Aber wer macht sich die Mühe und das Vergnügen, mit der Metro bis zum entgegengesetzten Ende zu fahren? Da liegt Vincennes mit seinem Schloß und dem frei stehenden Turmbau des uralten Donjon, den wir erklommen. Gerade war der Weinmarkt, ein Volksfest, hier im Gange, dem unsere stets durstigen Kehlen natürlich die Ehre erwiesen. Schönste Erlebnisse: eine Bootsfahrt unter den Brücken der Seine und ein Besuch von

"La Sainte Chapelle", durch deren scheinbar nur aus herrlichen bunten Glasfenstern bestehende "Mauern" die Sonne schien. Grausigster Eindruck: die Conciergerie mit ihren Kerkern und jenem Hinterhof, auf dem der Schinderkarren der großen Revolution stand, mit dem einst auch die "Veuve Capet", d.i. Königin Marie Antoinette, zur Guillotine befördert wurde.

Von Paris fuhren wir zunächst über Nancy nach Straßburg, standen vor dem Haus mit der Tafel, die bezeugt, daß Goethe als Student hier gewohnt hatte. An ihn wurden wir auch bei der Besichtigung des Palais Rohan erinnert. Wie sehr hatte ihn die "Halsbandaffäre" von 1785 erschreckt, durch die der unbedachte Liebeswahn des Kardinal-Erzbischofs Prinz Rohan die Königin Marie Antoinette kompromittiert hatte. Mit Erschütterung sah Goethe die Grundlagen von Staat und Gesellschaft bedroht, Empfindungen, von denen das 1791 erschienene Lustspiel "Der Großkophta" kaum noch etwas ahnen läßt.

Zur Erholung von diesen Arbeitsferien begaben wir uns in den reizenden kleinen Kurort Bergzabern in der Südpfalz, mit herrlicher Wald- und Weinbauumgebung, nach der anderen Seite zur Rheinebene offen. Wir bezogen, wie zuvor genau ausgemacht, das schönste, größte Zimmer in einer netten kleinen Pension nahe dem Kurpark und "verdrängten" daraus einen Gast, der sich im letzten Moment entschlossen hatte, den Aufenthalt in Bergzabern zu verlängern, und nun einen kleineren Raum beziehen mußte. Welche Überraschung, als wir erfuhren, wer dieser Gast war. Es handelte sich um Ihre Königliche Hoheit Frau Großherzogin von Sachsen-Weimar-Eisenach, eine geborene Prinzessin von Sachsen-Meiningen, Enkelin des Theaterherzogs Georg II. So schloß sich in seltsamer Weise der Kreis dieser großen Reise. Waren wir in Paris den Spuren des Großherzogs Carl August, auch denen seiner Frau Luise archivalisch nachgegangen, so standen wir jetzt der letzten Nachfahrin auf Weimars Thron gegenüber. Sie war die Witwe des früh verstorbenen Großherzogs Wilhelm Ernst, dessen geringe Beliebtheit im Volk sie, eine lebenskräftige, gewandte, am weltoffenen Meininger Hof geschulte Dame durch ihre liebenswürdige, früher hätte man wohl gesagt "leutselige" Art einigermaßen auszugleichen gewußt hatte. Von 1910 bis 1918 war sie regierende Fürstin gewesen: von den Vorgängen bei der Abdankung im November 1918 wußte sie so manches zu erzählen. In Bergzabern hatte sie ihre alte Kammerfrau bei sich, die sich bei Spaziergängen stets etwa einen Schritt hinter ihr hielt.

Da die Großherzogin ihre großen Besitzungen im Osten, besonders die aus dem Erbe der Großherzogin Sophie, einer geborenen Prinzessin der Niederlande, stammende Herrschaft Heinrichau (mit einem Schloß von weit über 100 Zimmern), natürlich auch das ihr nach der Fürstenentschädigung von 1922 zugestandene Einsitzrecht im Weimarer Schloß und auf der Wartburg, dazu den großen privaten Forstbesitz in Zillbach (nahe Wernshausen, vgl. oben S. 36) 1945 verloren hatte und die Lastenausgleichsregelung für sie und ihre vier längst erwachsenen Kinder noch nicht richtig erfolgt war, lebte die Fürstin, die in Freiburg in bester Gegend eine sehr kleine Eigentumswohnung hatte, in ziemlich bescheidenen Verhältnissen. Von meinen Weimar betreffenden Arbeiten wußte sie, sie interessierte sich lebhaft dafür. So gab es viele Berührungspunkte zwischen uns, die Beziehung vertiefte sich von Tag zu Tag: sie hatte ein Auto und unternahm mit uns von Bergzabern aus mehrere Fahrten, u.a. zum Slevogthof, dem letzten Wohnsitz des Malers, dessen Bilder uns in gemeinsamer Bewunderung verbanden.

Unsere Beziehung zur Großherzogin blieb auf die Dauer erhalten. Die Korrespondenz war lebhaft. Die Großherzogin unterschrieb mit "Ihre ergebene Feodora", manchmal mit dem Zusatz "Großherzogin von Sachsen-Weimar-Eisenach". Mehrmals besuchten wir sie von Badenweiler aus, wo ich die Kur gebrauchte, in Freiburg, wo ein Flügel und ein großes Ölgemälde des Herzogs Georg II. von Sachsen-Meiningen die kleinen Räume fast erdrückten. Zu meinem 65. Geburtstag kam Großherzogin Feodora eigens nach Essen. Sie machte uns vormittags einen Besuch und nahm dann am anderen Tag an dem Abendessen teil, das wir im Clubhaus Freunden und guten Bekannten, unter ihnen unsere alten Freunde von Erfurt her, Ellen und Erich Rasch, und mein Freund und Bundesbruder Adolf Münker und Frau, gaben. Die Fürstin wurde in ihrer stattlichen Erscheinung und unnachahmlichen Würde, ohne besonderes Dazutun, zur beherrschenden Figur des Zirkels, ohne die geringste Befangenheit zu verursachen. Darf man es ihr verargen, daß sie, die einst echt "regiert" hatte, auch im demokratischen Umfeld die "Königliche Hoheit" blieb?

Es war und ist mir eine Freude, daß nach ihrem Tode ihr jüngster Sohn Prinz Georg, der den bürgerlichen Beruf als Dozent an der Musikhochschule in Basel ausübte, deshalb seinen Titel und Namen offiziell abgelegt hatte und nun mit dem bürgerlichen Namen Jörg Brena durch Gesangs- und Rezitationsabende einen hohen Bekanntheitsgrad erlangte, die freundschaftliche Beziehung als ein gern übernommenes Erbe fortsetzt.

1964 konnte ich mit meiner Frau eine weitere Archivreise, diesmal nach Weimar, unternehmen, wofür mir meine vorgesetzte Behörde sogar einige dienstfreie Tage bewilligte und die oberste Archivverwaltung der DDR in Potsdam die Genehmigung erteilte. Wir mußten in Weimar bald feststellen, daß bei dem Umfang des noch zu berücksichtigenden Materials an ein Abschreiben nicht zu denken war. Es konnte nur darauf ankommen, uns anhand der trefflichen Inventarverzeichnisse das Wichtige vorlegen zu lassen und eine Aufstellung zu hinterlegen, worauf uns dann das Staatsarchiv Mikrofilme übersandte. Mich haben damals Archivdirektor Dr. Hans Eberhardt und seine Mitarbeiterin Frau Helma Dahl, die Goethes "Amtliche Schriften" bearbeitete, auch der im Benutzerraum die Aufsicht führende Dr. Wießner, sehr zu Dank verpflichtet.

Längst nämlich waltete der alte Freund Professor Dr. Willy Flach nicht mehr seines Amtes als Direktor der Thüringischen Staatsarchive. 1957 hatte er eine ehrenvolle Berufung auf ein Bonner Ordinariat erhalten. Als die DDR-Behörden ihm die Annahme verweigerten, war er mit seiner Familie illegal nach Bonn übergewechselt. Aber der seiner Heimat und "seinem" Archiv so eng Verbundene hatte das ihm zugefügte Unrecht und den Übergang in eine ihm bisher ganz fremde Welt nicht verkraftet. Er setzte seinem Leben in der Verzweiflung ein Ende: wir mußten ihn Anfang 1958 in Bonn begraben - auch er ein Opfer der Teilung unseres Vaterlandes, ein tragisches deutsches Schicksal.

Professor Willy Andreas und seine Gattin haben wir, habe auch ich allein, mehrmals zu Bericht und Beratung in seinem Alterssitz Litzelstetten am Bodensee besucht. Sein Interesse blieb lebhaft: an wirklicher Mitarbeit, die schon bei den früheren Bänden mehr formaler Natur gewesen war und ihren Hauptakzent in der damals nur ihm als Mitglied der Historischen Kommission bei der Bayerischen Akademie der Wissenschaften möglichen Förderung gehabt hatte, hinderten ihn geschwächte Gesundheit und fortgeschrittenes Alter. So wurde Band III - ich darf das ohne Einschränkung sagen - ausschließlich mein Werk. Im Jahre 1973, als der Band als die erste große literarische Frucht meines Ruhestandes erschien, war Andreas nicht mehr am Leben. Im Vorwort habe ich ihm ein ehrendes und dankbares Gedenken gewidmet.

Müßig vielleicht, über das Echo zu berichten, das die Fertigstellung des Werkes, das mich (mit Unterbrechungen) von 1937 bis 1972 beschäftigte, in der Fachliteratur, auch in der interessierten breiteren Öffentlichkeit fand. Groß ist die Zahl der Rezensionen.

Ich scheue mich aber nicht, einiges aus einer Würdigung zu zitieren, die Professor Dr. Dr. Peter Berglar über das Gesamtwerk geschrieben hat.

"Von zwei übergeordneten Gesichtspunkten ließ er [Tümmler] sich dabei leiten: Einmal sollte ein geschichtswissenschaftliches Werk entstehen, Carl August von Weimar als Fürst und Staatsmann, also im Koordinatennetz historischer Eigenbedeutung, zur Darstellung gelangen, nicht hingegen das Privatleben des Herzogs, nicht sein Verhältnis zu Goethe und den anderen Großen seines Ländchens, nicht das "klasssische Weimar" als Gegenstand der Geistes- und Literaturgeschichte, in dem der Herzog zu einem Bestimmungselement im Goethe-Kosmos wird. Zum andern konnte und sollte es nicht genügen, die politische Korrespondenz Carl Augusts im quantitativen Verstande zu häufen; es ging um mehr als eine bloße Materialsammlung: um eine editorische Komposition, in der eine ganze Welt, die Welt des endenden alten Deutschen Reiches, die Welt seiner geistlichen, seiner Mittel- und Kleinstaaten, vor allem freilich die Welt Sachsen-Weimars, aber auch die große Welt des revolutionär aufgewühlten, des napoleonischen, des Metternichschen Europa durch die Quellen hindurch als eine einzige gewaltige Melodie erklingt. Das erreicht zu haben: durch eine kluge und feinfühlige Selektion des Wichtigen und Charakteristischen aus der Masse des Vorhandenen, durch die Aufnahme zahlreicher Briefe an Carl August, ferner von Briefen bedeutsam wirkender Dritter untereinander, von Denkschriften und Berichten, durch einen Anmerkungsapparat, der jede in Erscheinung tretende Figur zu profilieren und in den Gesamtzusammenhang zu rücken trachtet, schließlich durch die zwar knappen, aber dennoch erschöpfenden und die genannten "Welten" verstehbar machenden, sie nahebringenden Einleitungen, die zusammengenommen ein eigenes Buch von etwa 130 Seiten ausmachen - kurz: durch *Wissenschaft* als Kunst. Gleichsam einen prachtvollen Gobelin geknüpft zu haben, in allem nach den strengen und korrekt gehandhabten Regeln der Historik, jeder Faden, jeder Knoten höchstem wissenschaftlichem Anspruch genügend und doch das Ganze *mehr* als Fäden und Knoten, nämlich ein überaus lebendiges, farbiges Gemälde deutscher und europäischer Geschichte von der Fürstenbundzeit bis zur Restaurationsepoche - darin liegt die wahre, die Meisterleistung Tümmlers."

22. PROFESSOR AN DER UNIVERSITÄT ZU KÖLN

Bereits Mitte der 50er Jahre berief mich der Vorsitzende des Wissenschaftlichen Prüfungsamts für das Lehramt an höheren Schulen an der Universität zu Köln zum Mitglied dieses Amtes, und zwar für die Fächer Deutsch und Geschichte. Wegen meiner dienstlichen und sonstigen Überlastung bat ich später, den Auftrag auf das Fach Geschichte zu beschränken. So führte ich häufig, manchmal mehrere Stunden vor- und auch nachmittags, den Vorsitz beim ersten philologischen Staatsexamen (=Studienreferendarexamen). Diese Tätigkeit, die mir eigene Fragestellungen gestattete und eine ausschlaggebende Mitwirkung bei der Präzidierung einräumte, machte mich mit mehreren Professoren näher bekannt, so den Historikern Theodor Schieder, Adam Wandruszka und Theodor Schieffer, denen ich durch meine Schriften schon ziemlich vertraut war. Ende 1961 fragte mich Schieder, ob ich bereit sei, mich enger an die Universität zu binden. Das entsprach genau meinen mehrfach erwähnten ältesten Träumen. Ich sagte zu und wurde wenig später, nachdem der Senat der Universität dem Antrag der Historiker beziehungsweise der Philosophischen Fakultät zugestimmt hatte, vom Kultusminister zum Honorarprofessor ernannt, ohne, wie sonst üblich, zuvor einige Semester gelesen zu haben. Das Verzeichnis meiner Arbeiten, meine Urkunde über die Ernennung zum Dr. phil. habil., eine von der Universität Halle bereitwillig ausgestellte Bescheinigung, daß ich alle Vorbedingungen zur Erteilung der venia legendi erfüllt hatte, schließlich, nicht zuletzt, die Tatsache, daß man mich bei den Prüfungen näher kennengelernt hatte, haben diese sonst unübliche Abweichung von der Regel ermöglicht.

Man begreift wohl meine Freude und Genugtuung, daß ich nun im Sommer 1962 als schon 56jähriger Mann doch noch eine akademische Lehrtätigkeit aufnehmen konnte. Anfangs hielt ich Übungen bzw. Seminare über Verfassungsfragen, dann über die Probleme um den 20. Juli 1944 ab, mit denen ich mich auch schon wegen der Bekanntschaft mit Adam von Trott zu Solz (vgl. oben S. 158 f.) näher beschäftigt hatte, eine Veranstaltung, die recht gut besucht war und im übrigen ein gewisses Maß an persönlicher ehrlicher Preisgabe verlangte. Die Vorbereitung verursachte fast weniger Arbeit als die mit den Seminaren immer verbundene Durchsicht der mir eingereichten Arbeiten, die zu bewerten und für die Studenten zum Erwerb von

"Scheinen", deren eine bestimmte Zahl zur Prüfung vorzuliegen hatte, wichtig waren. Es war für mich keine Kleinigkeit, morgens meinem Dienst in der Schule nachzugehen und danach an zwei Tagen pro Woche mit der Bahn nach Köln zu fahren, dann nach der Straßenbahnfahrt "vor Ort" meines Lehramtes zu walten, wozu auch die Abhaltung von Sprechstunden gehörte. Nach einiger Zeit entschloß ich mich, eine regelrechte zweistündige Vorlesung "Grundzüge der deutschen Verfassungsgeschichte von 1789 bis 1934" auszuarbeiten, die ich dann bis 1974, also über die Jahre meiner Berufstätigkeit hinaus, in einem Zyklus von jeweils drei Semestern, stets auf den neuesten Forschungsstand gebracht, mehrere Jahre lang gehalten habe. Diese Vorlesung, in der ich Verfassungsgeschichte nicht als retrospektives Staatsrecht (was mir ja auch nicht zukam), sondern im Spiegel der gesamten Entwicklung darbot, fand ein ganz unerwartetes Echo. In *einem* Semester betrug die Hörerzahl über 200, nur wenige Male sank sie auf unter 100 ab. Studenten der Jurisprudenz kamen aus Bonn, da dort diese Thematik nicht behandelt wurde. Das Bild der Hörer(innen), anfangs noch in konventioneller Kleidung, nahm gegen Ende der 60er Jahre die bekannte Buntscheckigkeit an: neben dem Überlieferten Gestalten mit langen Haaren, Bärten, Gewandungen bei Studenten und Studentinnen je nach Geschmack oder Ungeschmack. Es waren von etwa 1968 an jene Jahre studentischer Unruhe, ja Rebellion, die sich auch in Wandschmierereien, links-knalligen Parolen, absonderlichem Gehabe, Angriffen gegen einige Professoren, ja gegen die "Hierarchie" akademischen Wesens ("Muff unter den Talaren") und noch drastischeren Ausbrüchen artikulierte. Die allgemeine Unruhe war groß, es verbreitete sich mancherorts Angst und Schrecken.

Da ich kein Ordinarius, mehr eine Randfigur war, also dem akademischen "Establishment" im engeren Sinn nicht angehörte, bekam ich von alledem wenig, eigentlich nichts zu spüren. Ich war keine Zielscheibe für echten oder gespielten Zorn. Vielmehr hatte ich, zumal ich bestrebt war, verständlich und interessant zu informieren, auch, ohne läppisch zu werden, dem Anekdotisch-Belustigenden einigen Raum zu lassen, wobei mir doch immer auch meine langjährige pädagogische Erfahrung zustatten kam, stets ein aufmerksames Auditorium, das jegliche Art von Störungen unterließ und mir, besonders nach der letzten Vorlesung im Semester, in der alten studentischen Weise dankbaren Beifall zollte. Der wiederholt von seiten intelligenter Zuhörer an mich herangetragenen Anregung, ich möge diese Vorlesung als Buch herausgeben, bin ich aber nicht gefolgt. Ich hatte andere Pläne.

Wenn ich geglaubt hatte, durch die Übernahme einer Vorlesung eine Entlastung von den mit der Abhaltung eines Seminars verbundenen "Nebenarbeiten" zu erlangen, so hatte ich mich freilich getäuscht. Immer mehr Teilnehmer wünschten mich als Prüfer im Staatsexamen. Da mein Kolleg als eine Hauptvorlesung anerkannt war, konnte ich mich dieser Bitte nicht entziehen. In solchen Fällen vertauschte ich also den Stuhl des staatlichen Vorsitzenden mit dem des von der Universität zu stellenden Prüfers, was übrigens auch ganz wörtlich zu verstehen ist. Das brachte Mehrarbeit von anderer Art mit sich. Ich mußte schriftliche Staatsexamensarbeiten bewerten und mich auf die mündlichen Prüfungen, für die die Kandidaten Literatur angeben durften, vorbereiten, was auch die Pflicht einschloß, meine eigenen Kenntnisse der mittelalterlichen Geschichte aufzufrischen und zu vertiefen. Nur die alte Geschichte hatte einen eigenen Prüfer, das Mittelalter gehörte in meine Prüfungskompetenz. Wie habe ich da zu Hause über neuerer Spezialliteratur gesessen und mir Notizen gemacht! Aber - ich war's zufrieden. Als ich schließlich mit 68 Jahren meine Vorlesungstätigkeit beendete, war es mit der Arbeit am Prüfungsamt noch längst nicht vorüber; sie dauerte noch einige Jahre fort.

Als ich 1962 die Honorarprofessur verliehen bekam, erregte das erhebliches Aufsehen. Es gab damals kaum einen Schulmann in Nordrhein-Westfalen, dem solches widerfuhr. Noch lag jene Professoreninflation der 70er Jahre, deren Auswirkungen sich nach einiger Zeit so verhängnisvoll - und für den guten wissenschaftlichen Nachwuchs wegen Stellensperre besonders schädlich - bemerkbar machte, in weiter Ferne. So war ich damals 1962 echt "herausgehoben", und ich verhehle nicht, daß ich ein wenig stolz auf diese Ernennung und die mit ihr verbundene Bezeichnung war, hatte ich doch 1945 und später - zugegebenermaßen nicht ohne eigenes Verschulden - arge Rückschläge hinnehmen müssen. Daß ich bei meinen akademischen Veranstaltungen begangene frühere Fehler, auch ihre m.E. nicht ganz unverständlichen Motivationen nicht verschwieg, wurde mir eher positiv als nachteilig angerechnet, auch von jenen Jahrgängen, die als schwierig galten. Aber wie seltsam doch, wie Amt und Titel mein gesellschaftliches und wissenschaftliches Ansehen damals noch ersichtlich hoben. Auch in der Fachwelt, mit der ich nunmehr ganz "von gleich zu gleich" verkehren konnte, wurde ich gewissermaßen von Stund' an noch ernster genommen als zuvor, obwohl doch meine wissenschaftliche Kompetenz, nicht nur auf dem Gebiet der Goetheforschung, längst erwiesen und ich der gleiche Mensch wie zuvor geblieben war. Im Hauptamt war und blieb ich Schulmann.

Hier nur ein paar Bemerkungen zu diesem Sachverhalt. Da ich dem Historischen Seminar angehörte, konnte ich schon 1964 als Band 9 der "Kölner Historischen Abhandlungen" "Gesammelte Aufsätze" unter dem Titel "Goethe in Staat und Politik" herausbringen. Das im Verlag Böhlau (Köln/Wien/Graz) erschienene Buch fand viel Beachtung, da es, wie Rezensenten schrieben, eine neue Dimension der Goetheforschung erschloß; es ist längst vergriffen. - Der Wissenschaftliche Arbeitskreis für Mitteldeutschland, in dem sich die einstigen mitteldeutschen Historischen Kommissionen eine Art bundesdeutscher Dachorganisation geschaffen hatten, machte mich zu ihrem Mitglied: dreimal habe ich in Gießen den zu dem dreitägigen Tagungsprogramm gehörenden öffentlichen Vortrag gehalten, zuletzt noch einmal in der Universität Bonn 1983. - Ohne die Zugehörigkeit zu einem akademischen Lehrkörper, die übrigens, wenn einmal gewährt, lebenslang bestehen bleibt, hätte ich sicherlich zu meinem 70. Geburtstag keine so "hochkarätige" Festschrift erhalten, an der sich zahlreiche Gelehrte bekannten Namens beteiligten, aus dem Kölner Kollegenkreis Theodor Schieder und Peter Berglar, der zugleich als Herausgeber fungierte. Mit ihm verband mich eine späte, aber dauerhafte Freundschaft (vgl. auch weiter unten im Kapitel "Goethe-Gesellschaft"). Das Verhältnis zu Schieder, doch wohl dem bedeutendsten deutschen Historiker jener Zeit, hat sich im übrigen zunehmend vertieft, und es hat zuletzt Züge eines persönlichen Vertrauens angenommen, das er, soviel mir bekannt ist, nicht Allzuvielen schenkte.

Genug! Der Leser mag erkennen, daß mir der Gesamtkomplex "Köln" viel gegeben, ja unserer Existenz der späten Jahre im Verein mit anderem noch eine Wende zum "Höheren" eingetragen hat.

23. DIE GOETHE-GESELLSCHAFT

""Weimar" in Essen - "Essen" in Weimar

Ein stark mitwirkendes Prinzip, zugleich eine wesentliche Plattform meines Lebens und Schaffens war (und ist noch) meine Mitgliedschaft in der Goethe-Gesellschaft. Ich habe mehrmals darüber gesondert geschrieben, so u.a. unter der oben in Anführungszeichen gesetzten Überschrift in meinem Sammelband "Essener Miniaturen" (Essen 1981). Aus dem Gesamtkomplex soll hier nur das "Autobiographische" hervorgehoben werden.

Vor ca. 55 Jahren trat ich, damals in Erfurt lebend, in die Goethe-Gesellschaft ein. Bald hielt ich auf Einladung von Professor Dr. Hans Wahl, dem damaligen Direktor des Goethe- und Schiller-Archivs, einen Vortrag über Carl August von Weimar in dem an das Goethehaus stilgerecht angebauten Goethe-Nationalmuseum; es war das der erste von zahllosen Vorträgen, die ich im Lauf der Jahre in der Gesellschaft hielt.

Die Essener Goethe-Gesellschaft, die zugleich eine Ortsvereinigung der Weimarer Muttergesellschaft ist, war damals wohl die angesehenste literarisch-wissenschaftliche Vereinigung in Essen. Als einzige Goethe-Gesellschaft in der Bundesrepublik Deutschland konnte sie ihr Gründungsdatum mit 1920 angeben. In ununterbrochener Folge hatte sie sich über die Wechselfälle der Zeiten hinübergerettet, und sie erlebte nun nach dem Kriege eine neue Blüte. Zwar bezeichnete mich Prof. Däbritz, der Vorsitzende, als den einzigen echten Goetheforscher im Essener Vorstand, aber er tat sich damit selbst Unrecht an, hatte er doch in seiner gehaltvollen Schrift "Goethes volkswirtschaftliche Anschauungen" Anregungen gegeben, die erst in unseren Tagen aufgegriffen und wesentlich vertieft worden sind. Und welche bedeutenden Impulse von der großen Essener Goethe-Tagung von 1952 ausgingen, wurde oben schon erwähnt (vgl. S. 171). Essen stand in gewisser Hinsicht am Anfang einer neuen Epoche in der Geschichte der Goethe-Gesellschaft. Diese allerersten Nachkriegsanfänge der Goethe-Gesellschaft sind übrigens seitens der Weimarer Zentrale immer ziemlich unter den Tisch gekehrt worden. Daß sie ausgerechnet in der Stadt Krupps vonstatten gingen, empfand man dort offenbar im Zeichen des Kalten Krieges als peinlich. Dabei ist es bei dieser Gelegenheit geschehen, daß Präsident Wachsmuth mit dem DDR-Staatssekretär Wendt Bekanntschaft machte und ihn für die Gründung einer neuen "gesamtdeutschen" und relativ liberalen Goethe-Gesellschaft mit Sitz in Weimar gewinnen konnte. Diese Zusammenhänge bedürfen noch genauerer Aufhellung. In Darstellungen zur Geschichte der Goethe-Gesellschaft nach dem Zweiten Weltkrieg klafft hier bisher eine Lücke.

Unter Däbritz' straffem, gewissermaßen absolutistischem Regime gab es für mich nicht allzuviel zu tun. Manchmal begleitete ich den Alternden, dessen Gehör nachließ, zu Ortsvereinigungssitzungen, so nach Bremen. Auch fuhren meine Frau und ich - er erster, wir beide auf eigene Kosten zweiter Klasse - zu einer Hauptversammlung nach Weimar, wo wir im uralten Hotel "Erbprinz", das heute nicht mehr besteht, mehr schlecht als recht, aber umgeben von Bildern aus der Zeit der Klassik, untergebracht waren. Als besondere Erlebnisse während der "Ära Däbritz" in Essen greife ich hier nur die Auftritte des Präsidenten Andreas B. Wachsmuth, der Professoren Wolfgang Schadewaldt, Ludwig Curtius und Gerhard Ritter heraus. Aus Frankreich kam Maurice Boucher, der bedeutende Germanist der Sorbonne, aus Spanien der berühmte Philosoph José Ortega y Gasset, den ich zusammen mit Däbritz zur Villa Hügel begleitete. Sein Buch "Aufstand der Massen" faszinierte mich.

Zweimal konnte ich namens der Goethe-Gesellschaft für Däbritz, der ein bedeutender Wirtschaftshistoriker des Ruhrgebiets war und eine Honorarprofessur an der Universität zu Köln innegehabt hatte, die Laudatio halten, einmal zu seinem 80. Geburtstag, das andere Mal bei der Verleihung des Großen Bundesverdienstkreuzes, das ihm der damalige nordrhein-westfälische Wirtschaftsminister Middelhauve überreichte. Däbritz starb 1963 an den Folgen eines Verkehrsunfalls. Ich hielt ihm, der auch dem Weimarer Gesamtvorstand angehört hatte, namens der Goethe-Gesellschaft die Trauerrede, einmal im Rheinisch-Westfälischen Institut für Wirtschaftsforschung, dessen Vorstand er gewesen war, dann nochmals vor der Essener Goethe-Gesellschaft bei der Einleitung des neuen Arbeitsjahres. Däbritz hat sich um die Gesellschaft insofern besonders verdient gemacht, als es ihm gelang, sie durch schwerste Notzeiten hindurchzuretten.

Ich wurde noch 1963 zu Däbritz' Nachfolger im Vorstand der Essener Goethe-Gesellschaft gewählt. Zweiter Vorsitzender wurde der Leiter der Kruppschen Bücherhalle Dr. Hans Schneider, mit dem ich mir die Arbeit teilte. Bei solchen Amtsübergängen wird wohl stets der Versuch gemacht, ein von einer Person lange verwaltetes Amt mit neuem Leben zu erfüllen bzw. neue Akzente zu setzen. Das ist uns wohl auch einigermaßen gelungen. Der Mitgliederbestand hob sich wieder; trotzdem blieben wir auf Spenden angewiesen, deren einige ich durch meine Mitgliedschaft im Rotary-Club verschaffen konnte, ein Umstand, der heute noch nachwirkt. Wenn ich mich hier an Vorträge von Eberhard Lämmert, Klaus Mehnert, Peter Berglar, Albrecht Schöne, Walter Hinck, Arthur Henkel, Bernhard Andreae, an Dichterrezitationen von Jörg Brena/Anna Dammann, Charlotte Kühn-Leitz, Gert Westphal und Grete Wurm besonders erinnere, so soll das den hier nicht Genannten keinen Eintrag tun.

Einen Höhepunkt bildete das Jahr 1970, in dem wir die 50jährige Wiederkehr des Gründungsjahres begehen konnten. Wir verbanden das "Fest" mit der alljährlich an wechselnden Orten stattfindenden Versammlung der Ortsvorstände. Mit diesen und unseren eigenen Mitgliedern und Freunden konnten wir schon zum Begrüßungsabend, bei dem für den erkrankten Präsidenten Professor Wachsmuth (Berlin-Dahlem) Vizepräsident Holtzhauer (Weimar) erschien, den Vortragssaal im Folkwangmuseum füllen. In meinen Begrüßungsworten hob ich die Bedeutung einer kulturellen Gesellschaft hervor, die trotz erheblicher Probleme im getrennten Deutschland "gesamtdeutsch" geblieben war. Dann hielt Holtzhauer einen interessanten Lichtbildervortrag über Weimars klassische Stätten, die unter der Obhut der von ihm geleiteten "Nationalen Forschungs- und Gedenkstätten der klassischen deutschen Literatur" (mit Sitz im Schloß in Weimar) standen. An den Vortrag schloß sich ein festlich geselliger Abend im schönsten Raum des Folkwangmuseums an, zu dem ein Mäzen einen vorzüglichen Wein gestiftet hatte, den wir nun unseren Gästen bieten konnten. Ein paar kurze Reden würzten den Abend. Wenn bei dieser festlichen Gelegenheit Holtzhauer mir die Goethe- und Schiller-Medaille der eben genannten Weimarer Forschungsstätten überreichte, so mochte das zugleich als eine Ehrung für die älteste ununterbrochen "praktizierende" Ortsvereinigung gedacht sein.

Der nächste Vormittag galt der üblichen Arbeitssitzung der Vorstände. Jemand hat etwas boshaft einmal von der "Vortragsbörse" gesprochen - nicht so ganz zu Unrecht, denn es wurden da natürlich die Erfahrungen mit den Vortragenden ausgetauscht, viele warm empfohlen, von anderen mehr oder weniger deutlich abgeraten.

Auch die Direktoren der beiden großen bundesdeutschen Goethe-Museen, Dr. Lüders, der Leiter des Frankfurter Freien Deutschen Hochstifts (Goethehaus), und Dr. Jörn Göres, der Leiter des Düsseldorfer Goethe-Museums (Anton- und Katharina-Kippenberg-Stiftung) nahmen teil. Es ging lebhaft zu. Gewissermaßen unterschwellig spürte ich, daß es angesichts des zu erwartenden Rücktritts des hochbetagten Präsidenten Wachsmuth von seinem Amt zwar keinen Streit um *dessen* Nachfolger, wohl aber Schwierigkeiten mit der Wahl des Vizepräsidenten geben würde, den der "Westen" zu präsentieren hatte. Unseren in Essen tagenden Kreis ging diese Frage gar nichts an, trotzdem wurde sie - ganz gegen meinen Willen - angeschnitten. Der Vormittag endete dann versöhnlich mit einem schlichten Imbiß, den die in Kulturdingen sparsame Stadt Essen uns gab, und einer freundlichen Begrüßung durch den Kulturbeigeordneten Dr. Hermann Heitmann.

Den Festvortrag am Abend hielt mit gewohnter Meisterschaft Professor Dr. Erich Trunz (Kiel), der Herausgeber der Hamburger Goethe-Ausgabe und feinsinnige Goethekenner. Er legte "Probleme der Goetheforschung in unserer Zeit" in einer Weise dar, die die Zuhörer entzückte und den Alltag vergessen ließ.

Dr. Schneider verfaßte eine übersichtliche und gehaltvolle Chronik. Als wissenschaftliche Festgabe konnten wir den Festteilnehmern sowie allen Essener Mitgliedern mein auf der weiter oben mehrfach erwähnten Edition des Goethe-Voigt-Briefwechsels beruhendes Buch "Goethe, der Kollege. Sein Leben und Wirken mit Christian Gottlob von Voigt" übergeben.

Die Fünfzigjahrfeier der Essener Goethe-Gesellschaft im Frühjahr 1970 teilte meine Amtszeit äußerlich in zwei Siebenjahresabschnitte. Namen wie Walther Muschg, Benno von Wiese, Arthur Henkel, Peter Meinhold, Hans Mayer, Fritz Martini, Kurt von Raumer, Gerhard Storz, Walter Müller-Seidel, Pierre Grappin, Peter Berglar, Manfred Eigen mögen die kontinuierlich eingehaltene Linie kennzeichnen. Wie schon immer kam auch Weimar zu Wort, so Helmut Holtzhauer, Karl-Heinz Hahn und Walter Dietze, der Holtzhauer nach dessen frühem Tod als Generaldirektor jener Forschungsstätten ablöste. Sie alle haben es nicht auf Konfrontation abgesehen, wenn auch ihren Standpunkt gewahrt.

1977 legte ich aus Alters- und Gesundheitsgründen, und um für einen Jüngeren Platz zu machen, mein Amt als Vorsitzender in Essen nieder und zog mich auf den stillen Platz des Ehrenvorsitzenden zurück, was aber weitere

Mitwirkung als Vortragender nicht ausschloß und kräftigen Fortgang eigener Forschungs- und schriftstellerischer Tätigkeit ermöglichte. Es entsprach der inneren Logik, daß mein bisheriger Vertreter Dr. Hans Schneider, der Verfasser jener Chronik von 1970, zum neuen Vorsitzenden bestimmt wurde. Er hat, mehr als ich ein Mann der "einsamen Entschlüsse", das Amt noch heute nominell inne, obwohl ihm ein Schlaganfall die praktische Ausübung erschwert, wo nicht unmöglich macht. An seiner Stelle waltet Professor Dr. Klaus Hufeland, Germanist an der Ruhruniversität Bochum, tatkräftig und mit vielseitiger Anregung des Amtes.

Nun nach Weimar! Nach Professor Däbritz' Tod (1963) wurde ich 1964 in Anerkennung der Tatsache, daß ich mit der vollständigen Veröffentlichung des zuvor unerschlossenen Briefwechsels Goethes mit seinem Amtskollegen und Freund Christian Gottlob Voigt (Weimar 1949 bis 1962 in der Reihe der Schriften der Goethe-Gesellschaft) Neuland der Goetheforschung erschlossen hatte, zum Mitglied des Gesamtvorstandes der Goethe-Gesellschaft gewählt, wodurch ich "westlicherseits" an die Seite von Werner Heisenberg, Erich Trunz, Fritz Martini, Wilhelm Emrich (um nur sie zu nennen), "östlicherseits" u.a. neben so profilierte Marxisten wie Holtzhauer und Staatssekretär a.D. Professor Dr. Wilhelm Girnus, einen alten Stalinisten, zu sitzen kam. Das bedeutete Mitarbeit und Mitverantwortung an entscheidender Stelle.

Von 1971 bis 1975 war ich Vizepräsident der Gesellschaft, in welches Amt mich der Vorstand zu einem etwas kritischen Zeitpunkt wählte, als wirklich "Not am Mann" war. Ich gab sogleich bekannt, daß ich dieses Amt nur übergangsweise für eine "Legislaturperiode" (4 Jahre) führen, dann mit 70 Jahren wieder als einfaches Vorstandsmitglied weiterwirken wolle.

Während dieser Zeit hatte ich nicht nur zweimal die Ordentliche Mitgliederversammlung in Weimar zu leiten und dabei meine Worte genauestens zu bedenken - sowohl im Sinne der Zusammenarbeit wie der kritischen Abwägung. Es fiel in diese Zeit auch der Tod des Präsidenten Helmut Holtzhauer, der in dieser Eigenschaft auf Wachsmuth gefolgt war und zu dem ich ein sachlich ersprießliches und auch menschlich durchaus tragfähiges Verhältnis gefunden hatte. Unter meinem Vorsitz erfolgte schon am Vorabend der Trauerfeier im Arbeitsausschuß des Vorstands, dem nun auch Dr. Jörn Göres angehörte, die Designation von Professor Dr. Karl-Heinz Hahn, dem verdienten und international bekannten Direktor des Goethe- und Schiller-Archivs, zum neuen Präsidenten. Es war das eine Lösung, die sich angesichts der nahe bevorstehenden Hauptversammlung wie von der Person her gleichsam von selbst anbot, vom Vorstand einstimmig bestätigt und alsdann von der Mitgliederversammlung mit großer Zustimmung zur Kenntnis genommen wurde. Hahn führte das Amt unter allgemeiner Anerkennung bis 1990, als ein schneller Tod ihn hinwegnahm. Kurz zuvor wurde ihm in Hamburg von der Stiftung F.V.S. die hochdotierte Hanseatische Goethemedaille verliehen. Zwischen Hahn und mir bestand eine sehr alte, noch auf unsere Erfurter Zeit zurückgehende Freundschaft. Ich hatte seinerzeit ein wenig dazu beitragen können, daß er als Student und junger Archivassessor jene berufliche Laufbahn einschlug, die ihn - so darf man wohl sagen - zeitweilig auf die Höhe der Weltgeltung führen sollte.

Es bedarf kaum der Erwähnung, daß ich an zahlreichen Sitzungen in Weimar teilnahm, dabei Kontakte knüpfen, gegensätzliche Anschauungen kennenlernen, Stellung dazu nehmen und Vorschläge unterbreiten konnte. Man darf die Schwierigkeiten nicht gering einschätzen. Das Verständnis Goethes ist ja alles andere als einheitlich. Gilt dies ganz allgemein, so war es hier und "drüben" sogar bis in die Wurzelgründe hinein grundverschieden. So setzten zwar einerseits die in den "Nationalen Forschungs- und Gedenkstätten" zusammengefaßten Weimarer Goethe-Institute ihre große Forschungs- und Bewahrungstradition in verdienstvoller Weise und in einer bisher unerhörten Effizienz weiter fort. Andererseits aber wurde dort intensiv und mit spürbarer Überzeugung an einem marxistischen Bilde Goethes und der Klassik gearbeitet, woran auch Hahn führend beteiligt war! Trotzdem boten sowohl die Weimarer Tagungen wie die Publikationsorgane der Goethe-Gesellschaft die Möglichkeit zu ziemlich offener und freimütiger, natürlich auch spannungsreicher Auseinandersetzung. Das gilt nicht nur für die Festvorträge und die meist unter ein bestimmtes Generalthema gestellten Referate und Diskussionen. Goethe und seine Welt - das ist eben ein sehr weites Feld, auf dem sich auch "trefflich streiten" läßt. Wo von Goethe die Rede ist, da ist, dem Wesen Goethes zufolge, immer auch von mehr als von Goethe, da ist von allgemeinsten und bedeutendsten Dingen die Rede. So erklangen an diesen Goethe-Tagen mit ihren zahlreichen Westbesuchern, zu denen sich im Zuge der zunehmenden, schon von Holtzhauer eingeleiteten Internationalisierung der Gesellschaft immer mehr Ausländer von Ost und West gesellten, doch auch ganz andere als die dort sonst gewohnten Töne. Auch Geselligkeit kam zu

Die Goethe-Gesellschaft 221

ihrem Recht, und sie verbindet sich mit dem Erleben von Stätten der Kunst und Glanzpunkten der thüringischen Landschaft, wie sie Weimar und seine engere und weitere Umgebung in so reichem Maße bieten. Dort sind "Dichters Lande", und sie wurden bewußt als solche kultiviert. Ausflüge zu den Dornburger Schlössern, zum wiederhergestellten Goethetheaterchen in Bad Lauchstädt, zur Wartburg, zum wundervoll gelegenen, noch unter Holtzhauers Leitung wiederhergestellten Schloß Großkochberg, einst Wohnsitz der Frau von Stein, schließlich ein Tanzabend in und um Schloß Belvedere bei Weimar bleiben unvergeßlich.

Zur Erhellung des eben Gesagten möge hier die Ansprache wieder abgedruckt werden, die ich 1973 bei der Eröffnung der Ordentlichen Mitgliederversammlung in Weimar, also vor "West" und "Ost", hielt.

Anknüpfend an das tiefsinnige Distichon aus Goethes und Schillers gemeinsamem Werk, den Xenien,

"Deutschland? Aber wo liegt es? Ich weiß das Land nicht zu finden.

Wo das gelehrte beginnt, hört das politische auf"

führte ich zunächst aus, daß, auch über die "deutsche Frage" hinaus, selbst in einer wissenschaftlichen Vereinigung wie der unsrigen, das Politische, teils hemmend, teils aber auch fördernd, immer gegenwärtig sei. Erfreulicherweise sei es bisher in unserem Kreis gelungen, das Fördernde zur Geltung zu bringen und im mitunter hart geführten Dialog, nicht ohne Opfer, zusammenzubleiben. Dann weiter wörtlich:

"Wir wissen uns alle wohl einig in dem Bestreben, die bisherige Linie unter tatkräftig fortgeführter Ausweitung ins Internationale weiterzuverfolgen. Die Goethe-Gesellschaft ist kein rein deutsches Problem mehr, sie ist ein Faktor im internationalen Geistesleben. Dabei werden wir auch in Zukunft das klare und entschiedene wissenschaftliche Gespräch nicht scheuen. Im Gegenteil, wir werden es noch verstärken in der Gewißheit, daß sich in "challenge" und "response", in Herausforderung und Antwort, die Dialektik des Erkenntnisprozesses vollzieht. Dabei werden wir uns freilich skeptisch der Tatsache bewußt bleiben, daß auch dem bestgedachten Gespräch, der erstrebtesten Verständigung gelegentlich Grenzen gesetzt sind. Mögen Gegensätze sich an- oder gar ausgleichen lassen, Widersprüche können kontradiktorisch, d.h. unüberwindbar bleiben. Das gilt nicht nur "west-östlich", sondern ganz allgemein. Selbst wo Goethe mit all seiner verbindenden Kraft im Mittelpunkt steht, bleiben unterschiedliche Positionen keineswegs aus - da sollten wir

denn lieber Antinomien aushalten lernen, als uns um jeden Preis in illusionären Harmoniegefühlen wiegen zu wollen. Vor Gesprächen, die keine mehr sind, haben uns auch schon die Xenien gewarnt:
"Einer, das höret man wohl, spricht nach dem andern, doch keiner
    Mit dem andern; wer nennt zwei Monologen Gespräch?"
Wenn es wirklich einmal zu diesem monologischen Punkt kommt, dann sollten wir wohl mit Maria Montessori für eine Weile die "Übung der Stille" eintreten lassen und aus der Not gelegentlichen Ausklammerns die noble Tugend rücksichtsvollen Schweigens machen, die übrigens kaum einer so beherrschte und besaß wie Goethe.
Aber das ist nur ein Rezept für den hoffentlich seltenen Sonderfall. Im Normalfall führen wir den Dialog, freuen uns auf ihn und wissen uns dabei von der Mahnung Nathans des Weisen angerufen:
    "Wohlan!
Es eifre jeder seiner unbestochnen
Von Vorurteilen freien Liebe nach!
Es strebe jeder von euch um die Wette,
Die Kraft des Steins in seinem Ring an Tag
Zu legen..."
Lassen Sie mich diese Bemerkungen, mit denen ich die heutige Mitgliederversammlung eröffne, ganz problemlos schließen mit der Feststellung, daß wir alle, woher wir auch kommen, wieder einmal und hoffentlich immer wieder vereint sein können in der schönen Stadt an dem Fluß, von dem es heißt:
"Meine Ufer sind arm, doch höret die leisere Welle,
    Führt der Strom sie vorbei, manches unsterbliche Lied.""
Ich hatte den Eindruck, daß diese Worte eine gute Wirkung zeitigten. Helmut Holtzhauer hat sie ungekürzt im Goethe-Jahrbuch zum Abdruck gebracht. Die Redner aus der DDR ließen davon ab, auf die wissenschaftlichen Beiträge von Westseite mit bereits vorbereiteten marxistischen Kampfparolen zu erwidern.
Selten nur mußten wir die Fahrt von Essen nach Weimar im unbequemen Zug zurücklegen. Meistens nahmen Freunde uns im Auto mit. Die Ortsnamen Herleshausen, wo wir zu Mittag zu essen pflegten, und Wartha wurden gewissermaßen zu Fixpunkten in unserem damaligen Leben. Gleich hinter Wartha grüßte die Wartburg. Daß wir nun, die einst aus Erfurt geflüchtet

waren, in der Heimat als geehrte Gäste mit allem Respekt empfangen und gleichsam feudal stets im Hotel "Elephant" untergebracht waren, nun, das mögen Äußerlichkeiten gewesen sein, aber ich kann nicht leugnen, daß mich diese Art "Heimkehr" mit persönlicher Genugtuung erfüllte.

Einiger besonderen Vorkommnisse während meiner Jahre als Vorstandsmitglied mag hier noch gedacht werden. Dreimal durfte ich für Präsident Professor Wachsmuth die Laudatio halten. Einmal im Goethemuseum in Frankfurt, als die Stiftung F.V.S. ihm die goldene Freiherr-vom-Stein-Medaille verlieh. Dann zu seinem 80. Geburtstag, zu dem übrigens meine Frau und ich unsere erste kurze Flugreise, nach Berlin-Tempelhof, unternahmen. Und drittens zu besonders festlichem Anlaß: Der Bundespräsident hatte Wachsmuth wegen seiner Verdienste um die Goetheforschung und den Zusammenhalt der Goethe-Gesellschaft das Große Bundesverdienstkreuz verliehen. Natürlich konnte Professor Holtzhauer (Weimar) bei dieser Gelegenheit nicht für die Gesellschaft sprechen. So flogen Professor Dr. Jörn Göres von der Anton- und Katharina-Kippenberg-Stiftung, deren Kuratorium Wachsmuth angehörte, und ich nach Berlin. Der feierliche Akt fand im Rathaus Schöneberg statt. Für den Bundespräsidenten sprach Kultursenator Professor Dr. Stein, für die Goethe-Gesellschaft suchte ich Leben und Verdienste des Geehrten ins Licht zu rücken. Es folgte ein Mahl im Rathauskeller.

Es wäre müßig, Zahl und Themen der Vorträge zu nennen, die ich in diesen Jahren an verschiedenen Orten, an einigen vier- bis fünfmal, gehalten habe. Hier nur die kahle Aufzählung der Orte: Bad Harzburg, Bonn, Bremen, Darmstadt, Essen, Hildesheim, Kassel, Karlsruhe, Köln, Mailand, Trient, Weimar (hier im Rahmen der Donnerstagsvorträge der Nationalen Forschungsstätten). In Köln, wo mich 1982 das germanistische Seminar eingeladen hatte, erfreute mich im überfüllten Auditorium die Anwesenheit von 10 Professoren, darunter Schieder, Hinck, Böckmann und Keller - das war fast schon eine kleine Ovation. In Darmstadt überreichte mir der Ortsvereinsvorsitzende, mein Freund Peter Berglar (Professor in Köln), die ziemlich selten verliehene Johann-Heinrich-Merck-Medaille der Darmstädter Goethe-Gesellschaft. In Mailand, wohin auch mein präsumptiver Nachfolger als Vizepräsident, Professor Dr. Jörn Göres, gekommen war und wo sich mein Vortrag an einen Empfang beim deutschen Generalkonsulat anschloß, gelang es uns nicht, eine Art Ortsverein der Goethe-Gesellschaft zu gründen. So war das Beste, wenn ich so sagen darf, an dieser Exkursion nicht Mailand, sondern Verona, wo wir, meine Frau und ich, uns einen Tag der Ausspannung gönnten. Die Piazza Bra und die Piazza delle Erbe boten Ruhepausen bei Pizza und Rotwein, während die Piazza dei Signori das bewundernde Staunen über das einmalige Ensemble der Scaliger-Grabmäler hervorrief. Natürlich lud die römische Arena, heute ein großartiges Freilufttheater, in dem besonders oft Verdis Aida gespielt wird, zu gründlicher Betrachtung ein. Goethes und Heines Beschreibungen des ehrwürdigen Bauwerks waren mir im Gedächtnis, die erstere ein Zeugnis reiner klassischer, die zweite ein unverwechselbares Denkmal romantisch bewegter Darstellungskunst, grundverschieden in ihrer Art. Selbstverständlich haben wir auch im stimmungsvollen Höfchen unter Julias (angeblichem) Balkon gestanden. Wir kauften eine schöne Ansichtskarte davon, die mehrsprachig den Gegenstand des Abgebildeten angab. In schlichtem Deutsch stand da "Julchens Balkon"! O Shakespeare, o Romeo und Julia!

Die kleine, aber rührige Ortsvereinigung in Bad Harzburg wünschte die Anwesenheit eines Vorstandsmitgliedes der Muttergesellschaft, das die Enthüllung der von ihr gestifteten Gedenktafel für Goethe am berühmten hochgelegenen Torfhaus vornehmen sollte. Ich wurde gebeten, diesen feierlichen Akt zu vollziehen, und ich tat es gern. Es war ein regnerischer Tag, fast noch winterlich. Der Blick auf den nahegelegenen "Brocken", von dem uns die Zonengrenze trennte, war völlig verhangen. Gerade dies vielleicht, dazu Eberhard Völkers gelungene Interpretation von Goethes Gedicht "Harzreise im Winter" ließ eine Stimmung aufkommen, die mich etwas von den Gefühlen Goethes bei jener gefährlichen Tour nachempfinden ließ.

In Düsseldorf sprach ich nicht nur mehrmals im Goethe-Museum, sondern auch einmal in dem berühmten Industrieclub. Das Thema lautete (wie auch in Köln und Bonn) "Goethe als Staatsmann und Cameralist". Der Vortrag fand viel Beifall. Das nachfolgende Festmahl war nach Rezepten von Goethes Mutter bereitet. Das war ein hübscher Gedanke, aber zwischen Idee und Wirklichkeit klafft eben doch ein Unterschied. Dafür war das Honorar das weitaus höchste, das ich jemals für einen Vortrag erhielt.

Nur diese paar Streiflichter zu kleineren und größeren Erlebnissen, die ich während meiner aktiven Zeit in der Goethe-Gesellschaft hatte. Aus ihrem Vorstand habe ich mich entgegen dem Wunsch des Präsidenten 1979 zurückgezogen, um, nunmehr selbst 73jährig, Jüngeren Pflicht und Ehre zu überlassen.

24. REISEN

Mein Beinleiden nötigte mich zu Kuraufenthalten. Vor dem Krieg und während desselben suchte ich Heilung oder doch Besserung in Oberschlema (Radiumbad) und den Bädern Liebenstein, Salzschlirf, Wildbad und Füssen. Nach der Übersiedlung in den Westen (1948) sahen uns Bad Berneck, Bad Zwischenahn und mehrmals Badenweiler als Kurgäste, im Grunde erfolglos. So riet der Arzt zu schlichten Erholungsaufenthalten, wozu sich auch die Kurorte nach unserem Geschmack bestens eignen. Badenweiler ließ uns das paradiesische Oberrheingebiet, das Dreiländereck um die großen gotischen Dome von Freiburg, Basel und Straßburg, gründlich kennen und lieben. Freunde nahmen uns im Wagen mit durch das abwechslungsreiche Land. Basel bleibt in vielfacher Erinnerung, ebenso, wenn auch auf andere Weise, die lothringische Festung Belfort, ein vom Ersten Weltkrieg her bekannter häßlicher Ort, und Le Corbusiers hochgelegene Wallfahrtskirche Ronchamps, damals ziemlich neu und von ganz eigener Art - welcher Gegensatz zu den drei großen mittelalterlichen Gotteshäusern! Sehr angetan hatte es uns - lang ist's her - Baden-Baden mit seiner Lichtentaler Allee an der forellenreichen Oos und den Fahrten in die weinfrohe Ortenau mit ihren reizvollen Dörfern wie Varnhalt und Neuweier. Mitunter lief aber Oberbayern, zumal der Tegernsee mit der gleichnamigen Klosterstadt sowie mit Rottach-Egern, Bad Wiessee (Abwinkel) und Kreuth, auch den Fahrten auf dem See, dem Schwarzwald den Rang ab. Bei Bachmayr an der Weißach tagte Rotary, wo es zu schönen Begegnungen kam. Beim letzten Mal war aber alles schwerer. Ich litt an Schmerzen, und meine Frau begann ersichtlich zu kränkeln; auch war die Quartierfrage diesmal schlecht gelöst. Hatte ich zu ihrem 80. Geburtstag (1982) noch vor zahlreichen Gästen ihre Kraft und Gesundheit gerühmt, so legte sich bald danach eine allgemeine Erschöpfung über sie, äußerte sich in Schwindelanfällen, schmerzhaften Stürzen, zwang 1984 zum Krankenhausaufenthalt. Letzte Reisen führten nur noch in die Nähe. Das hübsche Bad Neuenahr konnte sie 1986 noch - in Grenzen freilich - genießen. Im Herbst des gleichen Jahres begann nach einem Sturz und Oberschenkelbruch der letzte lange Klinikaufenthalt, und nach einem halben Jahr des Nachlassens der körperlichen und geistigen

Kräfte erlöste die 84jährige nach tapferem, durch die Sorge um mich noch verdüstertem Kampf der Tod.

Doch zum Schluß dieses Abschnitts noch einmal ein Blick zurück in rüstigere Jahre mit gemeinsam erlebten besonderen Höhepunkten. War Lappland der nördlichste Punkt Europas, so Sizilien der südlichste, den wir bei vollen Kräften besuchten und erkundeten und den ich am Ende dieses Reisekapitels aus dem Gedächtnis hervorzuholen versuche, so wie wir es ganz persönlich erlebten. Zuerst die von einer Reisegesellschaft veranstaltete große Tour Rom - Florenz - Venedig. Immerfort den Baedeker heranziehend, wies uns der junge Reiseleiter die ihm offenbar bis dahin selbst unbekannten obligatorischen Sehenswürdigkeiten in einer Art verlegener Freundlichkeit, die wir gut Vorbereiteten lächelnd erduldeten.

Unser Hotel, nur wenige hundert Meter vom Petersplatz entfernt (mit Namen "Columbus"), war ein umgebauter Palast der Ritter vom Heiligen Grabe. Auf dem Petersplatz standen wir u.a. am Sonntag ab 12 Uhr lange in der Menge in Erwartung des Erscheinens von Papst Johannes XXIII., der für seine Unpünktlichkeit bekannt war. Ich unterhielt mich derweil auf Lateinisch mit ein paar Priestern; das ging schon, aber was für ein Latein sprachen sie! Uns erstaunte, mit welcher Unbekümmertheit, ja Ungehörigkeit die Wartenden mit ihren Autos ein Hupkonzert veranstalteten, um das Auftauchen des Papstes an dem bekannten Fenster des Palastes zu erzwingen. Schließlich mit Erfolg, aber der kleine, korpulente Kirchenfürst hoch droben war nur schwer zu erkennen.

Sinnvoll und lohnend war die erste Führung, vom Petersplatz aus auf den Gianicolo mit seinen Palästen, Gärten und Ausblicken über die Stadt zu den Albanerbergen. Eine Treppe führte steil hinunter in den Stadtteil Trastevere, der damals noch ziemlich "echt" war mit den ärmlich engen Gassen, wo die Wäsche aufgespannt zwischen den Häusern hing. Die Kirche "Santa Maria in Trastevere" überraschte mich durch die geschickte Verwertung antik-römischer Säulen als tragende Bauelemente.

Catull wurde gegenwärtig, denn in dieser Gegend stand der turmartige Palast der Familie der Clodier, der die berühmt-berüchtigte Clodia entstammte, die der bitter enttäuschte Dichter als seine Geliebte, Lesbia, besang. Mit den Gedichten des so schwer betrogenen Liebenden, die sich zu einem tragischen Roman zusammenfügten, hatte ich einst, selbst bewegt, die Schülerinnen der Maria-Wächtler-Schule fast zu Tränen gerührt.

Auf der Engelsburg, dem im Mittelalter von bedrohten Päpsten zur Festung ausgebauten Grabmal Hadrians, lud ganz oben ein hübsches Café mit weitem Ausblick zum Frühschoppen ein. Im übrigen tranken wir in Rom meist Frascati, doch auch den von Horaz besungenen Falerner konnte man bekommen. In Florenz trank man Chianti, in Venedig Valpolicella.

Wir nahmen uns, die Gruppe verlassend, gern die Freiheit zu eigenem Entdecken. Mehrmals besuchten wir das Forum Romanum. Vor der Reise hatten wir es an Hand von Fachliteratur studiert, und diese Vorkenntnisse konnten wir nun an Ort und Stelle so vertiefen, daß ich damals alle Monumente der Antike, die dort wie in einem verwilderten Garten standen, genau hätte "orten" und erklären können. Horaz war mein Begleiter - "Ibam forte via sacra" -, wenn ich auf dem wohlerhaltenen alten Pflaster die heilige Straße durchwanderte und dann den Clivus Capitolinus erklomm wie einst der Dichter, wenn er den Hohepriester mit der Vestalin zum Fest das Capitol vom Forum aus ersteigen ließ: "scandet cum tacita virgine pontifex". Über die vornehmlich Michelangelo zu dankende spätere Gestaltung des Capitols hier nichts weiter. Seltsam aber doch, welche Eindrücke sonst haften blieben. Das "sacro bambino" in der Kirche Santa Maria in Capitolio, eine eigentlich eher kitschige puppenartige Nachbildung des Christuskindes, rührte uns wegen des festen Glaubens der einfachen Bevölkerung, der sich in den zahllosen Bitt- und Dankbriefen aussprach, die das heilige Kind umgaben, ja fast erdrückten.

Auf dem Weg zur Via Appia Antica, wo wir eine der Katakomben besuchten, kam man, bevor man das Tor der Aurelianischen Mauer erreichte, durch ein Gelände von Gärten und Villen. Lag nicht hier einst die Villa des älteren Scipio, in der Cicero in zwei Schriften jene Gesprächsrunden stattfinden läßt, in denen "Laelius de amicitia", "Cato de senectute" philosophieren?

Die Spanische Treppe hätten wir fast verfehlt, so sehr war sie zu jener Frühlingszeit mit Blumen (Azaleen) vollgestellt, die nur noch einen schmalen Aufstieg zur Kirche ss. Trinità dei Monti frei ließen. Der vor ihr stehende Obelisk hatte im Altertum die längst in einem Häusermeer aufgegangenen Gärten des Sallust geziert. Dessen Schrift "De Catilinae coniuratione" habe ich als Gegenstück zu Ciceros einschlägigen Senatsreden im Unterricht oft behandelt. Die Curia des Senats am alten Platz auf dem Forum, einst vernichtet, hat man - m.E. ein guter Einfall - genau am ehemaligen Ort nachgebildet - ein nüchterner Bau, zu dessen Erfüllung mit Leben man einiger Phantasie bedarf. Die Stätte der Rostra, wo einst Cicero zum Volk sprach und Mark Anton seine Trauerrede auf den ermordeten Caesar hielt, die Shakespeare dann viel später zu einem Kernstück im Trauerspiel "Julius Caesar" gestaltete, lag nahe dabei auf dem Forum.

In unmittelbarer Nachbarschaft der Spanischen Treppe saßen wir an einem der gleichen alten Marmortischchen, an deren einem 1786/88 Goethe, der seine Wohnung am nahe gelegenen Corso hatte, meist wohl mit seinen Freunden manche Stunde verbracht hat, mehr zum Gespräch als zu materiellen Genüssen.

Genug! Es sollten ja nur ein paar ganz persönliche Impressionen, die fast ausschließlich dem antiken Rom galten, hier wiedergegeben werden. Über die vielen prächtigen und je in ihrer Art verschiedenen Kirchen, die wir natürlich besichtigten, mag fast jeder Romreisende mehr erzählen können als gerade wir. Unsere Verwunderung galt aber auch solchen Details wie den zahllosen Katzen und dem traditionsträchtigen "SPQR" ("Senatus populusque Romanus") auf so profanen Objekten wie den Kanalisationsdeckeln.

In den Uffizien in Florenz erging es uns ähnlich wie in den Vatikanischen Museen: die Überfülle der Schönheiten erdrückte uns. Florenz selbst ist in seinem Stadtkern ein Kunstwerk für sich. Schon damals war die Stadt vom Verkehr überlastet, was den Genuß der Betrachtung schmälerte. So drängte es uns "aus der Straßen quetschender Enge" hinaus ins Freiere. Die Boboligärten am Palazzo Pitti erstaunten mich mit ihren hochragenden Wänden aus Baum- und Buschwerk, ein gartenarchitektonisches Wunder. Am stärksten haftet in der Erinnerung die Fahrt hinauf, zwischen Gärten, Villen, Palästen, Parks, nach Fiesole, dem alten Faesulae, wo der Schulmann in mir an das in Ciceros catilinarischen Reden so oft erwähnte Lager des Manlius, des Söldnerführers des hart bekämpften Revolutionärs Catilina (die "Castra Manliana") denken mußte. Es mag da gestanden haben, wo nunmehr die Überreste eines antiken Theaters, durch welche grüne Eidechsen huschten, zu sehen sind, es auch ein kleines Etruskermuseum zu besichtigen gab. Wir versäumten es nicht, den schmalen Steig zum kleinen Franziskanerkloster auf der Bergspitze hinaufzusteigen. Ein uralter Mönch war gerade dabei, im Klosterhöfchen die Vögel zu füttern wie zu seiner Zeit der Heilige Franz persönlich - Zufall oder eine für den Besucher inszenierte Show? Jedenfalls nach der Hektik der Stadt, die drunten wie im Nebel lag, ein geruhsames Idyll, eine Szene wie aus einer anderen Welt.

Venedig war die letzte Station dieser "Bildungsreise". Natürlich zollten wir der Serenissima den gebührenden Tribut an staunender Bewunderung. Schon die Lage unseres Hotels ließ uns die verschlungene Welt der kleineren Kanäle in der Lagunenstadt erleben. Wir absolvierten, bereits etwas ermüdet von der Fülle der hinter uns liegenden Eindrücke, die uns besonders wichtig erscheinenden obligaten Besichtigungen. Am Markusplatz im Café zu sitzen, den in seiner orientalischen Eigenart ungemein prächtigen Markusdom, auch den geflügelten Löwen vor Augen, das war in den knappen Stunden, in denen die Sonne den wolkenverhangenen Himmel einmal durchbrach, schon ein rechter Genuß. Aber der ganze Venedig-Aufenthalt war durch einen scharfen, kalten Regenwind getrübt, der von der Adria wehte, uns den Staub ins Gesicht blies und die Tauben vom Platz in den Schutz der zahllosen Ekken und Winkel der Kirche trieb, wo sie ihr das Mauerwerk zerfressendes schnödes Werk verrichteten, dessen Spuren sich in weißlichen Streifen die Wände herabzogen.

Genug und übergenug: es ist wohl doch so, daß die erste große Italienreise die tiefsten Eindrücke hinterläßt und sich am stärksten ins Gedächtnis eingräbt.

Zur "Erholung" vom Trubel meines 65. Geburtstags verbrachten wir 1971 einige Wochen im Kurort Rapallo, einer netten Kleinstadt an der Riviera di Levante. Hier war 1922 zwischen dem deutschen Außenminister Rathenau und seinem sowjetrussischen Kollegen Tschitscherin jener Vertrag abgeschlossen worden, der die Welt aufhorchen ließ, weil er die Beziehungen zwischen beiden Staaten auf eine neue, ihr Verhältnis nach dem Ersten Weltkrieg normalisierende Grundlage stellte. In der Nähe der Stadt lagen zwei reizende kleine Kurorte, Portofino und Santa Margherita, die wir - am Hotel Excelsior vorüber, wo fast fünfzig Jahre vorher jenes Abkommen ausgehandelt worden war, - mit dem Omnibus auf kurvenreicher, teilweise von Felsen eng umgebener Strecke am Nachmittag oft ansteuerten. Nachdem wir in dem luxuriösen, von deutschen Touristen weniger besuchten Portofino vom Vorplatz einer hochgelegenen Kirche aus den Ausblick weit hinaus aufs Meer zu den Yachten und Fischerbooten genossen hatten, sahen wir dann jene Boote mit ihrer reichen Beute an Fischen und sonstigen Meeresfrüchten (z.B. Tintenfischen) in Santa Margherita anlanden. Es entwickelte sich dann ein reges Treiben. Die Boote wurden entladen, ihr wertvoller Inhalt wurde zu den zahlreichen Verkaufsständen gebracht, für den Verkauf fertig gemacht und unter Stimmengewirr und lebhaften Gesten so frisch wie möglich von den Küchenchefs erstanden, um alsdann die gastronomischen Tafeln zu zieren. Ein pittoreskes Bild. In all dem Gewimmel pflegte ein Priester in der langen Soutane ruhig einherzuwandeln, die Hände über dem Bäuchlein gefaltet, milde lächelnd, das lebhafte Lokalkolorit antinomisch ergänzend.

Unsere letzte längere Italienreise führte uns - per Flug nach Catania - in das primaveravergoldete Taormina. Unvergeßlich, "das Land der Griechen mit der Seele suchend", das stundenlange Verweilen in den Überresten des schon von Goethe besuchten Theaters und weiter oben auf der sogenannte "Piazza Wunderbar" in der Sonne mit dem Blick auf den schneebedeckten Ätna, aus dessen Kratern ein feiner weißer Rauch zum Himmel stieg.

Eine Omnibusfahrt führte uns durch einen wahren Garten Eden, mit teils blühenden teils früchtetragenden Zitronen-, Mandel- und Haselnußplantagen, und schraubte uns dann hinauf zum Ort Castiglione di Sicilia. Welcher Gegensatz! Hoch über dem Dorf die festungsartige Burg, vor der Kirche eine Gruppe böse blickender Männer, offenbar unwillig, Gegenstand der Betrachtung zu sein, fast Angst einflößend. Frauen sah man nicht auf der Straße: sie saßen in den Haustüren, mit dem Rücken nach draußen, und fertigten Handarbeiten. Auf der Rückfahrt kamen wir durch die Lavafelder von Linguaglossa, eine finster schwarzgraue Wüste. Catania war reich an alten Palästen, zeigte aber fast überdeutlich die Spuren des Verfalls. In Messina dagegen hatte das große Erdbeben von 1908 sein grausames Werk so gründlich verrichtet, daß die Stadt den Besucher enttäuschte. Meine Hauptlektüre in diesen Wochen: Lampedusas "Leopard".

25. "RUHESTAND"

Natürlich machten diese Reisen nur einen Bruchteil der Zeit nach der Versetzung in den Ruhestand aus. In ihrem Hauptteil, dem "schöpferischen", war sie der wissenschaftlichen und schriftstellerischen Tätigkeit gewidmet, frei und unbehindert, für mich zugleich die beste Therapie an gesundheitlich belasteten Tagen.

Schon kurz nach der Pensionierung übernahm ich die Herausgeberschaft des Jahrbuchs "Die Heimatstadt Essen" (1971-1980), wobei mir die Unterstützung, ja die Mitarbeit des Verlegers, Herrn Fritz Müller, zur Verfügung stand. Das Wort Heimat hatte damals, da durch den Ungeist des Nationalsozialismus noch immer belastet, keinen guten Klang. Mir aber war inzwischen Essen, wo meine Frau geboren war und wo ich nunmehr, aufs Ganze gesehen, weit mehr als die Hälfte meines Lebens verbracht habe, im vollen Wortsinn zur zweiten Heimat geworden. Zwischen 1931, als ich Essen noch ganz als Kruppstadt und als "Kohlenpott" mit über zwanzig Zechen in Stadt und Umgebung, kaum dem Pionierzeitalter der Großindustrie entwachsen, kennengelernt hatte, und den 70er Jahren hatte sich, nicht ausschließlich durch die furchtbaren Kriegszerstörungen, hier ein fundamentaler Wandel angebahnt beziehungsweise schon vollzogen. Die Großindustrie hatte ihre Monopolstellung verloren; viele kleinere Betriebe waren hinzugekommen. Gewiß, Krupp blühte mit seinen verschiedenen Produktions- und Handelsformen weiter. Aber auf dem Boden der Stadt Essen arbeitete nur noch ein einziges Bergwerk, die Zeche Zollverein, und auch deren Tage waren gezählt. Der Kohlebergbau hat sich immer weiter nach Norden verzogen: Recklinghausen, das Emschergebiet, die Haardt, auch das Emsland können heute wohl als die wichtigsten Abbaugebiete gelten. Dagegen hat Essen mit seinen zahlreichen Vororten längst seinen Ruf als "Die Einkaufsstadt" erworben. Handel und Wandel blühen, trotz sinkender Einwohnerzahl.

Mich interessierte diese Entwicklung sehr. So rückte mir auch Essens frühere Geschichte, die der beiden Fürstabteien Essen und Werden, bis hin zur Moderne - das Ganze ein in Deutschland fast einmaliger Großstadtwerdungsprozeß - einschließlich politischer, Verwaltungs-, Kultur- und selbstverständlich Wirtschaftsgeschichte immer stärker ins Bewußtsein. Die häufigen Dienstfahrten, die mich während meiner Zeit als Leiter des Studienseminars mit der Straßenbahn in fast alle Stadtteile geführt hatten (vgl. oben S.

176), hatten meinen Blick geschärft. Bis weit in die sechziger Jahre hinein kannte ich mich in Essen aus.

So war ich befähigt, jenes Jahrbuch nicht nur als Herausgeber zu betreuen, wobei sich eine gute Zusammenarbeit mit dem Ruhrlandmuseum ergab, sondern auch viele Beiträge selbst beizusteuern. Auch an Größeres wagte ich mich. In der Sammlung des Düsseldorfer Droste-Verlags "Städte, so wie sie waren" gab ich für einen breiteren Leserkreis zwei chronologisch aufeinanderfolgende Bild- und Textbände "Essen, so wie es war" heraus, die ungewöhnliche Beachtung fanden und noch heute regen Absatz finden. Freilich haben sie in gewisser Weise auch den Anstoß dazu gegeben, daß sich in der Folge zahlreiche Federn regten, um Essens frühere und neuere Geschichte, im ganzen wie besonders in bestimmten Details, aufzuhellen und bekannt zu machen. Auch die Tagespresse hat sich dieser Thematik eifrig angenommen.

Als eine eindrucksvolle Gabe brachte zu meinem 75. Geburtstag der Buchhändler Erich Scharioth unter dem Titel "Essener Miniaturen" in einer von Professor Hermann Schardt künstlerisch gestalteten Form eine limitierte Auswahl meiner wichtigsten Aufsätze heraus. Ein wirklich schönes Buch! Alles zusammen eine Homage an Essen, amtlicherseits kaum gewürdigt.

Konnten sich diese meine Arbeiten über Essen zwar auf wissenschaftlichem Boden bewegen, jedoch nur in einigen bestimmten Punkten auf eigene wissenschaftliche Forschung stützen, so blieb ich immer Forscher im speziellen Wortsinn auf meinem ältesten und breitgelagertsten Arbeitsfeld: Goethes Leben, Wirken und Umwelt, das Weimar der Klassik - jene kleine und zugleich große Welt also, in der ich mich in langen Jahren, genau seit 1937, ganz heimisch gemacht hatte.

Hier setzte meine größte zusammenhängende wissenschaftliche Arbeitsperiode an. Durch die beiden großen Editionen (vgl. oben S. 84 ff.) war im wesentlichen das Feld bestellt, auf dem ich jetzt in Gestalt kritisch-darstellender Bücher und Aufsätze (so z.B. in der Historischen Zeitschrift) die Ernte einbringen konnte. So brachte ich, wieder bei Böhlau, in der Reihe der Mitteldeutschen Forschungen eine weitere inhaltlich ziemlich in sich geschlossene Aufsatzsammlung "Das klassische Weimar und das große Zeitgeschehen" heraus, die u.a. in der großen Schweizer Presse - "Neue Zürcher Zeitung", "Die Tat" - ausführliche Rezensionen erlebte. Günther Franz übernahm in seine bekannte Sammlung "Persönlichkeit und Geschichte"

(Musterschmidt Göttingen) meine kleine Monographie "Goethe als Staatsmann".

Mein größtes und, wenn man so will, kühnstes Vorhaben stand aber noch vor mir. Ich ging es, nun über siebzigjährig, langsam und nach gründlichen Vorüberlegungen an. Willy Andreas hatte sich einst vorbehalten, als Krönung sämtlicher Teilveröffentlichungen, die im Rahmen des Carl-August-Werkes und in seiner Nachfolge erschienen waren und noch erscheinen würden, eine groß angelegte Biographie Carl Augusts von Weimar, in dem er mit Recht Deutschlands bedeutendsten kleineren Fürsten um 1800 (reg. 1775 bis 1828) erkannte, zu erstellen. Nur *einen* Band, Carl Augusts Jugend umfassend, hatte er 1953 zur Veröffentlichung bringen können: "Carl August von Weimar. Ein Leben mit Goethe. 1757 bis 1783". Mitten in den Vorbereitungen zur Fortsetzung starb er 1967. Das Werk, mit so großem Aufwand angelegt und vorbereitet, durfte kein Torso bleiben. Andererseits konnte es aber auch nicht von anderer Hand einfach so fortgesetzt werden. Nach der Ausführlichkeit des Bandes mußte man annehmen, daß das Gesamtwerk von seinem Autor auf drei Bände (mindestens!) veranschlagt worden war. Noch fehlte fast das gesamte politische Wirken des Fürsten! Ein so monumentales Opus war sachlich (und natürlich auch vom Absatz her) in den 70er Jahren unseres Jahrhunderts schlechterdings nicht mehr tragbar. Auch hatte Andreas seinen ganz persönlichen Schreibstil. Dieser war nicht nachahmbar, zeigte auch Merkmale eines Zeitgeschmacks, der in dieser Form 20 Jahre später kaum noch Bestand hatte. So entschloß ich mich, eine einbändige Biographie des Herzogs ganz nach meinen eigenen Vorstellungen und mit meinen Mitteln zu schreiben. Für die Jugendjahre wurde von mir selbstverständlich Andreas' faktenreiches Buch verwertet - das Wesentlichste auf relativ wenigen Seiten. Für den Landesherrn und den Politiker Carl August hatte ich mir selbst im "Politischen Briefwechsel" das Fundament gelegt. Ergänzend trat anderes hinzu. Die Hauptsache war die Art der Gestaltung. Ich entwickelte meinen eigenen Erzählstil, mit dem ich den langen Atem einer großen historisch-politischen Biographie angemessen durchhalten konnte. So kam 1978 mein Buch "Carl August von Weimar, Goethes Freund. Eine vorwiegend politische Biographie" im Verlag Klett-Cotta heraus. Das Werk ist, durch Rezensionen wie die von Peter Berglar in der "Frankfurter Allgemeinen" gefördert, seinen Weg gegangen, hat seinen

Gegenstand wie seinen Autor bekannt gemacht, sofern sie es nicht schon waren.

Als Nebenfrüchte dieser Hauptarbeit brachte ich für die Freiherr-vom-Stein-Gesellschaft zwei anziehend gestaltete, mit Bildern reich geschmückte Schriften heraus: "Der Freiherr vom Stein und Carl August von Weimar" und "Ernst August Freiherr von Gersdorff. Reformminister im klassischen Weimar. Ein Schüler des Feiherrn vom Stein". Ich hatte und bereitete Freude mit diesen monographischen Miniaturen.

Bei meiner letzten, kleineren Quellenedition "König Ludwig I. von Bayern und Caroline von Heygendorff in ihren Briefen 1830-1848" steht zwar Carl August im Hintergrund, doch bleibt er immer auch irgendwie gegenwärtig. Der bisher unbekannte Briefwechsel wird hier nach Originalen (im Wittelsbacher Hausarchiv bzw. im Heygendorffschen Familienbesitz) erstmals veröffentlicht und interpretiert. Die Beziehung geht auf Mannheimer Jugenderlebnisse während des Ersten Koalitionskrieges zurück, als der damals achtjährige Prinz Ludwig zu der neun Jahre älteren Gesangsschülerin Caroline Jagemann eine Zuneigung faßte. Erst nach dem Tode des Großherzogs Carl August von Weimar (1828), als dessen Geliebte Caroline längst (1809) in den Adelsstand (Frau von Heygendorff) erhoben worden war, nahm der nunmehrige König Ludwig I. von Bayern die Verbindung wieder auf. Während Ludwigs Verhältnis zu den Frauen sonst nachsichtigster Beurteilung bedarf, klärt sich diese Korrespondenz zum schönen Zeugnis einer auf ehrlicher Zuneigung beruhenden seltenen Altersfreundschaft, die erst nach Ludwigs Abdankung mit dem Tode der 71jährigen Caroline von Heygendorff endete. Den Inhalt bilden neben Jugenderinnerungen und Privatem die Weimarer Klassik und Nachklassik, Ludwigs Kunstbestrebungen, Goethes Theaterleitung, Carl Augusts Poesieverständnis, das Weltgeschehen im Vormärz, bis hin zur Lola-Montez-Affäre, von der sich Caroline deutlich distanzierte.

Das Jahr 1984 förderte zwei wichtige Buchveröffentlichungen von mir zutage. Mein schon lang eingereichtes Kapitel "Die Zeit Carl Augusts von Weimar" kam endlich als ein Bestandteil der mehrbändigen, von Hans Patze und Walther Schlesinger betreuten "Geschichte Thüringens" im Rahmen der Mitteldeutschen Forschungen ans Licht. Sämtliche thüringischen Staaten und die unter fremder Herrschaft stehenden, aber geographisch-volksmäßig zu Thüringen gehörenden Gebiete werden darin behandelt, fast einen selbständigen Teilband (V, 1,2) füllend. Es war das das einzige Mal, daß ich in einer großen Autorengruppe, also einem "Teamwork", mitarbeitete. Die alten Freunde Facius, Franz, Huschke, Patze und ich begegneten sich dabei und zollten der Heimat den wissenschaftlichen Tribut.

Mein bisher letzterschienenes Buch hat schon rein äußerlich vom Verleger Dietrich Pfaehler eine besonders attraktive Gestalt erhalten, was sich nicht nur auf die ca. 150 zum Teil ganz unbekannten Abbildungen und Kunstdrucktafeln bezieht. Es ist vielleicht auch sonst in mehrfachem Sinn mein "schönstes" Buch. Unter dem Obertitel "Und der Gelegenheit schaff' ein Gedicht" sind hier "Gedichte Goethes an und über Persönlichkeiten seiner Zeit und seines politischen Lebenskreises" zusammengestellt und ausführlich erklärt: eine Gruppe von 61 Gelegenheitsgedichten, teils konventionell, öfter festlich-repräsentativ, mitunter volkstümlich, häufig ganz persönlich im Ton. Die Anlässe sind verschieden, auch der dichterische Wert. Gedichte von höchster Qualität sind ebenso berücksichtigt wie solche von geringerer literarischer Bedeutung, die in den Ausgaben sonst oft hintanstehen müssen. Gemeinsam ist allen die große Aussagekraft über Goethe selbst, seine amtliche Tätigkeit, seine Mitwelt und seinen politischen Lebenskreis. Das Buch ist in fünf Kapitel gegliedert. An erster Stelle steht mit 15 Gedichten Carl August von Weimar, Zeugnisse einer langen Lebensfreundschaft. Es folgen Carl Augusts Familie und, von teilweise heiklem politisch-geschichtlichem Rang, die "Karlsbader Kaisergedichte". Zahlreich sind auch die dichterischen Widmungen an den Weimarer Kollegen- und Freundeskreis sowie an namhafte Zeitgenossen im weiteren Umfeld. Der Bildteil dient nicht nur dem Schmuck, er vertieft den Inhalt eines Werkes, in dessen Autor der Germanist und der Historiker einander die Hand reichen.

Auf Seitenwegen, d.h. abseits von meiner gewohnten Thematik, bewegt sich meine kleine Studie "Deutschland, Deutschland über alles. Zur Entstehungsgeschichte und Problematik unserer Nationalhymne". Wiewohl fest davon überzeugt, daß es richtig ist, wenn wir heutzutage bei öffentlichen Anlässen die mißverständliche erste Strophe nicht singen, suchte ich in dem Schriftchen den Nachweis zu erbringen, daß die Strophe zur Zeit ihrer Entstehung (durch Hoffmann von Fallersleben 1841) einen außenpolitisch eher harmlosen Charakter hatte: sie war in erster Linie gegen den innerdeutschen Partikularismus gerichtet, den dann Bismarck, freilich anders, als es sich Hoffmann gewünscht hatte, 1870/71 überwand. Die in der Strophe genannten Grenzen (Maas, Memel, Etsch, Belt) waren zur Zeit des Deutschen Bundes legitim bzw. doch durchaus vertretbar.

Häufig muß ich bemerken, daß diese Schrift wie übrigens auch andere Produkte meiner wissenschaftlichen Arbeit in Reden und Büchern anderer fast wörtlich verwertet werden, ohne daß die Quelle zitiert wird. Nun, sei's drum! Natürlich wünschte man sich das anders. Aber man kommt doch mehr und mehr zu der Erkenntnis, daß der schönste Lohn der Arbeit in dieser selbst liegt.

So richtig diese Erkenntnis ist und so sehr ich sie mir zu eigen machen möchte, so kann ich doch nicht leugnen, daß Anerkennung mich erfreut. Sie ist mir nicht nur in Gestalt von Zuschriften und Rezensionen bis heute reichlich zuteil geworden, sondern beglückte mich auch an hohen Geburtstagen. Nur ein Beispiel: der 70. Geburtstag!

Obwohl 1976 einige meiner Hauptschriften, so die Biographie Carl Augusts, noch gar nicht erschienen waren, gestaltete sich der Tag (12. März 1976) zu einem an Ehrungen reichen Höhepunkt. Nicht nur die große Zahl der Besucher erstaunte mich. Es wurden mir auch, mit gehaltvoller Rede, sichtbare Zeichen der Wertschätzung dargebracht. Der Präsident der Goethe-Gesellschaft, Professor Dr. Karl-Heinz Hahn, war aus Weimar gekommen und überreichte mir mit besonders warmherzigen Worten "als dem unermüdlichen Forscher und Editor als Dank und Anerkennung für sein umfassendes Gesamtwerk zur Geschichte der politisch-gesellschaftlichen Umwelt und der politischen Wirksamkeit Goethes ihre höchste Auszeichnung, ihre Goldene Medaille" (so in der prächtigen Urkunde). Die Universität zu Köln war durch Professor Dr. Theodor Schieder und Professor Dr. Dr. Peter Berglar vertreten. Dieser kündigte die mir gewidmete Festschrift "Staat und Gesellschaft im Zeitalter Goethes" an, die dann im folgenden Jahr in bester Aufmachung erschien. Ich kann es mir nicht versagen, eine Passage aus seinem Vorwort zu zitieren: "Sein [Tümmlers] eigentlicher Arbeitsplatz hieß die Schule... Jahrzehntelang hat er den opferreichen und in den letzten Jahren seiner Amtszeit immer schwerer werdenden Dienst des schulischen Alltags getan, und er hat gleichsam "nebenbei" in seiner "Freizeit", das heißt aber unter größten Mühen, härtesten Anstrengungen, eiserner Selbstdisziplin, sich die großen wissenschaftlichen Leistungen abgerungen, die ihm für immer einen hervorragenden Platz in der deutschen und internationalen Goetheforschung und auch ganz allgemein in der deutschen Geschichtswissenschaft der Nachkriegszeit sichern. So gesehen haben wir es in Hans Tümmler mit einer der letzten großen Gelehrtengestalten der durch und durch freien Selbstbestimmung und der individuellen Eigeninitiative zu tun." Die von Berglar als Herausgeber betreute Festschrift ist ein schmuckes, wenn ich so sagen darf "hochkarätiges" Buch, zu dem durchweg namhafte Gelehrte, darunter acht Professoren, vielbeachtete, irgendwie mit meinem Lebenswerk verwandte Beiträge lieferten.

Jörg Brena (eigentlich: Prinz Georg von Sachsen-Weimar; vgl. oben S. 205 f.) überbrachte mir als Geschenk der großherzoglichen Familie ein wohlerhaltenes Exemplar des Hausordens "Vom Weißen Falken oder von der Wachsamkeit", den einst Carl August, Goethe und Voigt getragen hatten. Dr. Arendt übergab mir die selten verliehene "Herman-Haupt-Medaille der Gesellschaft für burschenschaftliche Geschichtsforschung". Last, not least: Gegen Ende des Empfangs überbrachte Essens Bürgermeister das mir vom Bundespräsidenten "in Anerkennung der um Staat und Volk erworbenen besonderen Verdienste" verliehene Bundesverdienstkreuz Erster Klasse, das m.W. nur relativ wenige Schulmänner erhalten haben. Die Laudatio bezog sich hauptsächlich wieder auf meine Arbeiten zur Klassik.

Das Ganze war von zahlreichen Glückwunschreden begleitet, von denen ich, neben den guten Worten Hahns, Berglars und Schieders, besonders die zu Herzen gehenden Worte meines Amtsnachfolgers an der "Burg", Oberstudiendirektor Dr. Wolfgang Zerwes, noch erwähnen möchte.

Ich muß wohl den Leser ausdrücklich um Verständnis dafür bitten, daß ich diesen Geburtstag so ausführlich beschreibe, dessen Verlauf so stark vom 70. Geburtstag des "redlichen Tamm", der ihn "auf die Postille gebückt zur Seite des wärmenden Ofens" (Johann Heinrich Voß) feierte, abwich. Man erlebt einen solchen Tag, an dem sich soviel Erfreuliches zusammendrängt und den meine damals noch gesunde Frau mit all ihrer Liebe ausstattete, nur einmal - unbeschadet der Erfreulichkeit anderer hoher Geburtstage. Was hier vielleicht als Angeberei erscheinen könnte, ist doch mehr als Ausdruck des Dankes für ein Leben gemeint, das mich in vielerlei Hinsicht begünstigt hat.

26. SCHLUSSWORTE

Habe ich, nun 87 Jahre alt, recht daran getan, diese Erinnerungen aufzuschreiben und zu veröffentlichen? Ich denke doch. Gewiß, ich bin nicht zu den Höhen allgemeiner Prominenz emporgestiegen, habe das auch nie gewollt. So kann ich hier nichts sonderlich Sensationelles zu Papier bringen. In meinem Leben und Schreiben habe ich immer den Forscher und Universitätslehrer mit dem Schulmann verbunden.

Doch scheinen mir mehrere Momente mein autobiographisches Unternehmen zu rechtfertigen. Ich kam aus mittelständischen, in einem gewissen Sinne eher schlichten Verhältnissen. Doch manches, was Wissensdurst, Schaffensfreude, wohl auch ein Stück Ehrgeiz, den mein im Berufsleben unverdientermaßen zu kurz gekommener Vater nährte, hat sich zusammengefügt, mich einen Weg "nach oben" (wenn ich so sagen darf) beschreiten zu lassen. Das Bild der Jenaer Professorenwelt, das mir vorschwebte, hat dabei keine geringe Rolle gespielt, es hat mein Streben begleitet. Während der Stürme des "Kalten Krieges" habe ich dann freilich nicht in Jena, sondern im fernen Hamburg die Festrede zum 400jährigen Bestehen meiner Heimatuniversität gehalten, die einzige ihres Zeichens in der Bundesrepublik, 1958.

In meinen Erinnerungen spielt meine thüringische Heimat, die ich in fast allen Teilen besser kannte als das mir nun längst gleichermaßen vertraut gewordene Rheinland und Westfalen, eine große Rolle. In mir mag einiges fortwirken, was man thüringischer Stammeseigenart nachsagt: Wißbegier, Mitteilsamkeit, auch Anpassungsfähigkeit, welche Eigenschaften natürlich auch ihre Kehrseite haben. Nunmehr über die Hälfte meines Lebens im Westen zu Hause, 54 Jahre aufs glücklichste mit einer Essenerin verheiratet gewesen, mag und kann ich doch die Herkunft aus dem "grünen Herzen" Deutschlands, wo ja auch die Anfänge und die Hauptinhalte meiner der Klassik gewidmeten Studien zu suchen sind, nicht verleugnen. Die nun wieder mit uns vereinigte Heimat hat mir vieles mitgegeben, was mich noch heute bewegt, und meine Frau, auch Germanistin wie ich, war mir dabei die beste Weggefährtin.

Wenn ich nach ihrem Tode (1987) nicht in den tiefen Jammer der Einsamkeit gefallen bin, auch in der jahrelang aufs glücklichste mit ihr geteilten Wohnung weiter leben und schaffen darf, so habe ich das Frau Stefanie Seipolt und den Ihren zu verdanken. Das gilt nicht nur für die Art, wie in meinem hohen Jahren für mich gesorgt wird. Es wird mir vielmehr eine echte Zuneigung zuteil, die mir nicht nur das Leid ertragen hilft, sondern mir das Gottesgeschenk der Zugehörigkeit zu einer fest in sich gegründeten Familie, deren Sohn kürzlich das medizinische Staatsexamen bestand, beschert. Ein seltenes Glück, Dank Dir, Stefanie, Dank Dir, Christoph, einen besonderen Dank Ihnen, lieber Herr Seipolt!

Auf meinem Schulweg in Jena bin ich im sogenannten Prinzessinnengarten öfters an jenem ältesten Gedenkstein auf Goethe vorübergegangen, den einst die Großherzogin Maria Pawlowna errichtet hatte, um daran zu erinnern, daß im nahestehenden Schlößchen der Dichter ihre Töchter Maria und Augusta unterrichtet hatte - letztere wurde später als Gemahlin Wilhelms des Ersten die erste Deutsche Kaiserin. Den von einem Adler gekrönten Stein, etwas versteckt im Gebüsch stehend, gestaltet in Form einer dreiseitigen Pyramide, zierten auf jeder Seite kurze Goethesche Strophen. Von diesen wünschte ich die folgende auf mein Leben anwenden zu dürfen:

>"Irrtum verläßt uns nie,
>Doch zieht ein höher Bedürfnis
>Immer den strebenden Geist
>Leise zur Wahrheit hinan".

27. BIBLIOGRAPHIE

1929-1992

Die Geschichte der Grafen von Gleichen von ihrem Ursprung bis zum Verkauf des Eichsfeldes, ca. 1100 bis 1294. Jenaer phil. Diss. Neustadt/Orla 1929.

Ein Bedeverzeichnis des Distriktes Buttelstedt vom Jahre 1333. In: Zeitschr. des Vereins für thüring. Geschichte, NF. Bd. 29, 1931, S. 190-206.

Briefe des Herzogs Bernhard von Weimar aus dem Stockholmer Reichsarchiv. In: Zeitschr. des Vereins für thüring. Geschichte, NF. Bd. 29, 1931, S. 307-332.

Briefe der Stadt Meiningen aus schwerer Zeit (1649) im Reichsarchiv zu Stockholm. In: Meininger Heimatklänge, Beilage zum Meininger Tageblatt, Nr. 21, 29.X.1931, S. 1-3

"Von verdächtigem Schatzgraben und Beschaffung einer Springwurzel". Ein Prozeß im Amte Dornburg (1679/80). In: Mitteldeutsche Blätter für Volkskunde, 7. Jahrg., Heft 5, 1932, S. 149--156.

Briefe der Äbtissin von Essen aus dem Jahre 1650 im Reichsarchiv zu Stockholm. In: Beiträge zur Geschichte von Stadt und Stift Essen, 50. Heft, Essen 1932, S. 343 ff.

Briefe der Universität Jena aus dem Schwedischen Reichsarchiv in Stockholm, 1649/50. In: Zeitschr. des Vereins für thüring. Geschichte, NF. Bd. 30, 1933, S. 292--299.

Briefe der Stadt Erfurt aus dem Stockholmer Reichsarchiv, 1648-1650. In: Mitteilungen des Vereins für die Geschichte und Altertumskunde von Erfurt, Heft 49, 1934, S. 5--29.

Die Grafen von Gleichen als Vögte von Erfurt. In: Mitteilungen des Vereins für die Geschichte und Altertumskunde von Erfurt, Heft 50, 1935, S. 53--59.

Überblick über die Geschichte der Grafen von Gleichen im 14. Jahrhundert bis zur Erbteilung von 1385. In: Mitteilungen des Vereins für die

Geschichte und Altertumskunde von Erfurt, Heft 50, 1935, S. 60--94.

Verzeichnis der im ältesten Stadtbuch von Rastenberg (1486-1602) genannten Personen. In: Die Thüringer Sippe, Jahresgabe 1935, S. 29-42.

Bilder aus dem Leben einer kleinen thüringischen Landstadt zu Beginn der Neuzeit. Nach dem ältesten Stadtbuch von Rastenberg, 1486-1602. In: Das Thüringer Fähnlein, Jena 1935, S. 662-670.

Erbrecht im alten Stadtbuch von Rastenberg (1486-1602). In: Das Thüringer Fähnlein, Jena 1937, S. 59-63.

Aus der Franzosenzeit der Stadt Frankfurt an der Oder 1806-1808. Frankfurt/Oder 1937.

Ehegüterrecht im alten Stadtbuch von Rastenberg (1486-1602). In: Das Thüringer Fähnlein, Jena 1938, S. 538-544.

Aus dem alten Stadtbuche von Rastenberg. [Eine Nachlese.] In: Das Thüringer Fähnlein, Jena 1938, S. 348-353.

Das Zinsbuch des Klosters Kapellendorf vom Jahre 1401. In: Zeitschr. des Vereins für thüring. Geschichte, NF. Bd. 33, 1939, S. 343-382.

Carl August, Herzog von Weimar, und Erfurt. In: Mitteilungen des Vereins für die Geschichte und Altertumskunde von Erfurt, Heft 53, 1940, S. 175-200.

Carl August von Weimar und die Wahl Dalbergs zum Koadjutor von Mainz 1787. In: Jahrbuch der Akademie gemeinnütziger Wissenschaften zu Erfurt, NF. Bd. 55, 1941, S. 93-129.

Zum Weggange des Grafen von Görtz aus Weimar 1778. In: Zeitschr. des Vereins für thüring. Geschichte, NF. Bd. 35, 1941, S. 183-191.

Carl August von Weimar in der deutschen Politik der Fürstenbundszeit. In: Goethe. Viermonatsschrift der Goethe-Gesellschaft Bd. 7, 1942, S. 256-282.

Luther und Erfurt. Erfurt 1943.

Knebel und Carl August. Briefe aus einem Jahrzehnt der Freundschaft (1780 bis 1790). In: Goethe. Viermonatsschrift der Goethe-Gesellschaft Bd. 9, 1944, S. 109-139.

Politischer Briefwechsel des Herzogs und Großherzogs Carl August. Bd. 1: Unter Benutzung von Vorarbeiten Ulrich Crämers bearb. von Hans Tümmler (= Carl August von Weimar. Quellen und Darstellungen zu seiner Geschichte, hrsg. von Willy Andreas, 3. Abteilung:

Bibliographie

Politischer Briefwechsel des Herzogs und Großherzogs Carl August) (Veröffentlichungen der Thüringische Historischen Kommission). Leipzig 1945.
[Diese erste fertig ausgedruckte Auflage des Werkes wurde - mit Ausnahme von ca. 20 Exemplaren - in den letzten Tagen des Krieges bei einem Luftangriff vernichtet.]

Der Friede des klassischen Weimar. Wege und Erfolge weimarischen Friedensbemühens am Beginn der hohen Klassik 1795/96. Ein Nachspiel zum Frieden von Basel. In: Goethe. Neue Folge des Jahrbuchs der Goethe-Gesellschaft Bd. 10, 1948, S. 191-218.

Schiller und der Professor historiarum Heinrich. Neue Zeugnisse über Schillers Jenaer Lehramt. In: Goethe. Neue Folge des Jahrbuchs der Goethe-Gesellschaft Bd. 11, 1949/50, S. 187-204.

Zu Herdes Plan einer Deutschen Akademie (1787). In: Euphorion, Zeitschrift für Literaturgeschichte, Bd. 45, 1950, S. 198-211.

Goethes Briefwechsel mit Christian Gottlob Voigt, Bd. 1, [1784 bis 1797.] (Schriften der Goethe-Gesellschaft, im Auftrage des Vorstandes hrsg. von Eduard Spranger und Andreas B. Wachsmuth, Bd. 53). Weimar 1949.

Goethes Briefwechsel mit Christian Gottlob Voigt, Bd. 2 [1798-1803] (Schriften der Goethe-Gesellschaft, im Auftrage des Vorstandes hrsg. von Eduard Spranger und Andreas B. Wachsmuth, Bd. 54). Weimar 1951.

Politischer Briefwechsel des Herzogs und Großherzogs Carl August von Weimar. Bd. 1: Von den Anfängen der Regierung bis zum Ende des Fürstenbundes 1778-1790. Hrsg. von Willy Andreas, bearb. von Hans Tümmler. Stuttgart 1954.

Knebeliana. In: Goethe. Neue Folge des Jahrbuchs der Goethe-Gesellschaft Bd. 16, 1954, S. 182-197.

Goethes Briefwechsel mit Christian Gottlob Voigt, Bd. 3 [1804-1812]. Unter Mitwirkung von Wolfgang Huschke. (Schriften der Goethe-Gesellschaft, im Auftrage des Vorstandes hrsg. von Eduard Spranger und Andreas B. Wachsmuth, Bd. 55). Weimar 1955.

Politischer Briefwechsel des Herzogs und Großherzogs Carl August von Weimar. Bd. 2: Vom Beginn der Revolutionskriege bis in die Rheinbundzeit 1791-1807. Hrsg. von Willy Andreas, bearb. von Hans Tümmler. Stuttgart 1958.

400 Jahre Universität Jena. Privatdruck der Festansprache in der Universität Hamburg 1958.

Geschichtliches aus dem Nachlaß Götzes. In: Goethe. Neue Folge des Jahrbuchs der Goethe-Gesellschaft Bd. 20, 1958, S. 277-282.

Artikel "Bayrischer Erbfolgekrieg" in: Goethe-Handbuch, Goethe, seine Welt und Zeit in Werk und Wirkung, 2. Aufl., hrsg. von Alfred Zastrau, Bd. 1, Stuttgart 1961, Sp. 868-873.

Goethes Briefwechsel mit Christian Gottlob Voigt, Bd. 4 [1813-1819, mit Nachträgen zur ganzen Edition]. Unter Mitwirkung von Wolfgang Huschke. (Schriften der Goethe-Gesellschaft, im Auftrage des Vorstandes hrsg. von Eduard Spranger und Andreas B. Wachsmuth, Bd. 56). Weimar 1962.

Rund um den Fürstenbund. Mit neuen Briefen Carl Augusts von Weimar und des Reichsfreiherrn vom Stein (1784-1786). In: Geistiger Umgang mit der Vergangenheit. Studien zur Kultur- und Staatengeschichte. Willy Andreas dargebracht von Schülern und Mitarbeitern, hrsg. von Friedrich Facius, Karl Franz Reinking, Heinrich Schlick. Stuttgart 1962, S. 155-167.

Das Burggymnasium. Ein Kapitel Essener Schulgeschichte. In: Jahrbuch "Die Heimatstadt Essen", 15. Jahrg. 1963/64, S. 117-125.

Goethe in Staat und Politik. Gesammelte Aufsätze (Kölner Historische Abhandlungen, hrsg. von Theodor Schieffer, Bd. 9). Köln 1964.

Goethe an Voigt. Kleine Nachlese zum Goethe-Voigt-Briefwechsel. In: Goethe. Neue Folge des Jahrbuchs der Goethe-Gesellschaft Bd. 26, 1964, S. 277-285.

Akropolis - Kapitol - Golgatha. Ansprache bei der Entlassung der Abiturienten am 7. März 1964. In: Akropolis, Schulzeitschrift des Burggymnasiums in Essen, NF. Heft 14, 1964, S. 20-22.

Die alte Jenaische Burschenschaft (1815-1819) und wir. In: 150 Jahre Deutsche Burschenschaft, 150 Jahre Schwarz-Rot-Gold. Sonderheft der Burschenschaftlichen Blätter, 1965, S. 28-31.

Goethe - Burschenschaft - Wartburgfest. In: 150 Jahre Burschenschaft auf dem Burgkeller. Festschrift zur 150. Wiederkehr der Gründung der Burschenschaft, hrsg. von Peter Kaupp und Reinhard Stegmann. Bochum-Langendreer 1965, S. 131-147.

Bildungsidee und Schulreform. Ansprache bei der Entlassung der Abiturienten am 13. III. 1965. In: Akropolis, Schulzeitschrift des Burggymnasiums in Essen, NF. Heft 16, 1965, S. 23-25.

Sind die Bildungsvorstellungen des Gymnasiums veraltet? In: Festschrift "Hundert Jahre Luisenschule Essen 1866/1966", Essen 1966, S. 14-17.

Die Essener Goethe-Gesellschaft. In: Jahrbuch "Die Heimatstadt Essen", 18. Jahrg. 1966/67, S. 83-94.

Christian Gottlob von Voigts Nekrolog auf seinen Sohn (1813). In: Goethe. Neue Folge des Jahrbuchs der Goethe-Gesellschaft Bd. 29, 1967, S. 267-279.

Laudatio auf Professor Dr. Dr. h. c. Andreas B. Wachsmuth, Präsident der Goethe-Gesellschaft in Weimar, bei der Verleihung der Freiherr-vom-Stein-Medaille in Gold. In: Stiftung F.V.S. zu Hamburg, Freiherr-vom-Stein-Medaille in Gold, 1967, S. 7-16.

Goethe - und Züllichau. In: Akropolis, Schulzeitschrift des Burggymnasiums in Essen, NF. Heft 20, 1967, S. 10-14.

Vom Sinn der Oberprima. Ansprache bei der Entlassungsfeier der Abiturienten am 5. XI. 1967. In: Akropolis, Schulzeitschrift des Burggymnasiums in Essen, NF. Heft 19, 1967, S. 12-14.

Ein unbekanntes kleines Goethe-Skriptum in Sachen Hochschulreform. In: Goethe. Neue Folge des Jahrbuchs der Goethe-Gesellschaft Bd. 30, 1968, S. 304-305.

Magister Johann Heinrich Zopf. Ein Essener Schulmann im 18. Jahrhundert. In: Jahrbuch "Die Heimatstadt Essen", 20. Jahrg., 1969, S. 121-126.

Ein Gesandter Napoleons im Weimar Goethes. In: Thüringer Heimatkalender 1969, S. 30-37.

Goethe der Kollege. Sein Leben und Wirken mit Christian Gottlob von Voigt. Köln/Wien 1970.

Die Zeit Dalbergs in Erfurt. In: Erfurter Heimatbrief, Nr. 21, 1970, S. 59-68.

Das "Essener Programm" von 1920. Ein Beitrag zur Geschichte der Weimarer Republik. In: Jahrbuch "Die Heimatstadt Essen", 21. Jahrg., 1970, S. 53-57.

"Freundliches Begegnen" im Frommanschen Haus zu Jena. In: Thüringer Heimatkalender 1970, S. 30-35.

"Weimar" in Essen. Gedanken zur 50Jahr-Feier der Essener Goethe-Gesellschaft. In: Jahrbuch "Die Heimatstadt Essen", 22. Jahrg., 1971, S. 67-71.

Einige verfassungsgeschichtliche Aspekte der Reichsgründung 1870/71. In: Akropolis, Schulzeitschrift des Burggymnasiums in Essen, NF. Heft 25, 1971, S. 26-30.

Fürstäbtissin Anna Salome von Essen als Bittstellerin. Zwei wichtige Briefe aus dem Jahre 1650 im Reichsarchiv zu Stockholm.. In: Jahrbuch "Die Heimatstadt Essen", 23. Jahrg., 1972, S. 21-28.

Die Grafen von Gleichen als Vögte des Erfurter Petersklosters. In: Erfurter Heimatbrief, Nr. 24, 1972, S. 62-69.

Erinnerungen an die Akademie gemeinnütziger Wissenschaften zu Erfurt. In: Erfurter Heimatbrief, Nr. 25, 1972, S. 34-42.

Politischer Briefwechsel des Herzogs und Großherzogs Carl August von Weimar. Bd. 3: Von der Rheinbundzeit bis zum Ende der Regierung 1808-1828. Hrsg. und bearb. von Hans Tümmler. Göttingen 1973.

Goethe als Amtskollege und Freund. In: Jahrbuch der Goethe-Gesellschaft Bd. 11, hrsg. von Shusuke Okamoto, Kansai, Osaka (Japan) 1973. S. 1-26.

Essen - so wie es war. Düsseldorf, 1973.

Nachruf auf Professor Helmut Holtzhauer, Präsident der Goethe-Gesellschaft. In: Goethe-Jahrbuch Bd. 90, 1973, S. 6 f.

Von alten und neuen Essener Schulordnungen. Eine historisch-pädagogische Betrachtung. In: Jahrbuch "Die Heimatstadt Essen", 24. Jahrg., 1973, S. 39-47.

Freiherr vom Stein und Carl August von Weimar (Eine Veröffentlichung der Freiherr-vom-Stein-Gesellschaft e. V.) Köln 1974.

Essen. Ein Bildband mit einer Einführung von Hans Tümmler. 8. (letzte) Aufl. Essen 1970.

"Ein Haufen verwilderter Professoren..." Die Vernehmungsprotokolle über die Teilnahme jenaischer Professoren am Wartburgfest 1817. In: Darstellungen und Quellen zur Geschichte der deutschen Einheitsbewegung im 19. und 20. Jahrhundert, Bd. 9, Heidelberg 1974, S. 97-117.

Universitätsreform unter der Ägide Goethes. In: Festschrift "150 Jahre Burggymnasium Essen", Essen 1974, S. 40-49.

25 Jahre Jahrbuch "Die Heimatstadt Essen". Rückblick und Ausblick. In: Jahrbuch "Die Heimatstadt Essen", 25. Jahrg., 1974, S. 9 f.

Aus der Geschichte des Hotels Kaiserhof in Essen (1912-1973). In: Jahrbuch "Die Heimatstadt Essen", 25. Jahrg., 1974, S. 89-100.

Urgroßväterbriefe 1848-1874. Spiegel des Zeitgeschehens in alten Familienpapieren. In: Mitteldeutsche Familienkunde, Bd. IV, Jahrg. 16, Heft 3, 1975, S. 465-478.

Das klassische Weimar und das große Zeitgeschehen. Historische Studien (= Mitteldeutsche Forschungen, hrsg. von Reinhold Olesch, Walter Schlesinger, Ludwig Erich Schmitt, Bd. 78). Köln/ Wien 1975.

Angewandte Humanität im Wirken Goethes. Zur 200. Wiederkehr des Tages der Ankunft Goethes in Weimar (7. 11. 1775). In: 1000 Jahre Weimar, Festschrift zur Weimarbegegnung am 20./21. September 1975 in Bad Hersfeld. (Weimarbrief, Nr. 2/75), S. 20-25.

Ein wiederentdeckter Goethebrief aus dem Jahre 1804. In: Goethe-Jahrbuch, Bd. 92, 1975, S. 269 ff.

Goethe als Staatsmann. (Persönlichkeit und Geschichte Bd. 91/92, hrsg. von Günther Franz) Göttingen 1976.

Nachruf auf Wolfgang Schadewaldt. In: Goethe-Jahrbuch, Bd. 93, 1976, S. 247 f.

"Signore Schiller". Der zunftfremde Geschichtsprofessor und die Jenaer Philosophische Fakultät. In: Archiv für Kulturgeschichte, Bd. 58/2, 1976.

Wilhelm von Humboldt und die studentischen Korporationen. Ein neuentdeckter Brief aus dem Jahre 1819. In: Der Convent, Akademische Monatsschrift, Jahrg. 28, Heft 1, 1977, S. 17-20.

(Hrsg.) "AKROPOLIS", Schulzeitschrift des staatl. altsprachl. Burggymnasiums in Essen 1957-1969.

(Hrsg.) Jahrbuch "Die Heimatstadt Essen", 1970-1980.
(Mitherausgeber, mit Hermann Körner) Quellen und Arbeitshefte zur Geschichte und Politik. Stuttgart 1957 ff.
Erfurt, so wie es war. Düsseldorf 1978.
Carl August von Weimar, Goethes Freund. Eine vorwiegend politische Biographie. Stuttgart 1978.
Grundlinien der Essener Verwaltungsgeschichte vom Beginn der preußischen Herrschaft bis zu den großen Eingemeindungen, 1815 bis 1929. In: "Die Heimatstadt Essen", Jahrbuch 1978, S. 39-46.
"Deutschland, Deutschland über alles". Zur Geschichte und Problematik unserer Nationalhymne [Broschüre]. Köln/Wien 1979.
Die "Gesellschaft Verein" als kultureller und kommunalpolitischer Faktor in der Essener Geschichte des 19. und 20. Jahrhunderts. In: Festschrift "150 Jahre Gesellschaft Verein", Essen 1978. Nachdruck in: "Die Heimatstadt Essen", Jahrbuch 1979, S. 123-130.
Goethes staatliche Umwelt. Ein Überblick über die Thüringische Territoriengeschichte in der Zeit Carl Augusts und Goethes. In: Historische Zeitschrift, Bd. 228, 1979, S. 23-69.
Ernst August von Gersdorff. Weimars Reformminister der Goethezeit. Ein Schüler der Freiherrn vom Stein. (Eine Veröffentlichung der Freiherr- vom-Stein-Gesellschaft e. V., Schloß Cappenberg). Mit zahlreichen Abbildungen. Köln 1980.
Ernst August von Gersdorff. Weimarischer Reformminister der Goethezeit. In: Archiv für Sippenforschung, Heft 78, 46. Jahrg., Juni 1980, Seite 377-382 [Resümee des Buches über Gersdorff].
Goethe als Amtskollege und Freund. In: Kultur und Geschichte Thüringens, 1. Jahrg., Bd. 1, 1980, S. 41-61.
Essener Miniaturen. Gesammelte Aufsätze. Essen 1981.
König Ludwig I. von Bayern und Caroline von Heygendorff. Späte Briefzeugnisse einer Jugendfreundschaft. Kulturgeschichtliche Miniaturen der Nachklassik und des Vormärz. 1830 bis 1848. Köln 1981.
Essen, so wie es war. Zweiter Band 1930 bis 1958. Düsseldorf 1981.
Französische Emigranten im klassischen Weimar. In: Kultur und Geschichte Thüringens. 3. Jahrg., Bd. 3, Heft 1, 1982.

Wilhelm von Humboldt und die studentischen Korporationen. Ein neuentdeckter Brief Humboldts nach Weimar aus dem Jahr 1819. In: Kultur und Geschichte Thüringens. 3. Jahrg., 1982.

(Einführung) Weimars Musenhof in den Jahren 1772 bis 1807. Historische Skizze von Wilhelm Wachsmuth. Mit einer Einführung von Hans Tümmler. Bad Neustadt an der Saale 1982 (Reprographischer Nachdruck der Ausgabe Berlin 1844).

Das kurmainzische Thüringen 1572-1775. In: Geschichte Thüringens. Politische Geschichte der Neuzeit. Hrsg. von Hans Patze. Bd. V/1/1. Köln 1983.

Die Zeit Carl Augusts von Weimar. 1775-1828. In: Geschichte Thüringens. Politische Geschichte der Neuzeit. Hrsg. von Hans Patze. Bd. V/1/2. Köln 1983 (über die Geschichte aller Staaten Thüringens der Carl-August-Zeit), S. 615-779 und S. 847-863.

"Und der Gelegenheit schaff' ein Gedicht". Goethes Gedichte an und über Persönlichkeiten seiner Zeit und seines politischen Lebenskreises. Bad Neustadt an der Saale 1984.

Kultur und Geschichte, Vorträge zur Klassik und zur neueren deutschen Geschichte, Essen 1986.

Johann Wolfgang Goethe und Christian Gottlob Voigt - ein Briefwechsel. (Herausgegeben von der Stiftung Mitteldeutscher Kulturrat als Bd. 9 der Reihe Bild- und Wort-Essays). Bonn 1989.

Herzog/Großherzog Carl August von Sachsen-Weimar-Eisenach als Förderer und fürstlicher Mittelpunkt der deutschen Klassik. (Herausgegeben von der Stiftung Mitteldeutscher Kulturrat als Bd. 10 der Reihe Bild- und Wort-Essays). Bonn 1989.

Ein Berliner Wintersemester 1925/26. In: Gedenkschrift für Reinhold Olesch, (=Mitteldeutsche Forschungen, Bd. 100, herausgegeben von Hans Rothe, Roderich Schmidt, Dieter Stellmacher). Köln 1990.

Die Folgen des Wartburgfestes für den Herrn der Burg, Großherzog Carl August von Sachsen-Weimar, seinen Staat und die Universität Jena. In: 175 Jahre Wartburgfest 18. Oktober 1817-18. Oktober 1992. Studien zur politischen Bedeutung und zum Zeithintergrund der Wartburgfeier. Herausgegeben von Klaus Malettke, Heidelberg 1992, S. 169-194 (Darstellungen und Quellen zur Geschichte der deutschen Einheitsbewegung im neunzehnten und zwanzigsten Jahrhundert Bd. 14).

Wie Goethe 1820 in Jena seinen 71. Geburtstag feierte. In memoriam Ludger Graf von Westphalen, Essen 1992. Privatdruck.

Zur Tätigkeit der Erfurter Akademie gemeinnütziger Wissenschaften zwischen den beiden Weltkriegen. In: Erfurt 742-1992, Stadtgeschichte, Universitätsgeschichte, herausgegeben von Ulman Weiß, S. 599-611.

Geist und Politik. Studien zu dem Thüringen der Goethezeit, Bad Neustadt an der Saale. Im Druck.

Festschriften für Hans Tümmler

Staat und Gesellschaft im Zeitalter Goethes. Festschrift für Hans Tümmler zu seinem 70. Geburtstag. Herausgegeben von Peter Berglar, Köln/Wien (Böhlau Verlag) 1977.

Im Bannkreis des klassischen Weimar. Festgabe für Hans Tümmler zum 75. Geburtstag. Herausgegeben von Herbert Hömig und Dietrich Pfaehler, Bad Neustadt an der Saale 1982.

Aufsätze anderer Autoren über die großen Editionen

Andreas B. Wachsmuth, Der Briefwechsel Goethe-Voigt. Zum Abschluß der vierbändigen Edition. In: Goethe. NF. des Jahrbuchs der Goethe-Gesellschaft Bd. 25, 1963, S. 1-26.

Hans Haußherr, Carl August in seinem politischen Briefwechsel. In: Goethe. Neue Folge des Jahrbuchs der Goethe-Gesellschaft Bd. 21, 1959, S. 212-222.

Peter Berglar, Das andere Deutschland. Carl August von Weimar und das Nationalbewußtsein. Ein großes geschichtswissenschaftliches Werk vor dem Abschluß. In: Rheinischer Merkur, Nr. 46 (16. 11. 1973).

Bildanhang

Der Autor im Alter von sechs Jahren

Die Dornburger Schlösser

Die alte Camsdorfer Brücke in Jena – Vorne links der Gasthof zur Grünen Tanne, vor der 1815 die Burschenschaft gegründet wurde und wo Goethe 1817 Wohnung nahm, um die Wolkenbildung zu beobachten.

Das Kümpelsche Haus in Wernshausen, in dem der Autor in seiner Jugend oft seine Ferien verlebte. In der Kirche wurde er 1906 auf den Namen Konrad Hans Georg getauft. Ganz links ein Teil der Backstube. Rechts neben dem Haus die Dorfschmiede

Schloß Putzar in Pommern

Der Burgkeller in Jena - Seitenansicht vom "Kreuz" aus

*Der Autor 19jährig mit seinen Eltern und seiner
Schwester Magdalena vor dem Eingang zur Wohnung
im Bahnhof Jena West*

*Als Oberprimaner des Gymnasiums in Jena 1923 (stehend rechts).
Als Lehrer Professor Dr. Heinrich Hilgenfeld.
An der Wand die Bilder
der im Ersten Weltkrieg gefallenen Schüler*

Als Jenenser Armine 1924

*Studienassessorin Edith Bauermeister 1931
vor der Maria Wächtler-Schule in Essen, seit 1934
mit dem Autor verheiratet*

*Der Autor (rechts) mit seinem Vater,
im Wald bei Essen 1932*

Gymnasium Jena:
Direktor Hofrat Prof. Dr. Otto Dobenecker,
Prof. Dr. Heinrich Hilgenfeld und
"Elementarlehrer" Walterhöfer (an dessen 80.
Geburtstag)

Der Autor mit seiner letzten Mädchenschulklasse an der Maria-Wächtler-Schule, Ostern 1953

Als Direktor (vorn Mitte) vor dem Portal des Burggymnasiums in Essen (Ostern 1958)

Burggymnasium in Essen (Teilansicht)

Als Redner

*Der "Zylinder" in der Villa Hammerschmidt 1971 -
Vorn Bundespräsident Heinemann.
Links hinter ihm Edith Tümmler. Dahinter der Autor*

DORTMUNDER HISTORISCHE STUDIEN

herausgegeben von
Herbert Hömig, Friedrich Keinemann, Hans Georg Kirchhoff, Klaus Lampe,
Gerhard E. Sollbach, Heinrich Schoppmeyer

Bd. 1 **Herbert Hömig**: Von der deutschen Frage zur Einheit Europas. Historische Essays. 2. Auflage 1993.

Bd. 2 **Friedrich Keinemann**: Sieben entscheidende Jahre. Hamm 1928-1935. Ende der Weimarer Republik, Machtergreifung, Gleichschaltung. 1991

Bd. 3 **Erika Münster-Schröer**: Frauen in der Kaiserzeit. Arbeit, Bildung, Vereinswesen, Politik und Konfession. Eine sozialgeschichtliche Untersuchung am Beispiel einer rheinischen Kleinstadt. 1992

Bd. 4 **Wolfgang Henninger**: Johann Jakob von Bethmann 1717-1792. Kaufmann, Reeder und kaiserlicher Konsul in Bordeaux. 1993

Bd. 5 **Hans Tümmler**: Verschlungene Pfade. Lebenserinnerungen. 1993

Bd. 6 **Klaus Goebel**: Die Schuld des abgestumpften Gewissens. Buchbesprechungen in deutschen Zeitungen 1970 bis 1990. 1993

Bd. 7 **Wolfgang R. Krabbe** (Hrsg.): Politische Jugend in der Weimarer Republik. 1993

Universitätsverlag Dr. N. Brockmeyer, Bochum